PMP 项目管理方法论与敏捷实践

PMP Project Management Methodology
And Agile Practice

（第4版）

与 PMBOK® 指南配套使用的
项目管理方法论及实战模板

寇翔淋 刘通 杜斌 赵悦 高

- 组织级项目管理及项目管理方法论经典解密
- 项目管理典型案例分析和敏捷实践完美结合
- 项目管理及产品管理生命周期模板倾心奉献

哈尔滨工业大学出版社
HARBIN INSTITUTE OF TECHNOLOGY PRESS

内容简介

本书的主要内容是基于业界著名的《项目管理知识体系指南(PMBOK®指南)》(第七版)、PMP考试在2021年度发布的最新的考试大纲(此大纲一般可以适用至2023年),以及业界流行的敏捷开发方法论,提炼出的适合中国国情并易于实战操作的项目管理方法论。

全书对国内当下良好的项目管理案例和实战模板进行汇总,经典案例覆盖项目及产品管理全生命周期,实战模板资产文件来自IBM、中国银行和中国移动等项目管理成熟度很高的组织,具有普遍适用性和参考意义。

本书提供了大量经典案例和模板实践,适合作为项目经理及参与项目实施的团队成员的参考用书。

图书在版编目(CIP)数据

PMP项目管理方法论与敏捷实践/寇翔淋等著. —4版. —哈尔滨:哈尔滨工业大学出版社,2021.11(2022.5重印)
ISBN 978-7-5603-9613-2

Ⅰ.①P… Ⅱ.①寇… Ⅲ.①项目管理-教材 Ⅳ.①F224.5

中国版本图书馆 CIP 数据核字(2021)第 149975 号

策划编辑　杜　燕
责任编辑　张羲琰
出版发行　哈尔滨工业大学出版社
社　　址　哈尔滨市南岗区复华四道街10号　邮编150006
传　　真　0451-86414749
网　　址　http://hitpress.hit.edu.cn
印　　刷　哈尔滨市石桥印务有限公司
开　　本　787mm×960mm　1/16　印张21　字数377千字
版　　次　2015年5月第1版　2021年11月第4版
　　　　　2022年5月第2次印刷
书　　号　ISBN 978-7-5603-9613-2
定　　价　63.80元

(如因印装质量问题影响阅读,我社负责调换)

更多项目管理实战案例文章和视频,请关注如下公众号:

东方瑞通项目管理学习中心

序　言　1

本书出版之际,正值我国的创新创业大潮涌动之势前所未有之时。回首 20 世纪 80 年代以来我国信息技术产业的发展历程,经历了四个里程碑式的发展浪潮。

第一个是 20 世纪 80 年代中期开始,以 APPLE Ⅱ、IBM PC 为代表的微型电子计算机进入我国的政府机构、企业、学校甚至家庭为标志的第一次信息技术发展浪潮。跟随世界 PC 发展的潮流,摩尔定律带来的个人计算机普及和 IDC 数据中心的不断增加,使得数以亿计的计算节点遍布全国,并深入大众的日常生活及工作。

第二个是 20 世纪 90 年代以来,以固定电话、移动电话的普及为代表的信息产业发展浪潮。如今我国移动电话用户数量超过了 12 亿。

第三个是在 20 世纪 90 年代中后期,以互联网进入我国为标志,开启了互联网时代。我国网民发展至今约 13 亿。

第四个是今天仍在迅猛发展之中的移动互联网时代,以智能移动终端的迅速普及为标志、以创新为核心价值观的移动互联网产业发展浪潮,同时带动了各经济产业板块的一场又一场颠覆式的革命。

我们有理由相信,中国的下一个经济奇迹将是以"互联网＋"所带来的各种产业的深度变革。

无独有偶,与我国现代信息产业几乎同步发展而来的还有现代项目管理方法论体系。从经典的阿波罗登月到《项目管理知识体系指南》和敏捷开发方法的实践落地,如今这些指南和方法已经成为业界项目管理的实践标准,成为人类管理智慧的精华之一。

在历次技术变革及产业大发展中,我们可以看到各种技术创新、新平台、新型商业模式往往都是以项目的方式创造并发展的。项目管理方法在现代的科技及产业发展中不但没有因潮流起落而褪色，反而不断精进，始终支撑着各种具体的创新不断实现与发展。现在脍炙人口的移动智能设备的开发、移动互联网平台的开发、云计算数据中心的构建及 O2O 产业模式的创建都离不开项目管理方法论及其工具应用模板的指导。

从实践中提炼精华，并应用于新的实践是项目管理方法论始终支撑在潮流前端的原因。在这个以创新为王的时代，我国的小微企业数量已经突破 6 000 万家。然而，众多创业的实践者仍然缺乏项目管理的实战经验，甚至因此走了不少弯路。东方瑞通教师以扎实的项目管理理论功底，在多年跨行业的项目管理实战中，积累了较多的成功经验以及实用模板。本书所展示的内容，正是从真实案例中提炼的实用资料，是诚意拳拳之作。我相信，这本书对广大项目管理实践者的基础理论学习与上手实践必有帮助。

何刚勇
碧桂园控股有限公司
CIO、MBA
2021 年 9 月 26 日

序　言　2

跟东方瑞通相识超过十年了，这些年来，感受到东方瑞通在IT日常服务项目交付服务管理最佳实践、IT系统架构设计，以及项目管理方法论等方面的研究不断深入。通过日常服务项目交付以及培训实践，对这些理论加以融合，逐渐形成公司级的组织过程资产。事实证明，参照成熟的过程资产和具体办法可以增加管理工作顺利完成的成功率，对广大有志于从事管理的同仁来讲，如果能借鉴东方瑞通教师的经验，在实践中会减少出错的概率，为其自身的职业发展助力。

在这本书里，东方瑞通教师主要介绍了《PMBOK®指南》和敏捷实践知识，提炼出易操作的实战型项目管理方法论，并对他们多年实践项目管理的经验及案例模板进行汇总。具体包括项目管理生命周期、IT和制造行业产品管理生命周期的典型模板分析等。如果读者能够很好地理解这些内容，相信日后的管理工作一定会有所提升。

感谢东方瑞通教师把他们的理论及实践总结成书，使得大家能够更好地理解并借鉴他们的经验，更好地完成自己的工作。通过这本书，我相信读者也能对教师们的人生哲学、治学态度有一定的了解，同时也会通过阅读书中提到的一些案例产生共鸣，进行反思，从而使自身在成长的道路上更进一步。

刘旭东
中国香港 IBM 高级经理
PMP、CISA、国家系统分析师
2021 年 9 月 27 日

前　　言

当今世界移动互联网、云计算、大数据和人工智能对传统企业的经营管理模式产生了颠覆之势,传统企业为了谋求更好的生存与成长也需要整体实现产业升级和数字化转型。企业或组织想要更快地发展,则必须拥有快速适应市场变化的基因,并具有能够迅速交付创新产品或服务的能力。可以想见,未来只有能够保持不断资产积累和创新的企业才能立于不败之地。纵观历史上失败的企业,他们的失败原因都很相似,但是不同企业的成功却各有不同。"打铁还需自身硬",企业之所以有各种各样的成功,是因为在长期的实践积累过程中拥有了适合企业自身发展的不同组织过程资产。比如阿里巴巴的支付宝和腾讯的微信,这些产品或企业资产都是通过组织的不断迭代开发或创新商业模式的产物,通过创新的产品或服务快速占领市场。企业的创新是基于其原有的资源储备和能力的积累,即企业或组织的过程资产。可以说,资产是企业或组织快速进行复制和交付的基础,基于资产交付的企业(Asset Based Company)必将是日后成功组织的典范。

那么,目前市场上有哪些成熟的资产是经过科学验证的?由英国政府商务部办公室(OGC)推出的 Information Technology Infrastructure Library(ITIL®)是目前 IT 服务管理全生命周期的最佳实践。ITIL®就是要为企业打造从服务战略到服务运营的全方位资产。国际项目管理组织推出的《项目管理知识体系指南》和诸多敏捷开发方法已经成为目前指导项目成功落地实施的最佳实践。如果想了解 ITIL®的理论及相关认证考试,可以参考东方瑞通教师出版的《ITIL 4 与 DevOps 服务管理认证指南》一书,如果想了解 ITIL®的案例资产及最佳实践,可以参考东方瑞通教师出版的《ITIL 与 DevOps 服务管理案例实践》一书。而本书的主要内容是基于《项目管理知识体系指南(PMBOK®指南)》(第七版)和最新PMP®考试大纲,提炼出易操作的实战型项目管理方法论,并对教师多年实践项目管理的经验及案例模板进行汇总。具体包括项目管理生命周期、IT和制造行业产品管理生命周期的典型案例和模板分析。

英国政府商务部办公室(OGC)的ITIL®和国际PMP®认证在今天逐步风靡全世界。然而,真正具备项目管理能力的项目经理才是企业或组织的中坚力量,他们将对未来中国企业在其组织内部全面提升项目交付能力起到主导作用。对于那些想成就此伟大事业的企业或个人,本书希望能够助力他们完成这个"破茧化蝶"的完美跨越过程。

"他山之石,可以攻玉",希望本书的内容对中国企业在其内部全面实施项目管理最佳实践时有一定的参考价值,从而降低企业在真正成功实施标准化项目管理方法中的成本与风险。知识就是生产力,本书为打造基于资产交付的企业而努力,提升中国企业未来应对多变商业模式的灵活性和敏捷力。希望本书能对读者的职业发展提供应有的帮助。

作 者

东方瑞通全体教师

2021年9月1日

目 录

第1章 项目管理概述 ·· 1
1.1 项目管理的起源与发展 ·· 2
1.2 什么是项目 ·· 3
1.3 什么是项目管理 ·· 5
1.4 项目经理的综合能力和素养修炼 ··· 10
1.5 项目相关方(干系人)管理 ··· 14
1.6 组织级项目管理 ··· 17
1.7 项目管理办公室 ··· 20
1.8 项目管理办公室落地探究 ··· 24

第2章 经典的项目管理方法论 ··· 28
2.1 《PMBOK®指南》简介 ·· 28
2.2 经典项目管理实践办法 ·· 30
2.3 项目管理方法论之典型活动分析 ·· 34
2.4 项目之资源管理方法详解 ··· 46
2.5 项目之沟通管理方法详解 ··· 50
2.6 项目之时间管理方法详解 ··· 58
2.7 项目之问题管理方法详解 ··· 63
2.8 项目之成本管理方法详解 ··· 84
2.9 项目之质量管理方法详解 ··· 88
2.10 项目之风险管理方法详解 ·· 96
2.11 项目之采购管理方法详解 ··· 105

第3章 敏捷项目管理方法论 ·· 109
3.1 敏捷概论 ·· 109
3.2 敏捷实践探秘 ·· 135

3.3 产品研发方法详解 ………………………………………………… 143

第4章 PMP项目管理备考指南 …………………………………………… 164
4.1 最新PMP考纲解读 ………………………………………………… 164
4.2 观PMP新考纲识全新考点覆盖范围 ……………………………… 182
4.3 《PMBOK®指南》(第七版)要点解读 …………………………… 184
4.4 《PMBOK®指南》(第七版)与时俱进与教学相长 ……………… 187
4.5 PMP考试答题技巧 ………………………………………………… 188
4.6 PMP考试逻辑思维 ………………………………………………… 191
4.7 PMP考试答题解析 ………………………………………………… 193
4.8 全新PMP考试样题 ………………………………………………… 213

第5章 项目管理生命周期模板汇总 …………………………………… 218
5.1 商务合同模板 ……………………………………………………… 218
5.2 项目章程模板 ……………………………………………………… 223
5.3 项目经理授权函模板 ……………………………………………… 225
5.4 相关方(干系人)登记册模板 …………………………………… 225
5.5 项目开踢会模板 …………………………………………………… 226
5.6 项目会议纪要模板 ………………………………………………… 232
5.7 项目周报模板 ……………………………………………………… 233
5.8 项目管理计划模板 ………………………………………………… 235
5.9 项目问题记录单模板 ……………………………………………… 252
5.10 项目风险记录单模板 …………………………………………… 253
5.11 项目变更申请单模板 …………………………………………… 255
5.12 相关方管理检查对照表模板 …………………………………… 256
5.13 项目绩效报告模板 ……………………………………………… 256
5.14 项目验收报告模板 ……………………………………………… 260
5.15 项目实施的客户满意度调查模板 ……………………………… 261
5.16 项目转运维检查Checklist模板 ………………………………… 262

第6章 IT项目的产品管理生命周期模板汇总 ………………………… 264
6.1 需求规格说明书模板 ……………………………………………… 264

6.2	需求跟踪矩阵模板	268
6.3	概要设计说明书模板	268
6.4	成本分析模型模板	281
6.5	开发管理计划模板	287
6.6	发布申请单模板	288
6.7	测试管理计划模板	289
6.8	测试用例模板	294
6.9	测试报告模板	297
6.10	上线培训计划模板	298

第 7 章 制造业项目的产品管理生命周期模板汇总 300

7.1	制造业产品研发管理概述	300
7.2	产品规划书模板	302
7.3	技术可行性分析报告模板	304
7.4	专利评估模板	306
7.5	产品策划决策报告模板	308
7.6	产品策划决策会议纪要模板	310
7.7	项目开踢会会议纪要模板	310
7.8	责任分配矩阵模板	312
7.9	质量管理计划书模板	312
7.10	故障模式影响分析报告模板	313
7.11	项目测试计划模板	315
7.12	不符合项分类汇总跟进表模板	316
7.13	项目结项报告模板	317

参考文献 318

第 1 章 项目管理概述

随着《项目管理知识体系指南》(项目管理知识体系即 Project Management Body of Knowledge，PMBOK®)及业界诸多良好的项目管理方法论所带来的价值在企业具体实施项目的过程中被普遍认可，很多企业高层、项目发起人及参与项目实施的利益相关方越发感到成熟的项目管理做法对提升企业自身项目成功可能性的重大意义。

成熟的项目管理方法论除了为企业成功助力，也会给掌握该项目管理办法的企业员工带来莫大的好处。简单地说，可以通过项目管理的学习来加强对项目管理知识体系的认知，甚至改变固有的思维模式，即从传统的思维模式转变为成熟的具有现代化管理理念的思维模式。很多著名的企业，如 IBM、宝洁、德国电信等，他们的高层管理人员很多都是 PMP® 证书的持有者，而中低层的项目经理拥有 PMP® 证书的比例甚至可以高达 100%。在未来整个国家和企业产业升级的大潮中，那些低端的手工机械劳作逐渐会被机器或机器人所取代，为了使更多的人适应高端协作性的职业，会涌现出更多的监控或管理的岗位，专业分工也会越来越细。实践证明，专业分工越细，工作的完成会越出色。但是整合这些工作成为最终成果需要付出的时间和协作精力就越大，这就更需要有通晓项目管理和现代化管理思维模式的人来完成这一重要任务。不论是项目管理方法论还是现代化管理思维模式，都是近百年来西方总结的针对时间管控、沟通协作和工作整合的最佳实践，也是当下通用的国际典范。这也说明今天乃至未来成为一个精通项目管理并具备现代化管理思维模式的人，必然是我们这个国家或企业不可或缺的中流砥柱和难得的杰出人才，希望我们都能成为其中的一分子。

项目管理学习的过程就是一种心智模式转变的过程。通过对本书项目管理知识、项目管理方法论和敏捷实践的学习，读者可以掌握项目管理的标准体系架构，了解现代项目管理的流程(过程)和核心概念，培养理性决策的思维能力，可以应用项目管理知识、项目管理方法论以及项目管理最佳实践模板来成功管控项目。另外，为了迎合大家对顺利通过 PMP® 认证考试的诉求，本书也精心汇总了关于 PMP® 认证考试备考的要点内容，以备大家查阅。

PMP 项目管理方法论与敏捷实践

拥有对项目管理理论知识的全局把握和融会贯通的能力,这不仅仅是对项目经理,对于每一个参与项目的相关方都是非常重要的。目前的社会已经进入到了一个崇尚知识和能力的时代,《PMP 项目管理方法论与敏捷实践》一书是从实践中得来的。俗话说:"实践出真知。"在有效地学习项目管理知识的同时,要在项目实施的实战中去不断锻炼和提高自己在项目管理中的应用技巧和能力。项目实践内容不但对项目经理很重要,也同样是企业相关技术实施人员参与项目所需技巧和提高管理意识的必修课。所谓知行合一,愿大家可以通过本书的学习对项目管理的知识体系和通用管理实践有一个深刻的体验。

1.1 项目管理的起源与发展

项目管理方法是从统筹分析法和优选法中发展起来的。小学语文课文中提到的华罗庚的统筹方法就是项目管理的生动案例。古代的大型项目如建造长城和金字塔,动辄数百万人参与,那时的工程是简单地完成任务,并不考虑人员的投入和资源的耗损。其实,项目管理知识在应用到超大规模的工程中,对资源的合理管控起到了至关重要的作用。

人类历史上一个伟大的项目是发生在 1961 年美国的阿波罗(Apollo)登月计划(又称阿波罗工程),美国从 1961 年到 1972 年进行了一系列载人登月航天任务。该登月项目开始于 1961 年 5 月,直到 1972 年 12 月第 6 次登月成功结束,历时约 11 年,耗资 255 亿美元。在该项目高峰时期,参与工程实施的有 2 万家企业、200 多所大学和 80 多个科研机构,总人数超过 30 万人。人类通过这个项目第一次登上月球。1969 年 7 月 16 日是一个值得纪念的日子,美国宇航员尼尔·阿姆斯特朗、巴兹·奥尔德林、迈克尔·科林斯驾驶着阿波罗 11 号宇宙飞船跨过 38 万公里的征程,承载着全人类的梦想踏上了月球表面。这确实是宇航员个人的一小步,但它是整个人类迈出的伟大一步。该项目见证了人类远古"嫦娥奔月"梦想的最终实现,这一步跨越了整整 5 000 年的时光。

这个改变人类历史进程的项目也见证了时下项目管理体系的不断演进过程,由此可见项目管理是从国家项目中逐渐总结出来的理论成果,并逐步把项目管理的理论渗透到民用领域。

随着项目管理知识的不断成功应用,美国项目管理协会(PMI)于 1969 年诞生在宾夕法尼亚大学。该协会的成员来自项目管理专业领域中的研究人员、学者、顾问和经理等。目前该协会拥有来自全球近200个国家和地区、100万人以上会员。项目管理的认证考试也在全世界范围得到广泛的认可,美国项目管理协会在全球100多个国家或地区设立分支机构并组织考试。目前最流行的项目管理考试是PMP®(Project Management Professional)认证考试,它是项目管理专业人士的资格证书,也是基于项目管理知识体系的职业认证,并在1999年成功引进中国。随着项目管理的重要性越发体现,获得PMP®项目管理证书越来越被中国本土的项目经理所广泛认可,并成为项目经理职业生涯发展的必考证书。

中国经济的蓬勃发展也预示着会有越来越多的项目在中国落地和展开。中国在未来会需要数以百万经过认证的项目管理人才,以满足经济发展的需要。而在中国的人才市场上,持有PMP®认证的项目经理的供给远远不能满足当今企业的大量需求。由此可见,项目经理和相关项目管理工作已经成为21世纪通向成功之路的"黄金职业"。为了迎合市场的迫切需要,我们且从项目和项目管理的简单定义入手,逐步为大家展示项目管理相关的绚丽篇章。

1.2 什么是项目

项目是为创造独特的产品、服务或成果而进行的临时性工作。项目与日常持续运营的工作是有区别的。为了便于大家理解和掌握,简单列出项目与运营的区别,见表1.1。

表1.1 项目与运营的区别

比较项	项目	运营
负责人	项目经理	职能经理
实施组织	项目团队	运营部门
时限	临时性	持续性
目标	独特性	重复性
管理	预期效果	效率提升

项目具有三大特性:临时性、独特性和渐进明细。临时性是指项目有明确的开始和结束时间;独特性是指项目交付有独特的产品或服务,并且每个项目都是唯一的(Unique);渐进明细是指项目的交付产品或服务随着项目的具体执行而逐渐清晰和明确。项目的临时性并不意味着项目的时间短暂,有些项目的周期会是几年或几十年,比如三峡工程项目。大多数项目都是为了得到持久的结果,比如北京的奥运场馆在奥运会后还继续提供给市民参观和使用。临时性预示了项目总有开始和结束的工期。一个项目可以结束于项目目标已经实现,或项目的必要性和可能性已经不复存在。比如该项目所开发的产品在市场上已经没有需求,或在市场上已经没有竞争优势。项目的独特性是项目创造独特的可交付成果(Deliverable),独特性导致不确定性、差异性和风险。项目的独特性特点是相对于日常运营的持续性而言。项目的渐进明细体现在项目管理计划是根据项目信息的逐渐清晰而滚动式规划的。一般在项目管理计划中,项目经理只详细列出近一个月的任务清单,更长远的任务条目或任务项会初步地列出并在项目执行过程中渐进明细。项目的独特性和渐进明细的特点在软件或科研产品开发的项目中体现得最为明显,为了适应软件产品的开发特点,在软件工程里特别定义了基于独特产品原型和迭代开发的 Rational Unified Process(RUP)。目前比较流行的敏捷开发也是一种能够充分体现动态适应需求变化的迭代开发模式。

  企业的项目是为商业战略服务的。项目经常作为企业或组织为实现其战略计划落地的一种手段。项目被批准的依据主要包括市场需求、商业战略机会、客户要求、技术进步和法律要求等。企业想要在市场上存活就需要及时地捕捉市场的需求和商业机会,而项目经理就是把这些新的需求和机会落到实处的人。可以想见,目前云计算、"(移动)互联网+"、大数据给企业带来的是无限的商机。面对如此之多的商机,为了控制投资的风险,企业会对目前正在执行的项目进行阶段性的商业论证和价值分析,从而做出项目是否启动或持续投入的判断。当任何项目不适宜企业商业战略的需要或没有投资价值时,该项目就应该被立即终止。

  项目的启动之初,目标一定要基本明确。换句话说,开启一个项目,首先就要制定项目目标。项目目标具体包括与客户共同制定项目所要达到的最终目的、宏观愿景和关键项目成功因素等。项目目标是与客户达成共识的决策基础。在项目的执行过程中,许多决定都要基于这个基础,它关联项目成功的标准。每一个跟项目相关的团队成员都应该就项目目标达成共识。项目经理应该始终引领项目团队成员按照既定的目标前进,也就是说,任何在项目执行过程中所涉及的问题,都要依据是否能实现项目目标的原理原则去寻求解决办法。项目的所有相关方都要有明确和一致的项目目标理解,这在项目管理过程中是至关重要的。

在制定项目目标时要遵循 SMART 原则,SMART 是五个单词的缩写,它们是:

(1) Specific:项目目标要具体化,不要抽象模糊。
(2) Measurable:项目目标要量化和可衡量。
(3) Attainable:项目目标要可以达成。
(4) Relevant:项目目标要与企业或组织的发展战略相关。
(5) Time-bounding:项目要在规定时间内完成。

我们不但要有明确的目标,还要使目标量化、具体和可达成;且项目目标不仅要与组织业务战略相关,还要在规定时间内完成,也就是 SMART 原则的具体内容。

1.3 什么是项目管理

一个企业的管理分为战略管理、项目管理和运营管理。战略管理是对企业的战略决策进行管理,运营管理是对企业日常维护和常规运营操作进行管理,而企业往往是通过项目管理来把企业的战略决策转化为日常的运营维护的。

项目管理是指将知识、技能、工具与技术应用于项目活动中,以满足项目的要求。目前比较流行的项目管理软件有微软的 Microsoft Project 和 IBM 的 Rational Portfolio Manager(RPM)。尤其是 IBM 的 RPM,它已经实现了对整个企业全部项目及其生命周期的各个阶段和具体管理过程的全面管理。图 1.1 列举了 IBM 项目管理信息系统 RPM 的功能模块。

一个项目根据复杂程度可分成一个或多个阶段。项目的阶段是为完成项目的可交付成果而在需要特别控制的节点将项目分界。项目开发团队可以把一个软件开发项目划分为两个阶段:项目的第一阶段用来实现被开发软件的主要功能性需求。项目的第二阶段可以实现项目的次要功能性需求和一些非功能性需求,如软件的安全性、易用性和可用性的要求等。其实,项目的阶段划分主要是为了项目管控的需要,实现阶段的投资回报分析,决定是否进入下一个阶段,从而有效地控制项目的风险。项目的整个生命周期就是项目的各个阶段按照顺序排列或交叉排列的集合。项目经理需要对项目生命周期的各个阶段施加管理。

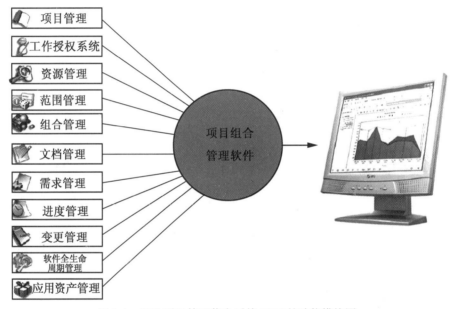

图1.1 IBM项目管理信息系统RPM的功能模块图

《项目管理知识体系指南(PMBOK®指南)》(以下简称《PMBOK®指南》)中定义了五大过程组,它们是项目启动、项目规划、项目执行、项目监控和项目收尾。项目管理过程组的定义和质量管理中戴明环的基本原理是相通的。戴明环,也叫PDCA循环,是20世纪60年代戴明博士提出来的。其中PDCA是英语单词Plan(计划)、Do(执行)、Check(检查)和Action(行动)的第一个字母的组合。在项目启动后就触发了PDCA循环,Plan对应项目规划,Do对应项目执行,Check对应项目监控,并对应由于项目监控所触发的项目变更或过程改进的跟踪，Action 则为具体改进的执行，而项目收尾将预示着 PDCA 循环的最终结束。

项目启动的关键是制定项目章程、识别项目相关方和确定项目经理并使项目经理获得调用项目资源的权利。项目规划是指制订项目管理计划，包括范围规划、进度规划、成本规划等子计划。项目执行是指整合所有资源并按事先定义好的项目管理计划进行运作，其中包括指导与管理项目执行、实施管理质量、项目团队建设（Team Building）等内容。项目监控是指按照既定的项目计划对项目执行的具体情况进行监督、进度控制、质量控制和风险监督等。项目收尾通常包括项目转运营的交接流程。客户认可项目最终的产品或服务意味着成功地结束项目，而项目的历史信息和经验教训总结会被记录在企业的组织过程资产中。

项目管理是一门艺术，它可以把零散的事情系统化，把复杂的事情简单化，把简单的事情规范化，把规范的事情专业化，把专业的事情模板化。为了确保项目的成功，一个好的项目经理就要在所领导的项目中应用经过裁剪的适合该项目的项目管理流程和模板。管理一个项目通常要包括如下流程步骤。

1. 根据组织战略选择项目

项目要满足其所在的企业或组织的商业战略的需要。项目必须适应组织的愿景规划并和企业战略目标相一致。企业或组织根据战略的需要通过对项目的优先级进行排序来影响项目，而项目的优先级排序则取决于风险、资金和组织的战略计划。具体来讲，风险的级别、组织的业务范围和项目的战略定位决定了对具体项目的资金投入和支持力度。企业需要根据自身战略和愿景来适时选择做什么项目。

2. 制定项目章程

项目章程是启动一个项目或项目阶段必不可少的文件。它起到识别和确定一个项目存在意义的作用，主要回答"为什么做这个项目"的问题。项目章程对项目做出整体介绍或概括说明，主要包括项目的目的、高层级需求、投资回报分析、可能风险、里程碑、主要交付物和财务预算等。在项目启动过程中，制定项目章程活动将定义其初步范围，落实财务资源，选定项目经理，并识别内部和外部相关方的初步要求和希望。项目发起人或项目经理在拟定好项目章程后，相关的企业高层会审批项目章程。然后由项目团队外部的高层组织发布出来,而项目经理无权批准或发布项目章程。项目章程的批准标志着项目的正式启动。项目章程的主要作用之一是给项目经理授权,从而保证项目资源的到位。项目章程建立了项目与组织的战略和日常运营工作间的联系。项目团队成员可以通过项目章程来了解项目的初步要求和成功标准。

3. 识别项目相关方和处理相关方的期望

项目管理中要识别相关方并对项目相关方的期望进行管理。项目相关方是积极参与项目或其利益可能受项目完成所带来的积极或消极影响的个人或组织。相关方的影响在项目之初最大,随着项目的进展而逐渐降低。项目的管理从某种意义上讲是对人的管理,项目成功与否很大程度上取决于相关方的满意程度。项目经理需要在项目管理的整个生命周期中做到全面尽早识别相关方,并权衡满足他们的希望。

4. 识别项目需求,确定项目范围及项目管理计划

在项目规划阶段就需要识别项目需求。识别项目需求也是明确项目目标的过程,反映项目需求的规格说明书文档要给客户审批。只有客户审批后的项目需求规格说明书才可以被用来撰写概要设计说明书和项目管理计划,以及作为未来项目执行偏差管控的参考依据。概要设计说明书即通常所说的项目范围说明书,该说明书主要回答做什么的问题,它阐明了要完成的工作和可交付成果,形成项目交付方与客户之间合同协议的基础。项目管理计划主要回答如何做的问题,比如如何在项目中进行范围管理、进度管理、成本管理、质量管理、沟通管理和风险管理等。项目管理计划要在项目实施开始之前完成,它要经过项目实施方的高层和客户的批准。项目管理计划会在项目管理生命周期中不断更新来渐进明细。项目管理计划的详细程度取决于实际项目的复杂度。在项目管理计划中会有项目基准的概念,项目基准是已经批准的项目管理计划加上或减去已经批准的项目变更。常见的项目基准由范围基准、进度基准和成本基准组成。项目管理计划是用来指导与管理项目实施的,而项目基准是用来测量项目绩效的,基准的变更需要经过更严格的审批手续。一般只有项目变更控制委员会才有权批准项目基准的变更,项目经理是没有权力对基准直接进行变更的。项目发起人一般是项目变更控制委员会的主要成员,变更控制委员会一般还会包括客户和各

个相关部门的职能经理,即部门负责人。

5. 平衡相互竞争的项目制约因素

在项目执行阶段需要平衡相关制约因素。项目的制约因素包括范围、质量、时间、成本、资源、风险和相关方满意度等。一个因素的变化至少会影响其他的一个或几个因素。不同的项目相关方会对不同制约因素对项目的影响意见不一致,这会增加项目管理的复杂度。项目经理要能够正确分析项目当前状态以平衡各方的要求,从而降低项目失败的概率及可能性。

图 1.2 是使相关方满意的六要素的图例展示,这六要素即是项目的制约因素,它们彼此相互制约,从而增加项目管理的复杂度。比如进度和成本不是表现为简单的正比或反比的关系,而是一种 U 型关系,即总有一个进度点为成本最优,这需要项目经理在规划进度和成本时进行必要的取舍和平衡。

图 1.2 相关方满意的六要素

6. 对项目进行监控和管理

需要在项目的全生命周期进行监控和管理,被监控的信息包括项目存在的问题和风险、可交付成果的完成和审核状态、项目进度进展情况、已发生和预计的成本花费等。通过对项目的有效监控和管理来确保项目所交付的成果能够满足客户的要求。

7. 项目收尾和验收

在项目收尾阶段移交最终的可交付成果给客户，提供给项目发起人项目交付成果已经被客户验收通过的证据，并对项目实施过程进行评价和总结。该阶段需要发起项目的最终绩效评估、客户满意度调查和项目转运维的申请操作。

一个成功的项目要看是否在规定的时间和既定的成本下交付给客户一个符合既定质量要求的产品或服务，并使相关方满意。项目经理是管理项目各个阶段的整合者，其需要对大多数项目决策负责。项目经理必须控制每一个具体计划的编制、绩效的监控和问题的解决，乃至于适当的权衡决策；必须收集所有项目信息并能够应用专家判断。一般来讲，项目是否能够成功取决于很多相关因素，诸如高级领导的支持、明确的目标和范围、优秀的项目经理、项目团队的积极参与、客户的全程参与、分包商的良好沟通、严密而灵活的计划、随时监控反馈、正确的技术和方案支持等。这无疑对项目经理的综合管理能力和职业素养提出了要求，下面阐述怎样提高项目经理的综合能力和素养。

1.4　项目经理的综合能力和素养修炼

项目经理是组织委派其实现单个项目目标的个人。项目经理的职责主要包括主导制订项目管理计划及相关子计划，识别和应对风险，监控项目的进度和预算，准确和及时报告项目绩效，确保项目按照原计划完成。

项目管理是由项目经理来具体实现的。项目经理要想实施有效的项目管理，除了应具备通用管理方面的知识储备以外，还要具备项目管理知识、实践和应用项目管理知识的能力，并且要不断提高个人素质和魅力，主要体现在有较强的适应力、良好的判断力、优秀的领导力、娴熟的谈判力、超强的沟通能力、敏锐的洞察力等。

有一种说法比较新颖，那就是项目经理要具备《孙子兵法》所要求的十点："道天地将法,智信仁勇严。""道"就是方向,就是项目要符合企业的商业战略方向。"天"是天时,"地"是地利。项目在运作实施的过程中要具备一定的天时和地利条件。有些项目的启动时间和地点要顺应企业和市场的潜在要求。"将"是用人,项目经理要人尽其才,物尽其用。在楚汉相争时,虽然刘邦最初的实力不如项羽,但是他能够启用萧何管理后勤和国家行政事务,启用张良为其运筹帷幄决胜千里,启用韩信为其统兵打仗,最后败项羽于垓下。就像刘邦在《大风歌》里唱道的:"大风起兮云飞扬,威加海内兮归故乡,安得猛士兮守四方。"项目经理要善于发现有利于项目的真正的"猛士"来推动项目的运作,以达到"守四方"的目的。"法"是在项目管理中运用适合的价值体系,项目经理要根据项目实际的需要来制定必要的项目管理流程。"智"是智慧和聪明,就是项目经理要明晰项目和团队的需要,并有灵活应对的办法和处理项目中突发事件的能力。"信"是诚信,项目经理要遵守项目管理协会的道德行为规范。"仁"是仁义,即真心尊重和关心下属或团队成员。"勇"是敢于承担责任,在项目的运作过程中时刻提醒自己是项目的所有者,遇到事情要一肩挑起。"严"是公平,大公无私。"勇"和"严"这两点也是项目经理的道德行为规范所要求的。

项目管理人员要遵循的职业道德规范具体包括责任(Responsibility)、尊重(Respect)、公正(Fairness)和诚实(Honesty)。

责任是指项目管理人员需要遵循组织的现有规章制度,并对个人的行动以及行动所产生的后果承担职责。具体的责任包括:不损害社会利益,符合社会、公众安全和环境的利益最大化;承担项目责任并迅速改正既有的错误;不泄露客户的机密信息;只接受和自身背景、经历、技能和资质相匹配的任务,不夸大承担项目的能力;由他人导致的错误或遗漏,自己在发现后将尽快向适当的机构沟通情况;不参与任何非法行为;不使用或滥用他人合法权益,包括知识产权;只有当事实被妥善证明后才提出投诉或诉讼事宜。

尊重是指对自己、他人和委托给项目管理人员的资源表示高度的重视。委托的资源可能包括人、资金、声望、他人安全和自然环境等。尊重对方的价值观和文化;谈判时遵循诚信善意原则;不能利用专家权力和法定权力影响他人的决策和行动,并以此为代价谋取个人利益；以专业的方式行事，即使得不到回报；避免传播谣言，避免做出消极评估。

公正是指项目管理中采取公正的手段无偏见和客观地做出决策。项目管理人员要在决策制定过程中体现透明度，比如把不同的观点披露给相关部门或人员，由大家来公开决定。为授权获得信息的人提供同等的访问权，比如在招标中提供平等获取信息的渠道。

诚实是指项目管理人员有责任来了解实情，并在沟通和行为中以诚实的方式行事。报告绩效的时候要说实话；采取合适的步骤以保证决策依据的信息和提供给他人的信息是正确、可信的；不隐藏不利的消息或推卸责任；不以牺牲他人利益来获取自身利益；不参与或原谅设计欺骗他人的行为。

当然，IT项目经理最好还要有一定IT工程架构设计的相关背景，这一点就像项目交付架构的设计师也要熟知项目管理知识一样同等重要。项目经理只有自身具备一定的技术背景，才能够全面了解项目实施的要点，并能够很好地推动项目方案的具体实施。并且，项目经理同样要对自己所服务的客户所在的行业有一些具体的了解。比如做中国移动业务的项目经理，对移动的计费、客服、网间结算和增值服务等具体内容都应该是作为一般常识来了解的。只有对特定行业的业务需求和发展方向有广泛和深入的理解，才能够更确切地了解客户的具体需求，明确项目给客户所带来的真正商业价值和收益是什么。项目经理的专业知识领域一般包括常规管理知识技能、项目管理知识体系、人际关系沟通技能、项目所在的环境，及其所在行业领域的背景知识等。

为了使项目经理的技能培养更加有操作性，下面具体介绍典型的项目经理技能要求，见表1.2。每项技能按照1到5打分，1表示没有掌握此技能，2表示部分掌握此技能，3表示基本掌握此技能，4表示在过去的1年内有明显具备此技能的实例，5表示已经被业界或所在组织官方认为具备此技能。项目经理的技能总平均分为3或3以上为中上水平。另外，该技能表最少一年重新打分一次，看看每年项目管理技能是否有不同程度的提高，并根据自己的薄弱环节有效地制订自我职业技能的提升计划，达到不断精进自我的目的。

第1章　项目管理概述

表1.2　项目经理技能参照表

序号	内　　容
1	熟识具体实施项目的组织的业务战略、业务发展计划和具体业务流程的能力
2	持续的商业论证,使项目与战略保持一致,即通过项目能够使业务增加价值的能力
3	洞悉影响项目的事业环境因素,体察不利的因素对项目造成风险的能力
4	有获得相关职能经理和技术小组支持的能力
5	制订项目计划与建设项目组织的能力
6	应用沟通技巧,显示出良好的口头和书面的沟通能力
7	能够同时具备向上(高层领导)和向下沟通(技术专家)的能力
8	能够倾听不同的声音,探究并客观地评价事情的能力
9	领导团队和针对不同团队成员的情况做到动态情景管理的能力
10	能够在项目开始采取强有力的领导,而随着项目的进展愿意把责任和权力委派给别人的能力
11	谈判的能力,对谈判进程得心应手的能力
12	解决问题的能力,愿意参与问题发现、问题解决和决策制定的能力
13	成熟的判断力和现场决策的能力
14	客户关系管理的能力
15	在项目范围发生变更时,具备及时对预算和进度的影响进行分析的能力
16	为获得成功而百折不挠的个性和坚定决心的能力
17	应用以前同类项目交付的产品或组织过程资产的能力
18	主动担当责任的能力,尤其是项目成员直接犯错的时候
19	凡事考虑多种备选方案的能力
20	能够辅助执行技术方案评估的能力
21	能够辅助架构师的方案设计工作,并提出指导性意见或建议
22	愿意在必要时大胆尝试,并具备为试错付出代价的心理准备的能力

以上这些能力或技能都需要项目经理在日常的工作过程中不断养成。著名管理学大师德鲁克和明茨伯格都提到管理能力不是天生的,管理能力是在后天实践中经验积累的产物。

为什么说管理能力是一种经验积累？我们且从管理者的职能入手，管理者的职能就是在日常的工作过程中不断调和各种冲突或矛盾，这里用的是"调和"而不是"解决"，有些事情是不可能找到最终解决办法的。这里提到的冲突一般包括与自身本能的冲突、各方利益的冲突、地位角色的冲突、立场和主张的冲突等。大多数管理者在其日常管理过程中都要经历一系列难处理的事情。管理者需要有效思考并消化这些事情并与企业或组织过去积累的管理最佳实践联系起来，得出可以重复引用的综合结论，即经验积累。管理者自身能力的发展关乎经验意义的获取程度，这就意味着，不管是项目经理还是企业的高层管理者必须放慢脚步，后退一步，反复思考自身的经历，做到"吾日三省吾身"，如果再进一步需要做到"知行合一"。管理者需要有行动更需要思考，思考以往的行动并不断总结过去的做法，从而指导未来的管理事业，逐步做到"知行合一"。除此之外，明茨伯格在《明茨伯格管理进行时》一书中提到"高效的管理者不会是那些自由度最大的人，但却是最会利用他们所能发现的一切自由的人"。成功的管理者并不会局限于本职工作，他们会制造出工作，并做到有序创新和持续体现自身的价值。这些都是想成为高效管理者的我们需要不断努力的方向。

一个优秀的项目经理同样也应是一个卓越的领导者。影响力也可以是以多种形式表现出来的。项目经理就是要通过项目实践来不断扩大自己对企业内部的部门或客户的影响力，从而推动项目的正常运转和成功结束。其中最重要的是对客户及重要相关方的影响。下面阐述什么是相关方，以及如何对相关方进行有效管理。

1.5 项目相关方(干系人)管理

项目相关方(干系人)是指参与到项目中，或其利益可能会受项目实施或完成的积极或消极影响的个人或组织，其中包括项目发起人、客户、项目经理、项目管理团队和项目执行组织等。

项目相关方会对项目施加影响，相关方对项目变更的影响在项目刚开始时最大，以后会逐渐降低，其原因是项目的变更成本随着时间的推移会越来越大。为了明确项目的要求和所有相关方的期望，项目经理要识别项目相关方，对相关方的影响进行分类（如支持与反对程度，影响力强弱等），分析项目相关方的需求，并对他们的需求进行平衡和管理。项目经理要定期、主动地与高层经理和项目团队进行沟通,并且不能忽视消极相关方的影响,忽视消极相关方的影响会增加项目失败的可能性。不同的项目相关方可能对项目的相关因素持有不同的看法,从而使问题变得更加复杂。一般用相关方影响图来分析对不同的相关方应该具体采取什么措施。相关方影响图即双重指标评估模型,如图1.3所示。

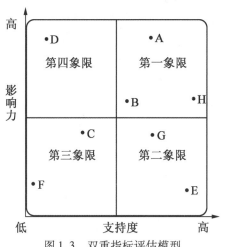

图1.3 双重指标评估模型

图1.3根据影响力与对项目的支持度这两个因素进行分析,划分为四个象限,对于第一象限,即影响力大且支持度高的相关方,要重点关注,继续保持有效沟通,从而获得支持;对于第二象限,即影响力弱而支持度高的相关方,要加强沟通争取更多支持,但无须过多努力;对于第三象限,即影响力弱而反对度高的相关方,要加强沟通降低反对度,同样无须过多努力;对于第四象限,即影响力大而反对度高的相关方,要采取特殊的努力,促使其转变为第一象限,或者设法降低其影响力至第三象限。

决定一个项目是否成功的因素很多,其中一个重要的成功因素就是对项目相关方的有效管理,以确保其在项目运行过程中的高效沟通和协作。项目经理需要对项目相关方在项目的整个生命周期内进行尽早和全面的管理。具体的项目相关方包括项目发起人、项目管理团队、客户、架构师、产品专家、运营经理、运营人员、第三方合作伙伴、职能经理、项目组合经理、项目集经理和项目管理办公室等。图1.4列举了项目的主要相关方。

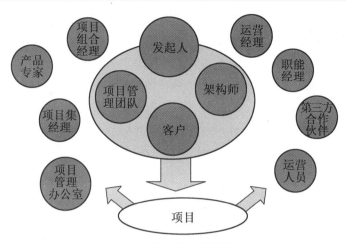

图1.4　项目的主要相关方

比如,在项目中的重要相关方之一就是IT系统或工程架构师,因为项目经理理论上可以不懂技术,项目经理需要与专业的技术人才尤其是架构师通力合作来最终实现项目目标。我们可以把项目经理当作项目的总负责人,而架构师是负责项目技术的总负责人。

项目经理要拟订项目计划,但是项目计划的具体输入内容是由架构师来提供的。比如IT架构师通过前期的客户咨询服务能够充分了解客户的需求范围,并制订出相应的架构设计方案,提供项目可能存在的依赖关系问题和可能有的风险等。

项目经理通过定期的项目绩效报告(Project Performance Report)来管理客户的关系和期望。架构师作为项目的技术负责人通过提交切实可行的架构设计方案来满足客户的希望。

项目经理在项目成本控制下来雇用合适的技术人员完成指定的项目操作。而架构师要与被雇佣的技术人员讨论具体的技术解决方案的实施办法,并对方案的可行性进行论证。通过与客户和相关技术人员的沟通与合作来促使项目按照既定的技术方案执行。

对于项目应该遵守的流程,项目经理和架构师要有共同的认识。比如说项目的架构设计要通过客户的审阅和同意,任何重大设计方案和项目范围变更都要通过指定评审委员会的同意。项目经理对项目目前存在的问题、风险和成本控制负有主要责任。架构师要及时、准确地把项目中的花费和相关注意事项反馈给项目经理。在项目快结束时,项目经理要准备和提交项目完工报告,架构师要参加项目收尾阶段的最终评审和检验工作,并对任何可能遗留的问题提出自己的解决办法,使客户对项目的最终交付结果满意。

项目经理要关注双方乃至多方共同的利益,学会换位思考、求同存异和达到共赢。当相关方发生变化时,项目经理要主动和相关方进行沟通,取得各方的支持,并动态管理相关方的变化和平衡相关方对项目的要求。这对项目经理来讲就需要具备更多的软技能和领导力,换言之,就是需要其分析问题和解决问题的能力非常之强。项目问题解决的具体建议详见本书第 2 章 2.7 节项目之问题管理方法详解。除此之外,项目经理还需要了解所在组织的组织级项目管理的大环境要求,并努力与之相适应。

1.6 组织级项目管理

项目经理在日常管理项目时不是一个人在战斗,通常需要组织的制度和流程作为保证。在组织级项目管理环境中,首先要明确项目组合(Portfolio)管理、项目集(Program)管理和项目(Project)管理的区别和联系。

项目组合管理是指将一些不太相关的项目组合在一起管理达到项目管理和所在组织的业务战略利益的最大化;项目集管理是指将一些有关系的项目一起管理来解决跨项目的资源冲突,以达到 1+1>2 的目的;项目管理是对单独的一个项目进行管理。

项目、项目集与项目组合管理的比较分析详见表 1.3。

表 1.3 项目、项目集与项目组合管理的比较

比较项	项目	项目集	项目组合
范围	目标明确,并渐进明细	多个项目的协调管理,范围更大	项目组合的范围会因组织战略目标的调整而调整,其具体内容包括项目和运营层面的全部工作。项目组合管理侧重于基于战略的项目优先级选择和排序
变更	执行一定的过程来管理和控制变更	管理预期来自项目集内外的变更	持续监督广泛的内外部环境的变更,包括战略调整的变更

续表 1.3

比较项	项目	项目集	项目组合
规划	逐步将宏观信息细化成详细的计划	制订项目集整体计划	针对整个项目组合,建立与维护必要的过程和沟通
管理	管理项目团队	管理项目集人员和项目经理	持续的和长期的管理或协调项目组合管理人员
成功标准	以产品与项目的质量、进度和预算达成度,以及相关方满意度来测量成功	以项目集满足预订需求和利益的程度来测量成功,项目集的利益大于项目集内所有单个项目利益之和	以项目组合的综合投资绩效和收益(ROI)实现来测量成功
监督	对创造预订产品、服务或成果的工作进行监控	监督项目集所有组成部分的进展,确保实现项目集的整体目标、进度、预算和利益	监督战略变更和资源总体分配、绩效结果和项目组合风险

总之,单个项目关注的是目标,项目集管理关注的是共同的利益,项目组合更多考虑的是战略选择。《哈佛商业评论》指出:"战略定位意味着与竞争对手执行不同的活动,或以不同的方式执行类似的活动。"项目组合管理通过正确的项目评审及优先级排序等活动,适时把合适的资源用在正确的项目中以满足企业或组织的战略目标。也就是说,项目组合管理提供了一个统一的方法来评估、优先考虑、选择、做预算和规划合适的项目,给组织的战略利益提供最大的价值和贡献。因此可以看到,项目组合管理如果有效,就能确保项目符合企业战略,项目组合中的项目优先级排列正确,组织资源分配就可以达到最优。

为了更好地落实项目组合在组织中落地,比较成熟的企业会建立组织级项目管理(Organizational Project Management,OPM)体系架构,组织级项目管理是一种战略执行框架,通过应用项目管理、项目集管理和项目组合管理及组织驱动实践,不断地以可预见的方式取得更好的绩效、更好的结果及可持续的竞争优势,从而实现组织战略。

组织级项目管理的成熟度一般分为五级,与软件开发成熟度模型(Capability Maturity Model,CMM)的定级原则基本保持一致。我们可以把组织级项目管理成熟度的级别分别命名,比如第一级为"通用术语"级,第二级为"通用过程"级,第三级为"单一方法"级,第四级为"基准比较"级,第五级为"持续改善"级。通常组织需要逐级提升自身的项目管理成熟度,很难一次性从较低阶段跨越到较高阶段,一般每个级别所处的周期都需要一到两年的时间,即组织可能需要五到十年才能实现从最低级到最高级的蜕变过程。

以下是关于各个级别的详细解读。

第一级,"通用术语"级。处在通用术语级别的组织特点是运行项目的组织对项目管理的认识普遍不深,项目管理理念和具体流程运作没有得到组织高层领导的充分重视和持续支持,项目的成本和进度没有进行过程跟踪和可视化的管控。项目管理者即项目经理通常把单个项目的利益凌驾于组织利益之上。组织没有针对项目管理的培训和认证做任何要求和资源投入。

第二级,"通用过程"级。处在通用过程级别的组织特点是组织内部绝大多数员工已经认识到实施项目管理给组织带来的好处,高层领导已经开始重视项目管理流程和办法在组织内部的具体推广工作,并且组织内部的项目管理等相关培训课程也在有序地开发、延续演进和持续运作。需要注意的是,组织从"通用术语"级别跨越到"通用过程"级别通常是一个很艰难的过程,组织内部会产生很强烈的抗拒组织变革的力量和反作用力,组织的员工或多或少会认为通用的项目管理过程没有必要,或不适合当前的组织运作,这就需要组织内部高层管理者有足够的耐心和持之以恒的精神才能够实现这一关键性的历史跨越。

第三级,"单一方法"级。处在单一方法级别的组织特点是标准的项目管理流程和项目管理方法论在组织内部已经得到基本普及,由项目管理办公室(Project Management Office,PMO)主导的项目管理制度和文化建设得到进一步的宣传贯彻。应用标准项目管理办法给组织带来的项目收益、回报和好处也已经基本体现。组织内部所有项目的管理过程文档被妥善地记录并形成组织过程资产,组织对其所辖的每个项目能够做到针对项目管理异常情况的及时捕捉和处理,项目过程的可视化监控和管理。在"单一方法"级别的组织也会遇到一些问题,比如过度强调流程和文档化,这会对项目交付的效率有一定的损耗,并且项目成员会觉得本组织已经具有一定的项目管理成熟度,没有进一步提升的必要和很难进一步管理提升等诸多问题。

第四级，"基准比较"级。处在基准比较级别的组织特点是由组织内部的项目管理办公室来主导对组织所在行业的项目管理最佳实践进行持续汇总和提炼的工作，能够应用行业的项目管理最佳实践不断优化组织内部的项目管理流程和项目管理方法论，并持续发布最新的项目管理最佳实践及相关管控模板给项目经理和组织内部的相关人员。

第五级，"持续改善"级。处在持续改善级别的组织特点是同样由组织内部的项目管理办公室主导，在组织内部持续学习过往根据历史经验总结的文档，不断传递项目管理知识和最佳实践，并通过标准的项目管理流程和项目管理方法论来指导组织内部具体的项目运作，做到阶段经验总结和过程改进提高。这里的改进和提高也包括组织内部项目经理的项目管理能力的改进和提高。一般处在这个级别的组织特点是项目管理已经成为组织战略规划的内容，并且组织战略的实现更加有赖于项目的有效实施，使组织成为基于项目化运作的组织，并持续提高组织在所属行业的核心竞争力。项目化运作的组织是组织的各个业务部门或职能部门都能够有效地基于项目管理的理念来运作日常的工作，并做到持续高效地经营和管理有效的资源。如果想进一步了解项目化运作的组织，请参考管理专家李文、苗青撰写的《触变:混序管理再造组织和人才》一书。在这一级别或阶段，项目管理办公室在组织中的作用和地位得到充分的体现，PMO实际掌控整个组织的项目管理过程，持有针对项目经理以及项目成员的绩效考核等权利。

通常OPM的实施是通过组织设置项目管理办公室（PMO）来具体实现的，下面重点介绍项目管理办公室的定义、作用和职责，以及在企业或组织中所处的位置等。

1.7 项目管理办公室

项目管理办公室（PMO）是在项目所在的执行组织中对与项目相关的治理过程进行标准化，并促进项目资源优化、项目管理方法论落地、项目管理工具和技术资产共享的一个组织部门。这些标准化的过程应该能形成可重复的结果，即组织过程资产，同时应该促进项目执行组织的项目成功率上升。项目管理办公室是组织内部项目管理最优实践的中心，是组织提高项目分析、架构设计、管理和审查等多方面能力的关键资源提供方。具体来讲，项目管理办公室的作用有如下三点：

(1)确保通过项目实施,实现组织的战略目标,这与项目组合管理的作用是一致的。
(2)使组织利用有限的资源发挥最大的价值,这与项目集管理的作用是一致的。
(3)提高组织成功实施项目的整体能力,这与组织的整体利益是一致的。
项目经理与项目管理办公室的角色差异见表1.4。

表1.4 项目经理与项目管理办公室的角色差异

比较项	项目经理	项目管理办公室
目标	关注特定的项目目标	管理主要的项目集范围变更,促进业务目标的实现
控制资源	控制分配给本项目的资源	优化利用所有项目共享的组织资源
管理对象	管理单个项目的制约因素(范围、进度、成本和质量等)	站在企业的高度对项目管理方法论、执行标准、整体风险/机会、绩效指标和项目间的依赖关系进行管理

《PMBOK®指南》中定义了三种不同类型的项目管理办公室,它们对项目的控制和影响程度各不相同。具体的项目管理办公室类型如下:

(1)支持型 PMO:也是初级的 PMO,对项目团队提供单向的支持,一般担当顾问的角色,向项目提供模板、最佳实践、培训,以及来自其他项目的信息和经验教训。这种类型的 PMO 其实就是一个项目资源库,对项目的控制程度很低。负责制定并共享统一的项目流程、培训、软件、模板和标准等。例如,中国的很多民营企业的 PMO 就是支持型 PMO。

(2)控制型 PMO:也是中级的 PMO,不仅给项目提供支持,而且通过各种手段要求项目服从,比如必须使用特定的模板、格式和工具等。这种类型的 PMO 对项目的控制程度属于中等。例如,IBM 中国的 PMO 更多的是控制型 PMO。

(3)指令型 PMO:也是高级的 PMO,直接管理和控制项目。这种类型的 PMO 对项目的控制程度最高。一般会对项目的执行结果负责,并直接参与组织项目的选择、监控、纠偏、叫停、绩效评价和奖金发放等。例如,IBM 和惠普在澳大利亚的 PMO 就是指令型 PMO。

一般在企业中针对项目管理办公室的命名会有别于《PMBOK®指南》通常的类型定义。由于实际企业的组织架构不同,项目管理办公室的命名有很大不同,不同的命名和其汇报对象的不同有很大关系。通常的两种项目管理办公室命名如下。

(1)组织级PMO:直接向组织最高层CEO或CFO汇报,负责组织所有项目的选择、监控和收益评价。这种汇报类型的PMO起到的作用包括建立项目管理流程、标准、规则和方法论体系,通过有效的资源管理、项目选择的优先级管理、监控和考核等手段提高所有项目的绩效,从而保证组织战略的顺利实现。

(2)部门级PMO:存在于部门之内,直接向某大区总经理、某事业部经理或某部门经理汇报,负责所辖区域、事业部或部门内部所有项目的选择、监控和绩效评估。这种汇报类型的PMO起到的作用包括通过资源优化等手段,追求最佳的投入和产出比,支持部门及组织战略目标的实现。

组织级PMO可能存在于任何形式的组织结构中,而部门级PMO主要存在于大型的矩阵型组织中。例如,IBM或HP作为强矩阵组织的代表会在不同的事业部内配有专职的PMO组织成员,来管控本事业部内部项目的选择、监控和绩效考核。下面详细介绍PMO的基本岗位职责,见表1.5。

表1.5　PMO的基本岗位职责

PMO的基本岗位职责	详细的工作分解
①建立和维护项目管理体系	建立项目管理制度
	建立项目管理流程
	提供项目管理方法论,查对清单和模板
	逐步对项目管理流程进行推广和阶段培训
	针对项目管理流程进行持续改进
	建立和管理项目管理信息系统

续表 1.5

PMO 的基本岗位职责	详细的工作分解
②建立和维护组织项目数据库	建立组织项目数据库
	收集和管理项目资料
	建立项目绩效数据的估算标准
	收集和管理项目绩效数据
③项目监控	项目选择阶段监控
	项目启动和规划阶段监控
	项目执行阶段监控
	危机项目整改
	项目收尾和验收阶段监控
	多项目协调
④项目经理和项目团队成员绩效评价	建立项目经理绩效评价体系
	评价项目经理绩效
	建立项目团队成员绩效评价体系
	管理项目团队成员绩效评价
⑤建立和维护组织的项目管理能力框架	建立组织的项目管理能力框架
	评估项目经理能力
	规划并实施项目管理能力提升计划
	制订项目从业人员职业发展计划
⑥组织项目管理文化建设	建立项目管理论坛、沙龙或学友会
	开展项目经理活动
	出版项目经理杂志
	普及项目管理知识
	设置项目经理奖项

PMO 的产生一般是有先决条件的,实行 PMO 的企业需要在组织内部存在基本的项目管理流程和方法,参与项目的成员对一些通用的管理术语有一致性的认知,如对风险管理和绩效审核的理解统一。PMO 组织一般不是自发形成的,往往是企业管控层为了配合战略或管控的需要而设置的。

不论是组织级还是部门级的 PMO 都是帮助组织打造 PMBOK 所说的组织过程资产的核心部门。下面对项目管理办公室的初步设立过程展开进一步论述。

1.8 项目管理办公室落地探究

组织过程资产对提升组织运营效率,降低运营成本以实现持久盈利是非常有好处的。项目管理办公室是推动组织规范组织过程资产的中坚力量,但是项目管理办公室的设立不是一蹴而就的。设立项目管理办公室的过程是循序渐进的,可以分为下面几个阶段进行尝试建立。

第一阶段:提出概念,成立组织。

万事开头难,很多企业组织结构的改革由于面临着权力的重新分配而困难重重。如果一开始就要建立一个全面管理项目的 PMO,恐怕会遭到组织大多数成员的一致反对。而且也没有那么多的合格项目经理来让大家信服。所以,应该低调开始,提出建立 PMO 的概念,把 PMO 建立起来再说。此时的 PMO 不干涉任何项目,也不需要增加人员,而是由现有人员兼职。这样阻力会非常小,这一阶段的 PMO 就是通常所说的支持型 PMO。

这一阶段 PMO 的工作主要是统一组织对外的文档模板,并把统一的模板下发给相关部门使用。所有的对外文档在项目交付给客户的项目产出物的同时都要由 PMO 存底备份,这样做的好处是逐步丰富组织的过程资产,并为以后建立规范组织的项目管理流程打下坚实的基础。

第二阶段:建立项目管理流程,监控及辅助项目进行。

有了第一阶段的基础,PMO 就可以进入第二阶段。由于中小型企业中熟悉项目管理的人员较少,而且往往都担任着重要职务,例如技术部经理或市场部经理等,或者正在管理着比较重要的项目,所以,此时不能将他们变为PMO的固定人员,而应该让他们继续兼职但实际是PMO的核心人员。

这一阶段的PMO就是通常所说的控制型PMO。在这个阶段,PMO的主要职能包括以下几个方面:

(1)规范项目管理的流程。在总结众多项目的基础上,提出适合自己公司的项目管理流程,下发给各部门,此时不一定要求强制执行。可以让大家参考流程进行项目管理,同时提出问题及意见。由于文档模板是按组织原有流程设置的,所以,在执行过程中,不会与现有流程有太大的偏差,同时又具有灵活性,便于修改。

(2)项目管理工具培训。挑选适合企业的项目管理软件,培训各项目经理,让他们能够使用该软件。可以从单机版过渡到网络版,例如,微软Project 2019服务器版软件,可以首先让项目经理学会单机版的使用,随着使用的普及,逐步过渡到全员使用网络版。

(3)项目过程监控。此时只监控,不管理,通过工具软件的使用,PMO可以监控到项目管理的细节,但此时更多的是监控项目进展,随时核算项目成本,PMO并不参与项目过程的管理。在监控过程中,总结经验,修改项目管理的流程。

(4)辅助项目经理,提出建议。让项目经理有更好的时间意识、成本意识和质量意识。

通过这一阶段的实施,企业可以逐步摆脱项目管理的混乱,尤其是企业高层,可以随时掌握每一个项目的进展情况。项目经理开始有进度、范围、成本和质量控制等意识,管理水平会有明显提高。很多企业的PMO到这个阶段就可以了,要根据企业的实际情况来判断是否进入第三阶段。

第三阶段:协调管理各项目,管理项目经理。

在此阶段的PMO组织成员应该相对固定下来,实施组建全职的PMO团队。这一阶段的PMO就是通常所说的指令型PMO。它的主要职能包括以下几个方面:

(1)针对项目选派项目经理,由项目经理对项目总负责,可以有效地避免各部门推诿等现象。而且由于项目经理相对专业,可使项目质量提高。

(2)控制项目进度、范围、成本、质量和风险,项目经理直接向PMO经理汇报。

(3) 根据企业的战略协调各项目的资源,做到至少是基于项目集的管理。

这一阶段是中小企业 PMO 相对较高级的阶段,大多数中小企业到达这一阶段后,就可以实现比较良好的项目管理。此时,PMO 应该成为企业中比较重要的部门,对项目管理具有实际的指令权限。

另外,在 PMO 部门落地后所需关注的项目管理切入点是一个值得探讨的问题,毕竟组织引入 PMO 的根本诉求是确保项目成功。PMO 部门切入项目管理的角度可以多种多样,可以是需求管理流程的梳理,也可以是项目范围变更管理流程的确立,亦可以是项目行政职能的助力。PMO 可以以职能部门的身份派相应的督导专员进入具体项目组来辅助项目经理的日常管理工作。下面列举几个切实可行的以 PMO 为主导的项目治理落地着力点,以供借鉴和参考。

1. 市场需求捕捉的常态化

基于瞬息万变的市场特征,企业或组织推向市场的产品功能需要基于市场的风向标而动态调整。这种不确定性无疑给交付产品的项目管理工作提出了种种挑战。PMO 可以针对项目目标的审议确立、产品需求文档的评审和需求变更流程的控制等方面,制定必要的制度流程以确保有法可依。

2. 项目管理工具的定制化

目前市场上现存的项目管理软件多种多样,比如 JIRA、禅道等。这些貌似功能强大的项目管理软件,其功能未必完全符合具体企业项目管理工作的内在诉求。PMO 可以主导项目管理工具软件的选型、管理流程的定制开发和项目管理信息系统(PMIS)工具产品升级改造。当然,PMIS 工具的最终启用和运营也需要 PMO 的积极推动和监察。监察的范畴包括项目经理是否按照组织既定的项目管理制度和流程的要求,按时在项目管理工具软件中提交项目绩效报告、问题和风险清单及项目的过程交付物等。

3. 管理建制的体系化

PMO 通过采取必要的项目管理能力培训、知识分享沙龙等形式助力于项目经理的角色转型。绝大多数项目经理都是从之前做技术转型为管理工作的,PMO 需要建立必要的途径使项目经理尽快从技术思维转变为管理思维。比如 PMO 可以建立项目经理岗位的能力成熟度评估模型和必要的评估流程,并建立配套的培训课程体系和项目经理职称等级考评体系。除此之外,PMO 可以主导项目经理的绩效考评体系的建立,考评的维度可以包括被考核项目交付产品的盈利情况、项目过程管理的执行情况、项目团队成员的能力提升水平和业务部门(客户)对项目交付团队的整体沟通和协作体验等。

项目管理的制度建设离不开 PMO 的努力,PMO 主导项目治理,即在制度、流程和工具层面助力于项目成功。PMO 通常站在组织战略的制高点,进一步诠释项目的成功标准,使项目经理从从前只关注项目进度、成本和质量的范畴,转而更关注项目交付产品所实现的预期业务价值,逐渐促成企业或部门领导对项目管理工作的重视,并坚持以专业的视角帮助项目经理以正确的方式在正确的时间做正确的事情。PMO 是企业项目治理的主导和推动者,并在制度、流程和工具层面为每个项目的成功起到保驾护航的作用。

第 2 章　经典的项目管理方法论

项目管理方法论通常是指企业或组织进行项目管理过程中可以参照的方法,既然是方法论就一定会有可以参照的流程活动,具体执行流程活动的角色和职责,以及可以参照的模板和工具。而目前流行的《PMBOK®指南》更多的只是一个大而全的项目管理知识体系框架,还不能称其为项目管理方法论。由于行业的特殊性,不同行业应该打造适合每个行业自身的项目管理方法论。随着近些年 IT 技术和相关应用软件在企业中被广泛地使用,IT 项目实施的最佳实践一定具有极广的社会接受度和参考价值。基于以上考虑,本章从《PMBOK®指南》的概述入手,更多的是以 IT 项目管理为例,介绍 IT 项目交付的成功方法论。

2.1　《PMBOK®指南》简介

《PMBOK®指南》总结了时下项目管理实践中成熟的理论、方法、工具和技术。比如我们通常在项目管理过程中使用的工具,包括关键路径法(CPM)和挣值管理(EVM)等。该指南全面介绍了针对单个项目管理的知识体系。在 1996 年,指南的第一版首次发行;第二版是在 2000 年发行的;第三版是在 2004 年发行的;第四版是在 2008 年发行的;第五版是在 2012 年发行的;2017 年更新为第六版,指南第六版定义了 49 个项目管理流程(注释:有些书翻译成过程),从每个流程(过程)的输入、输出以及采用的工具和技术的角度对项目管理全生命周期进行全面和详细的解读;2021 年《PMBOK®指南》更新为第七版。本书结合 PMBOK 的最新理论发展趋势对项目管理关键要点进行详细解读。

《PMBOK®指南》并不是万能的,通过图 2.1 可以看到项目管理知识体系不只包括《PMBOK®指南》,还包括人际关系技能,通用管理知识与技能,项目环境的理解,应用领域知识、标准、规章制度和法规等内容。应用领域知识是针对项目所在领域具有的共同因素和知识,比如电信领域的网元计费知识和银行领域的信贷知识等。而标准和规章制度是一种描述既定规范、方法、过程和做法的正式文件,如电信的 GSM 和 CDMA 规范等。法规是政府机构施加的要求,这些要求可能会决定项目的产品、项目的执行过程或服务必须遵守政府强制要求和规定,例如政府最新的房贷政策对银行放贷和房地产项目会产生相应的影响。项目所在的环境因素包括企业文化环境与社会环境、国际与政治环境、自然环境和组织环境等。例如,一个化工厂项目会受制于城市的环境因素,化工厂是不能够建在城市中心或市民居住密集地区的。有些城市,如珠海,为了保护社会环境,把一些很有盈利实力但污染严重的企业拒之门外。通用管理知识与技能包括对经营中的企业的日常运作进行规划、组织、人员配备与调度、实施与控制等。比如企业的财务管理、采购管理、市场营销管理、生产制造管理和信息技术管理等。人际关系技能包括领导力(Leadership)、影响力(Influencing)、人际沟通(Communication)、团队建设(Team Building)、人员激励(Motivation)、选择决策(Decision Making)和谈判技巧(Negotiation Skill)等。人际关系技能对项目经理来讲是至关重要的。一个优秀的项目经理同样也应是一个卓越的领导者,要具备很强的领导力和影响力,这样才能有效地推动项目完成既定的目标。同时项目经理90%以上的工作都是沟通,所以要具备很强的人际沟通、选择决策和谈判的能力。

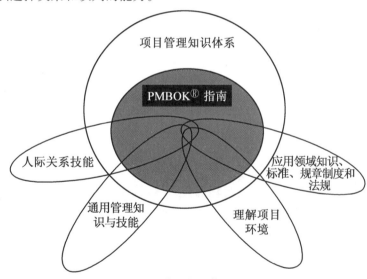

图2.1 项目管理知识体系的概况图

2.2 经典项目管理实践办法

项目在整个生命周期里是分阶段的,不同行业的项目阶段划分是不同的。项目生命周期是项目的阶段按照顺序排列或交叉排列的集合。项目阶段是为完成项目的可交付成果而在需要特别控制的位置将项目分界。换句话讲,阶段是为了项目控制的需要,项目划分为不同阶段有助于项目的管理和统筹规划。不同的阶段会有各自的目标和可交付成果,每个阶段的结束点也是一次重新验证以前假设和评估风险的机会,这些结束点可以称为阶段出口、里程碑、阶段关卡、决策关卡或关键决策点等。

一个项目阶段会包括五大项目过程组,即项目启动、项目规划、项目执行、项目监控和项目收尾。项目的过程组定义了项目阶段内部的具体控制和边界划分。项目的五大过程组是在项目的每个阶段中循环往复的。

1. 项目启动过程组

项目启动过程组是定义项目目标、初步范围、落实初步财务资源、识别内外部相关方、获得项目授权,定义并启动一个项目的一组过程。项目经理在此阶段通过项目章程获得授权去对项目的整个处理过程进行管理。项目章程和相关方登记册是此阶段的主要输出。客户或项目发起人参与项目启动过程,会提高他们对项目可交付成果的满意度。以下是可以参考的项目在启动过程组的主要活动内容:

(1)选择一个正确的项目。

从企业项目组合或项目集中选择一个正确的项目,可能包括的子活动有记录商业(业务)或项目需求,了解项目与企业战略目标的关系,对项目的优先级进行排序,确定项目或交付产品的目标,协调解决有冲突的目标,指定项目经理,确定项目经理的权利和义务,收集项目的相关背景信息,把项目划分为一个或多个阶段,归档并记录项目的假设条件和制约因素,初步确定项目所需交付的产品或服务的范围,确定项目章程的格式,撰写并最终确认项目章程和获得项目章程的正式批准等。

(2)启用相关方登记册。

记录相关方的信息到相关方登记册中,并规划相关方的应对办法。可能包括的子活动

第 2 章 经典的项目管理方法论

有熟悉项目所在企业的企业文化与组织架构,全面识别相关方及其影响力和风险承受力,有条件的可把相关方的期望转换为项目需求,并针对不同特质的相关方相应采取可能的行动和沟通方案。

2. 项目规划过程组

项目规划过程组定义项目具体需求和范围,以及为实现项目最终成功而计划行动方案的一组过程。规划过程组主要包括制订用于指导项目实施的项目管理计划、项目范围说明书,以及发起项目开踢会等活动。以下是可以参考的项目在规划过程组的主要活动内容:

(1)确定项目需求和范围。

为了确保项目涵盖成功完成所需的全部工作,项目组的需求分析师(Business Analyst,BA)需要根据启动过程组中项目相关方的初始需求撰写需求文件,即需求规格说明书。需求规格说明书的内容一般包括功能性需求(Functional Requirement)和非功能性需求(Non-Functional Requirement)两部分的阐述。功能性需求指的是项目所交付的业务流程、服务或功能产品的内容;非功能性需求是指所提供的服务的绩效、安全、可用性和易用性等要求。如果对需求进行过程跟踪,可以通过需求跟踪矩阵来管理,需求跟踪矩阵是一张把具体需求与需求来源联系起来的关系表,它同时也建立了项目具体需求和项目目标的联系。项目需求规格说明书的内容需要客户和项目经理审批后才能正式发布,只有客户审批后的项目需求规格说明书才可以用作撰写项目范围说明书,即作为概要设计说明书的参考依据。概要设计说明书一般是由项目组的架构师来撰写的,具体阐述项目所需交付系统的架构概况视图、正确的架构决策、可能有的组件(接口)描述、设备选型、软硬件清单、初始的工作分解结构(WBS)和成本分析模型等。项目范围说明书为今后的项目决策以及与客户确认或建立对项目范围的共识提供了一份有案可查的依据,同样也需要客户审批后才可参照实施。

(2)制订项目管理计划。

确定如何规划项目范围、资源、时间、成本、质量、风险和采购等。基本涵盖 PMBOK 所提及的所有知识领域的管理计划内容,共同组成整体的项目管理计划。项目范围管理计划中要对项目的工作范围进行分解,分解为工作任务,对于每项任务需要计划共需要多少人、多少天来完成,项目范围管理计划一般要和项目时间管理计划以及项目人力资源管理计划结合起来,共同确定每项工作任务的计划开始日期、计划完成日期、任务直接负责人、主要参与人和可能输出的交付件等信息,使接受工作任务的项目成员能够清楚地了解工作的具体要求。项目时间管理计划需要建立在针对项目工作任务所需要的具体资源和资源的可用情况的基础之上。项目经理需要提前和相关部门的职能经理获取使用资源的承诺,最主要的资源就是投入项目的人力成员,需要明确所有投入到项目中的成员角色和责任,确保相关项目相关方知道自己的职责,以及需要在什么时间完成哪些工作任务。项目质量管理计划可以确定项目管理的质量考核指标及评分标准,作为项目绩效报告的参考依据。项目经理需要对项目管理计划进行滚动更新,最好每周发出最新的项目管理计划给相关相关方周知。

(3)发起项目开踢会。

按照 PMBOK 的说法,在项目启动阶段结束之前需要召开项目启动会议(Initiating Meeting),该会议的主旨是为了发布项目章程,宣布项目经理的任命,并宣告项目的正式启动。项目启动会议由项目发起人召集,由主要项目相关方参加。在项目规划阶段结束之前需要召开项目开踢(开工)会议(Kick-off Meeting),该会议的主旨是介绍项目目标和项目管理计划,获取主要相关方的支持,并宣布项目正式进入执行阶段。往往真正做项目的时候两个会是合二为一的,或者只有一个项目开踢会。在中国的整个项目管理环境中,大家通常都称为项目启动会而不是项目开踢会,通常会发生在项目规划阶段结束之前。

与相关方及客户协调项目的启动工作,可能包括的子活动有查找项目所在企业的现有流程和生产环境的治理标准要求,以及哪些可用于当前项目,做初步的项目管理计划,粗略估算项目的进度和预算等。与客户等项目相关方确定项目验收标准以及项目所包括和不包括的工作范围。确定项目的初步组织成员,记录已知的或潜在的风险,拟订沟通管理策略和近期需要配合的事项,确定所需要的项目里程碑,确定项目范围变更的控制方法。与客户协商同意的时间点上发起项目开踢会。项目开踢会是一个比较正式的仪式,为强化项目的重要程度,最好请甲乙双方领导一起参加。

3. 项目执行过程组和项目监控过程组

项目执行过程组和项目监控过程组共同完成项目管理计划中确定的工作。项目执行过程组实施项目管理计划中要求的内容,而项目监控过程组主要监控可能的执行异常并采取应急手段和权变措施。项目的执行和最初的计划之间可能会有差异,这个差异就是项目执行偏差,包括项目基准的变更等情况。任何涉及触发项目管理计划中基准的变更因素,如项目范围外延或成本超支等,都需要被有效记录,并得到妥善的授权后才可以进行项目基准的实际变更。以下是可以参考的主要活动内容:

通过相关方登记册设定并管理相关方的期望。监控并记录项目当前的问题、风险和挑战,并采取必要的应对办法。采用引导、辅助、沟通、协商和帮助等多种手段推进项目管理计划的执行。管理项目计划执行的进展情况,滚动式修订项目管理计划,阶段评价项目团队的绩效。在人力资源管理方面,按照项目管理计划投入项目资源,让资源投入与项目管理计划的安排协调一致。与有关职能经理见面,确认他们的资源承诺。及时通告有关职能经理,何时需要他们的资源加入到项目中。举办项目进度评审会、沟通会议和团队建设活动,要求在项目团队会议或活动上遵循既定规则。根据具体的人和事采取不同的手段或措施进行干预。帮助团队成员获得他们所需的培训,确保每一个项目团队成员拥有完成其工作所需的技能、信息和设备。在项目绩效达标时,实施在项目管理计划中制订的认可和奖励制度。在项目绩效和预期有偏差时,实施已批准的改进过程。监控项目执行所产生的可交付成果,对那些未通过验收的可交付成果,应该记录原因并发起适当的变更请求,必要时需要走严格的变更管理流程。在变更审批的时候需要杜绝项目蔓延和项目镀金的现象。项目蔓延可能是客户发起的,而项目镀金也许是项目执行团队为了获得项目验收主动发起的额外工作。要理解、评估、影响和管理客户的新需求或需求变更,而不是简单地接受客户需要变更的工作内容。项目经理及项目团队成员需要遵守企业的既有政策、流程和程序规范,判断具体项目活动是否符合企业政策、流程和程序规范。与此同时,项目管理办公室也需要发起对项目的阶段审查活动,改善项目管理流程的执行效力,增加其有效性。当出现严重问题时重新评估项目的可行性和商业论证的合理性。

4. 项目收尾过程组

项目收尾过程组包含为完结项目或阶段或合同责任而实施的一组过程。合同不仅仅包括与客户签署的合同,也包括与第三方供货商之间的供货合同。以下是可以参考的项目在收尾过程组的主要活动内容:

进一步核实项目验收的条件,确保所有的项目管理过程都已经完成,对已经通过验收的可交付成果要有客户或项目发起人的正式验收批准文件。获得客户对项目产品的认可,并最终与客户签署正式的项目验收报告。落实项目尾款的支付情况并在卖方(乙方)企业内部财务系统中完善必要的项目成本记录。收集项目的经验教训,并相应更新该项目的组织过程资产,包括把团队成员通过项目锻炼而获得的新技能及时反映到组织的人力资源库中。发布项目的最终绩效报告,并发起客户满意度调查。与此同时,PMO 也会发起针对项目的内部审查活动。若项目由于某种原因而提前终止,需要记录项目提前终止的原因并汇报给 PMO 和相关公司领导。归档所有项目交付成果和项目的组织过程资料,把已经完成的项目交付成果交付给买方(甲方)企业或组织的运营和维护部门。召开项目庆功会,并着手解散项目资源。

2.3 项目管理方法论之典型活动分析

为了方便大家切实掌握项目管理方法论体系中的具体活动、角色和输入输出的对应关系,下面对项目管理方法论的主要活动内容进一步细分,共分为 17 个典型的活动。这些项目典型活动的角色输入和输出文件对项目管理起着非常重要的作用。可以理解为,如果在实际的项目管理过程中能够充分地把这 17 个典型活动运用好,也就已经基本具备管理一个组织级项目的能力。图 2.2 列举了项目管理方法论的典型流程活动。

第 2 章　经典的项目管理方法论

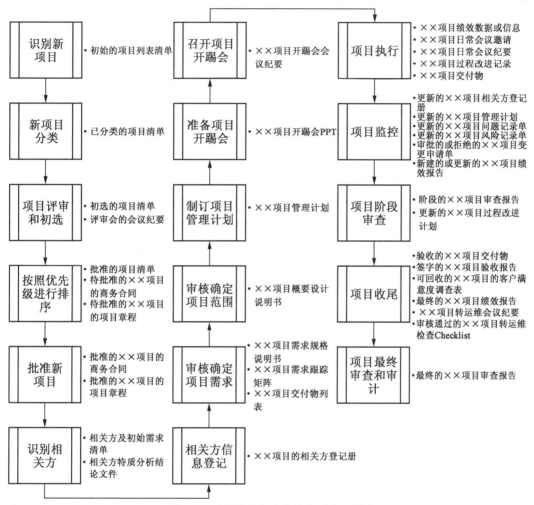

图 2.2　项目管理方法论的典型流程活动

2.3.1　选择一个正确的项目

企业或组织需要根据自己的战略方向、风险评估和资源配置等多方面考虑选择正确的项目，这需要结合项目所在企业组织战略的价值定位进行具体操作。组织战略一般分为最佳产品、最佳服务和最佳成本三大类。

（1）最佳产品是指企业是通过最佳产品功能或式样在行业内保持领先地位的。其特征是产品不仅仅提供其必要的功能性需求，还要具备不凡的艺术级水准和性能要求。比较典型的案例就是苹果 iPhone 手机，苹果创始人乔布斯就自诩为一个产品经理。

（2）最佳服务是指企业是以最优的客户服务和对客户需求的理解为主导的。其特征是能够提供完备的方案，在组织内部有充分的知识共享和知识传递机制。比如传统 IT 巨头 IBM 在近 20 年一直都是以为客户提供有价值的服务和解决方案见长的。

（3）最佳成本是指企业是通过低成本低价格在市场上取得绝对竞争优势。其特征是在可靠的产品质量的基础上具有竞争力的价格。比如戴尔通过零库存战略一度是最佳成本的经典案例。

不同组织战略的企业在选择符合战略发展方向的项目时的标准是不同的，以最佳产品为战略导向的企业，其项目往往都是关注产品开发的创新性，并需要加速产品的上市时间。阿里巴巴的余额宝产品研发的项目就符合这一特点。以最佳服务为战略导向的企业，其项目主要的关注点是如何提高当前服务质量，降低服务成本，并通过高质量的服务来建立客户的忠诚度和扩大客户的保有量。目前政府或电信公司购买的第三方服务外包型项目大都符合这一特点。以最佳成本为战略导向的企业其项目主要运作重点为其现有流程的标准化和规范化，因为只有通过端到端的流程优化才可能不断地降低成本和提高效率。戴尔的成功是很难复制的，原因是戴尔公司内部的流程管控的优化程度非常之高，不是一般企业能够比拟的。这种高效而可视化的管理模式的建立是通过组织内部不断发起的精益改进项目来逐步达到的。

为了使选择符合组织战略的项目更加具有操作性，我们可以在企业或组织内部通过设计项目选择计分卡的方式来进行项目选择。评估项最好有 10 条以上，每个计分卡的评估项可以按 0~5 打分。当然不同的评估项根据企业或组织的特殊情况可以设成不同的权重。具体的评估项可以包括但不限于如下内容：

第 2 章　经典的项目管理方法论

（1）是否是客户发起该项目请求，并有明确的客户需求，根据客户需求期望的程度打分，需求强烈为 5 分，没有需求为 0 分；

（2）客户在近 6~12 月内是否有明确的预算，有预算为 5 分，没有为 0 分；

（3）客户针对此项目是否有明确的接口人，有接口人为 5 分，没有为 0 分；

（4）项目的实施是否可以完全满足客户的需求还是部分满足，按满足的比例打分；

（5）项目交付的产品是否在市场上有更多潜在的客户，无市场潜力为 0 分，有一定潜力为 1~2 分，有一些客户想要为 3~4 分，大多数客户想要为 5 分；

（6）项目交付的产品是否符合企业或客户战略，按照符合程度的估计打分；

（7）项目实施的成本费用是否能够符合最初的预算要求，按照符合程度的估计打分；

（8）项目实施方是否具备适当技能的人员来完成此项目，按照人员的技能情况打分；

（9）项目实施过程是否有违反法律法规和知识产权等不可预料或不可控制的风险，按照风险程度的评估打分；

（10）项目实施方是否以前实施过类似项目或有替代的解决方案，按照所具备的组织过程资产的成熟度打分。

不论我们身处哪种类型的企业或组织，虽然选择项目的标准是不同的，但是表 2.1 中的关键活动都是项目管理方法论建议参照执行的，其中字体标粗的活动产出物的样例模板为重要产出物，这些重要产出物作为关键的组织过程资产将在第 5~6 章中进行详细举例说明。

表 2.1　项目的关键活动清单表

关键活动	关键活动描述	主要角色	参与角色	可能的输入	可能的输出
识别新项目	根据企业或组织的战略需要完善项目列表并记录项目的相关信息。更新项目列表清单，并及时通告给相关部门领导。初始的项目列表清单供后续项目选择的决策之用	IT 战略规划委员会、PMO	企业高层、市场部	组织战略、市场需求	初始的项目列表清单

续表 2.1

关键活动	关键活动描述	主要角色	参与角色	可能的输入	可能的输出
新项目分类	结合不同的战略需要,提供项目分类标准,并对不同的项目进行分类	IT战略规划委员会、PMO	企业高层、市场部	组织战略、市场调研报告、初始的项目列表清单、项目分类标准	已分类的项目清单
项目评审和初选	组织评审会议,分析新项目的相关信息	PMO	企业高层、IT战略规划委员会	已分类的项目清单、项目建议书、可行性研究报告、项目定价方案、**项目会议纪要模板**	初选的项目清单、评审会的会议纪要
按照优先级进行排序	对项目优先级进行排序,在有限的组织资源下对项目的取舍做快速合理的决策	IT战略规划委员会、PMO	企业高层、项目发起人、项目总监	组织战略计划、年初项目组合计划、初选的项目清单、评审会的会议纪要、**项目合同模板、项目章程模板**	批准的项目清单、待批准的××项目的商务合同、待批准的××项目的项目章程
批准新项目	正式宣布批准新项目,通知相关责任人,为新项目分配资源及预算,指定项目经理,并授权其可以使用项目资源和预算	企业高层、IT战略规划委员会、PMO、项目发起人	项目总监	批准的项目清单、待批准的××项目的商务合同、待批准的××项目的项目章程、**项目经理授权函模板**	批准的××项目的商务合同、批准的××项目的项目章程、××项目的项目经理授权函

注释:PMO 的定位和组织的战略定位息息相关,其可以主导基于战略的项目选择

2.3.2 启用相关方登记册

由于不同的项目相关方可能对项目的相关成功因素持有不同的看法,从而使项目管理的复杂度增加。项目经理需要利用相关方登记册尽早和全面地识别相关方。持续分析不同相关方的特质,根据不同特质的相关方采取可行的应对和沟通方案。表 2.2 中关键活动都是项目管理方法论建议执行的,其中字体标粗的活动产出物的样例模板将在第 5~6 章中进行详细举例说明。

第 2 章　经典的项目管理方法论

表 2.2　启动相关方项目活动清单表

关键活动	关键活动描述	主要角色	参与角色	可能的输入	可能的输出
识别相关方	熟悉项目所在企业的企业文化与组织架构，以及尽早和全面识别对项目有影响力的相关方	PM	项目总监、PMO	企业文化、组织架构、部门内部或部门之间的岗位职责及通常需要遵循的沟通制度或要求	相关方及初始需求清单、相关方特质分析结论文件
相关方信息登记	记录相关方信息到相关方登记册中，重点记录相关方的期望，并针对不同特质的相关方采取可能的应对方案	PM	项目总监、PMO	相关方及初始需求清单、相关方特质分析结论文件、**相关方登记册模板**	××项目相关方登记册

注释：PM 为项目经理

2.3.3　确定项目的需求和范围

确定项目的需求和范围是制订项目管理计划和发起项目开踢会的前提条件，也是项目进入具体实施阶段之前必须获得客户或项目发起人审核通过的关键内容。表 2.3 中关键活动都是项目管理方法论建议执行的，其中字体标粗的活动产出物的样例模板将在第 5~6 章中进行详细举例说明。

表 2.3　确定项目的需求和范围的活动清单表

关键活动	关键活动描述	主要角色	参与角色	可能的输入	可能的输出
审核确定项目需求	根据项目相关方的初始需求撰写需求规格说明书，项目的需求规格说明书需要正式评审后才能发布	BA	PM、项目团队成员、PMO、需求评审委员会	××项目相关方登记册、**需求规格说明书模板、需求跟踪矩阵模板**	××项目需求规格说明书、××项目需求跟踪矩阵、××项目交付物列表

续表2.3

关键活动	关键活动描述	主要角色	参与角色	可能的输入	可能的输出
审核确定项目范围	撰写概要设计说明书,项目的概要设计说明书需要正式评审后才能发布,才可以交给实施人员去执行	Architect	PM、项目团队成员、PMO、架构评审委员会	××项目需求规格说明书、××项目需求跟踪矩阵、**概要设计说明书模板**	××项目概要设计说明书

注释:BA 为业务分析师或需求分析师,Architect 为系统或软件架构师

2.3.4 制订项目管理计划

制订初步的项目管理计划是发起项目开踢会的前提条件,项目经理通过项目管理计划制定项目管控的规则和流程,并作为项目实施和过程监控的参照依据。表2.4中关键活动都是项目管理方法论建议执行的,其中字体标粗的活动产出物的样例模板将在第5~6章中进行详细举例说明。

表2.4 制订项目管理计划活动清单表

关键活动	关键活动描述	主要角色	参与角色	可能的输入	可能的输出
制订项目管理计划	根据需求规格说明书和概要设计说明书撰写项目管理计划,项目管理计划需要在项目开踢会之前与客户确认,并在项目开踢会上正式发布。项目管理计划需要渐进明细和滚动式更新,可以按周或按月进行发布	PM	项目总监、项目团队成员、PMO、项目治理(管理)委员会	××项目需求规格说明书、××项目概要设计说明书、**项目管理计划模板**	××项目管理计划

注释:项目总监通常为项目发起人

2.3.5 发起项目开踢会

项目开踢会是一个强化项目重要性的比较正式的仪式,所以如果是甲乙双方有合同约束的项目,最好请甲乙双方领导一起参加。表2.5中关键活动都是项目管理方法理论建议执行的,其中字体标粗的活动产出物的样例模板将在第5~6章中进行详细举例说明。

表 2.5 发起项目开踢会活动清单表

关键活动	关键活动描述	主要角色	参与角色	可能的输入	可能的输出
准备项目启动会	需要适应项目所在企业的制度和流程要求,准备启动会的PPT文件,启动会的宣讲内容包括项目目标、总体的项目管理计划、关键里程碑、项目范围变更的控制方法、验收标准和除外责任、已知的或潜在的风险、沟通方式和近期需要配合的事项等	PM	高层领导(甲乙双方)、项目总监、PMO、项目治理(管理)委员会	**项目开踢会模板**	××项目开踢会PPT
召开项目启动会	尊重客户的会议时间和议程习惯,在征询客户、项目发起人等关键相关方同意的情况下召开项目开踢会,会前要发出会议邀请,会后要发出会议纪要	PM	高层领导(甲乙双方)、项目总监、项目团队成员、PMO	××项目开踢会PPT、××项目会议邀请、**项目会议纪要模板**	××项目开踢会会议纪要

注释:项目总监通常为项目发起人

2.3.6 项目执行和过程监控

项目的执行偏差可能会影响项目管理计划的修订和项目产出物的按时交付。项目经理需要对项目执行偏差进行紧密监控和对项目基准变更进行严格控制,即项目经理要在项目管理过程中实施整体变更控制。表2.6中关键活动都是项目管理方法论建议执行的,其中字体标粗的活动产出物的样例模板将在第5~6章中进行详细举例说明。

表2.6 项目执行和过程监控活动清单表

关键活动	关键活动描述	主要角色	参与角色	可能的输入	可能的输出
项目执行	按照项目管理计划实施,通过相关方登记册和既定的沟通计划去和相关方沟通并管理相关方的期望。定期举办评审和沟通会议,采取不同的手段或措施应对项目中的突发事件。在项目绩效达标时,实施在项目管理计划中制订的认可和奖励制度。在项目绩效和预期有偏差时,实施已批准的改进过程	PM、项目团队成员	客户方PM和项目团队成员、项目总监、PMO	××项目相关方登记册、××项目管理计划、更新的××项目绩效报告、××项目过程改进计划、**项目会议纪要模板、项目问题记录单模板、项目变更申请单模板**	××项目绩效数据或信息、××项目日常会议邀请、××项目日常会议纪要、××项目过程改进记录、××项目交付物、新建的××项目问题记录单、已提交的××项目变更申请单

续表 2.6

关键活动	关键活动描述	主要角色	参与角色	可能的输入	可能的输出
项目监控	按照既定的项目管理计划,在项目执行过程中监控并记录项目当前的问题和风险,并采取必要的应对办法。在获得妥善授权和审批的情况下滚动式修订项目管理计划。监控项目执行所产生的可交付成果,对未通过验收的可交付成果,应该记录原因并发起变更申请和必要的变更审批。监控项目团队的绩效,确保项目团队成员遵守企业的既有政策、流程和程序规范。必要时重新评估项目的目标是否符合组织的商业意图和战略要求	PM	客户方PM和项目团队成员、项目实施方团队成员、项目总监、PMO	××项目管理计划、××项目绩效数据或信息、**项目问题记录单模板、项目风险记录单模板、项目变更申请单模板、项目绩效报告模板、相关方管理检查对照表模板**	更新的××项目相关方登记册、更新的××项目管理计划、更新的××项目问题记录单、更新的××项目风险记录单、审批的或拒绝的××项目变更申请单、新建的或更新的××项目绩效报告
项目阶段审查	在项目执行阶段发起对项目的阶段审查活动,审查的主要内容包括项目当前绩效、项目偏差预测、项目管理过程的规范符合度、项目问题管理和风险管理的记录单或日志等	PMO	PM、项目团队成员、项目总监	更新的××项目相关方登记册、更新的××项目管理计划、更新的××项目问题记录单、更新的××项目风险记录单、审批或拒绝的××项目变更申请单、新建的或更新的××项目绩效报告	阶段的××项目审查报告、更新的××项目过程改进计划

注释:项目总监通常为项目发起人

2.3.7 项目收尾和审计

在项目收尾时,项目经理要完成项目所需要的所有报告,记录项目整个生命周期的经验教训,提供客户或项目发起人对项目交付成果进行验收通过的证据,并进行项目后的评价和总结。表2.7中的关键活动都是项目管理方法论建议执行的,其中字体标粗的活动产出物的样例模板将在第5~6章中进行详细举例说明。

表2.7 项目收尾和审计活动清单表

关键活动	关键活动描述	主要角色	参与角色	可能的输入	可能的输出
项目收尾	归档所有项目可交付成果和项目过程资料,确保所有的项目管理过程都已经完成,并主导对项目可交付成果的正式验收,最终与客户签署正式的项目验收报告。与PM所在组织的PMO和财务部门紧密沟通落实项目尾款的支付情况。收集项目的经验教训,并更新组织过程资产。发起项目的最终绩效报告和客户满意度调查。发起项目转运维的申请,并按照组织中关于项目转运维的相关规定把完成的交付成果交付给(甲方)企业或PM所在组织的运营和维护部门	PM、项目团队成员	客户方PM和项目团队成员、项目总监、PMO、客户(或PM所在组织)的运营部门	最终的××项目管理计划、更新的××项目绩效报告、最终的××项目交付物、**项目转运维检查Checklist模板、项目验收报告模板、项目实施的客户满意度调查模板**	验收的××项目交付物、签字的××项目验收报告、可回收的××项目的客户满意度调查表、最终的××项目绩效报告、××项目转运维会议纪要、审核通过的××项目转运维检查Checklist

续表2.7

关键活动	关键活动描述	主要角色	参与角色	可能的输入	可能的输出
项目最终审查和审计	在项目收尾阶段发起对项目的内部最终审查和审计活动,审核的主要内容包括项目完工绩效审查、项目经理绩效评价和项目收益评价等	PMO	项目总监、PM、项目团队成员	验收的××项目交付物、签字的××项目验收报告、最终的××项目绩效报告、××项目转运维会议纪要、审核通过的××项目转运维检查Checklist	最终的××项目审查报告

注释:项目总监通常为项目发起人

以上是项目管理方法论的典型活动以及对应的执行模板的介绍,字体标粗的模板可在本书第5~6章查阅。除了本书介绍的基本项目管理方法论之外,国外的IBM和惠普(HP)公司,以及国内的用友和阿里巴巴等公司都有研发适合自己公司的项目管理方法论。IBM的项目管理方法论叫作Seven Key Success,即项目经理需要从七个方面关注项目的成功,这七个方面包括获得利益相关者的承诺(Stakeholders are Committed)、取得业务利益的实现(Business Benefits are Realised)、工作和进度是可预测的(Work and Schedule are Predictable)、团队维持很高绩效和士气(Team is High Performing)、交付范围是现实的和可管理的(Scope is Realistic and Managed)、风险得到持续的应对和减轻(Risks are Mitigated)以及能够最终实现交付组织的利益(Delivery Organisation Benefits are Realised)。阿里巴巴等互联网公司也在实际交付企业级客户项目的过程中逐步总结出面对传统企业的项目管理方法论,这些方法论的内容与《PMBOK®指南》的内容相一致。方法论的关键步骤基本包括售前转售后的合同交底会,事先设立以主体范围、关键里程碑与总体预算为主要内容的项目基线或基准;提前锁定内外部项目资源,并成立项目组;在项目执行过程中成功管控项目范围、进度、成本以及质量等必要领域;做到妥善的项目验收和项目转运维或运营;完成最终的项目总结绩效报告,并归档所有项目文件或项目档案到组织过程资产。为了对项目管理工作的方法进行更加具体的认知,下面对一些关键的项目管理知识的作用进行逐一剖析。

2.4 项目之资源管理方法详解

资源管理故事

资源管理在每个企业或组织中都是一个传统而持续的话题,它不仅仅是资源管理部门所应该考虑的问题,而且是每个企业中的高层主管、部门经理或项目经理都需要参与其中,甚至部门经理等管理者成为具体人员管控的主力军。因为一个员工之所以来到这个企业,可能是由于工资及相关待遇比较高,或者是企业或组织在业界的声誉比较好;之所以选择离开该企业,绝大多数原因是因为员工对其直属上司或老板有意见。

通常一个企业的员工按照80/20法则分布,也就是20%的人往往知道自己在组织中需要长期获得什么,一般他们在日常的工作过程中也会同时兼顾自己个人人生目标的达成,而80%的人往往没有特别明确的个人人生目标,那么工作所获得的金钱回报往往是他们更加看重的。企业或组织的人力资源管理制度或流程更多地适用于那80%的人,也就是对他们更加有约束作用。

项目经理的主要工作之一是针对涉足项目的人力资源管理,项目经理要有能力带领并管理项目团队一起去实现项目的目标。项目经理在针对不同的事情处理时可能会采取不同的方法,有时需要自己做出决定(独裁),有时需要给下属一定的自由和想象空间(自由式/放任),有时需要共同商议决定(民主)。项目经理根据事情发展的态势以及该事件对项目的整体影响而适时采取必要的应急办法,这就是通常所说的情景管理的范畴。比如说,如果针对某事,在大多数项目成员没有共同决议的时候,项目经理可以根据以往的经验使用专家权利去影响团队做出正确的决定。

一个比较典型的情景管理就是项目经理具体需要指派某人做某事的情况。因为任何一个项目团队成员都可能有如下四种级别(Level)的人：

(1)对所分配的事情或任务有能力,也有信心(Levcl 1);
(2)对所分配的事情或任务有能力,但没有信心(Level 2);
(3)对所分配的事情或任务没有能力,但有信心(Level 3);
(4)对所分配的事情或任务既没有能力,也没有信心（Level 4）。

下面分别阐述针对如上四种级别的人的具体应对方案：
(1)对于 Level 4 的人,由于既没有能力也没有信心,项目经理采取的方法应该是指导,即提供操作手册并进行工作讲解和操作指导。当然,项目经理还有一种办法就是把这样的人踢出团队,那要看你有没有这方面的决心和能力去换血了。

(2)对于 Level 3 的人,由于是有信心但是没有能力的,项目经理采取的方法应该是教练,即提供必要的辅导和指导,这是一种监控并不断修正的过程。但是,如果被监控的人能力太差,其经过几次失败的尝试后可能就会变成 Level 4 的人。所以要动态地观察和更加紧密地监控,这就和对待 Level 4 的人的处理办法是一样的了。

(3)对于 Level 2 的人,由于是有能力但是没有信心的,项目经理采取的方法应该是参与,即在事情开始之初参与其中,参与的主要目的是主动推动事情的良性起步和激发相关人员的主观能动性。就如牛顿第一定律——惯性定律所说:"一个物体在没有外力影响的情况下,会保持相对静止或匀速运动。"项目经理就是对 Level 2 的人施加了一定的外力,破坏其原先的惯性思维,这要靠项目经理自身强大的影响力才能够做到的。

(4)对于 Level 1 的人,由于是有能力和有信心的,项目经理采取的方法应该是委派,即要进行充分授权,并告诉他们目标及可以使用的资源。当然,虽然是老马识途,Level 1 的人也可能遇到新问题。如果对新的或棘手的事情处理不当,Level 1 的人可能会很快变成 Level 2、Level 3,甚至是 Level 4 的人,所以项目经理要动态观察事情的进展情况和相关人员处理事情的能力或态度的转变,适时调整应对方案。

由于不同的人在处理工作的不同时间点上的能力和信心是动态变化的,作为项目经理,需要动态地把握项目团队成员所处的工作状态和可能的态度转变,做到动态的情景管理。游刃有余地处理日常的琐碎管理并做到享受这种管理的过程,这是项目经理需要不断修炼的。

例如,项目经理需要充分利用其所在组织的人力资源管理制度和具体的管理办法。一般组织对人力资源管理的通常做法是进行周期性的技能和绩效考核,如最少每年进行一次评定。这种传统的做法目前对绝大多数企业基本适用,而对于像谷歌、网易等移动互联网公司,由于它们的招聘起点较高,能够成功入职的员工都相当优秀,并且能够做到"不扬鞭自奋蹄",自主完成工作的意识很高。因此,移动互联网公司相对于传统企业就没有那么多的制度规定和考核指标要求。项目经理需要敏锐地查知自己所在组织的情况,即相关事业环境因素,做到针对具体的人和事进行动态的情景管理。

另外,随着时间的推移,项目经理需要逐步使自己成为卓有成效的管理者。管理工作在很大程度上是要身体力行的,如果管理者不懂得如何在自己的工作中做到卓有成效,就会给其他人树立错误的榜样。要做到卓有成效,仅靠天资聪明、工作努力或知识渊博是不够的,换句话说就是一个天生的卓有成效的管理者基本上是不存在的,他们都需要通过后天不断的努力进行管理实践,最终把卓有成效变成一种工作习惯。卓有成效是可以学会的,也是必须学会的。那么如何才能做到卓有成效呢?管理大师德鲁克告诫我们:"归根到底,管理是一种实践,其本质不在于'知'而在于'行',其验证不在于逻辑,更在于成果,其唯一权威就是成就。"要想实现管理成就,卓有成效的管理者需要考虑如下因素:

1. 记录并分析时间的使用情况

一般来讲,管理者的时间往往属于别人,而不属于自己。管理者往往按照老一套方法开展工作,这是其所在组织的文化和惯性行为方式决定的。由于外界的压力管理者无法控制自己的时间。一个高效的管理者记录并分析自己时间的使用情况是必要的,把工作建立在优势上——充分发挥自己和他人的长处,集中精力解决少数主要问题。一个有效的管理者必须弄清楚自己的目标和任务,弄清楚实现目标需要多少时间。这样才能建立相应的贡献意识和成果意识,才能清晰地知道自己的责任,并有效地分配时间。

2. 把眼光集中在贡献上

管理者需要具备企业家精神,把眼光集中在个人对组织的贡献上,依靠自身的知识、才干和贡献意识实现组织的成果。而真正有创造力的企业要使组织内部管理者包括每个员工都具有企业家精神。即每个管理者都需要注意使自己的努力产生必要的价值,而不是工作本身,重视自身努力对外界的实际贡献。

3. 充分发挥人的长处

对组织而言,需要个人做出贡献;对个人而言,需要组织提供达到个人目的的平台。组织需要提供必要的文化和机制充分发挥每个员工的长处,以达到最快速地去创造企业的商业价值和满足终端客户或用户的核心利益关切内容。具体来讲,要将组织与个人融为一体,组织要成为一个创新或创业的平台,而个人在这个平台上为客户创造价值的同时,能体现其自身的价值。

4. 要事优先

"物有本末,事有终始",有效的管理者总是先做重要的事情。所谓"要事优先"就是分清事情的轻重缓急,选择关键的事情去做,尤其是在一段时间内有效地完成一件重要事情而不是陷入琐碎事件不可自拔。现代组织管理的核心在于"自我管理",管理者需要做到要事优先。管理者自身的工作效率将决定着现代组织的命运。因为组织的命运系于组织的成果,组织的成果源于市场及外部的机会,更源于组织对员工"自我发展"的激励,最终这一切源于管理者"自我管理"的有效性。管理者只有有效地管理自己才有可能有效地管理员工,员工也会以领导的管理风格为参照来决定哪些事要优先处理。

5. 有效决策

有效性的学习是一种挑战、一种实践,管理者需要不断挑战自己的目标和应对市场的挑战。有效的决策者绝不会就事论事寻找对策或方案,而是设法弄清楚事情的本质和全貌,然后形成思想观念即"高层次概念性认识",最后从高层次观念入手寻求解决问题的系统方案。另外,决策者在进行决策之前需要确定决策的目标以及可能的先决条件和例外等因素。这些都需要管理者不断训练自身管理的有效性。海尔集团张瑞敏对自身管理有效性的训练体会是值得我们借鉴的,他的体会可以概括为"创新—求是—创新",即在提高有效性的目的下去创新,再将创新的成果以求是的态度去探索其中的规律性,并在这个规律的指导下,向更高层次的创新冲刺,以求在不断学习有效性的过程中成为卓有成效的管理者。

总之,资源管理的主要工作是帮助同事(包括上司与下属)发挥其长处并避免利用其短处,这正是管理者的价值所在。如果管理者能够贡献自己的作用,使下属和上司发挥绩效,那么管理者自身的绩效也将得以实现。管理大师德鲁克指出:"管理者不同于技术和资本,不可能依赖进口。中国发展的核心问题,是要培养一批卓有成效的管理者。他们应该是中国自己培养的管理者,他们熟悉并了解自己的国家和人民,并深深根植于中国的文化、社会和环境中。只有中国人才能建设中国。"中国的项目经理群体是成为卓有成效经理人的巨大的人才储备库,必将成为主导中国企业发展进程的关键力量。

2.5 项目之沟通管理方法详解

沟通管理故事

该故事发生在中国的春秋战国时期,故事的当事人是诸子百家中比较著名的墨子和他的学生。墨子的一个学生叫耕柱,他是墨子的得意门生,不过他总是会受到墨子的责骂。有一次,墨子又责备了耕柱,耕柱觉得自己真是非常委屈,因为在墨子的学生中,耕柱是大家公认最优秀的人,但又偏偏经常遭到墨子的指责,耕柱觉得面子上很过不去。终于有一天,耕

第 2 章 经典的项目管理方法论

柱愤愤不平地问墨子:"老师,难道在这么多学生当中,我竟然是如此差劲,要时常遭您老人家责骂吗?"墨子听后,毫不动肝火,平静地回答说:"假设我现在要上太行山,依你看我应该要用良马来拉车,还是用老牛来拖车?"耕柱回答说:"再笨的人也知道要用良马来拉车。"墨子又问:"那么,为什么不用老牛呢?"耕柱回答说:"理由非常简单,因为良马足以担负重任,值得驱遣。"墨子说:"你回答得一点儿也没有错,我之所以时常责骂你,也只因为你能够担负重任,值得我一再地教导和匡正。"耕柱从墨子的回答中得到了鼓舞,从而放下了思想的包袱。

这是一个很典型的向上沟通的例子,项目经理需要积极主动地和上级进行沟通,并且在沟通过程中预先提供可选择的方案供上级领导去决策,并及时汇报决策的落实情况。上级领导也需要采取教练技术的方法引导项目经理选择正确的决策方案。

项目经理也是领导者,但是企业或组织并没有赋予其过多的行政权力,这就需要项目经理通过其他方式来施加对项目相关方的影响力。斯坦福大学商学院的詹姆斯·马奇教授指出:"领导能力需要沟通能力和诗一般的灵感。"很多项目管理书籍也提到沟通工作要占到项目经理日常工作的 90% 以上,由此可见沟通管理在项目管理中的重要性。

在日常项目管理沟通中,具体方法比形式更加重要,比如一个阳光般的笑脸、一声真诚的问候。人与人之间的沟通,是一方有效地表达自己的信息之后,另一方对那份信息做出的回应。也许对方不一定会接受你的意见,但是乐意进一步了解我的意思,或者提出他的意见与你讨论。沟通没有对与错,只有"有效果"和"没有效果"之分。说得多么"正确"没有意义。对方收到你想表达的信息才是沟通的意义。

话说出来可以有很多方法,使听者完全接受或大部分接受传达的信息,便是正确的方法。说话的方法由讲话者控制,但是沟通的效果则由听者决定。作为企业的管理者,你需要站在听者的角度和你的员工进行有效沟通,一般不要把自己的意愿和主观的想法强行加诸对方,而是通过循循善诱的方式引导员工深入地思考并能够自动、自发和自觉地认识到事情应该如何正确处理。当员工能够悟出你所希望的答案,你可以加以肯定:"就按你说的办。"员工会感到这是自己想出的答案而不是领导硬指派给他的任务。管理者如何把交代员工所需要完成的任务从"尽力而为"变成"全力以赴",就是我们需要思考的方向和检验我们团队建设是否达成的重要指标之一。

在沟通过程中运用良好的沟通方法也是必要的,比如一个人在同一时间能够理解的思想或概念的数量是有限的,所以在沟通时切忌一次不要超过 7 个全新的思想或概念。另外,由麦肯锡公司提出的"金字塔原理"是思考、表达和解决问题的很好思想总结。在沟通表达时最好具备金字塔结构组织的思想(自上而下逐层展开),即表达一件事情的时候首先表达主要思想,使受众对表达者的观点产生某种兴趣或疑问,接下来通过回答这些兴趣点或疑问点的形式逐步展开论述。通过不断进行疑问/回答式的对话,使受众渐进了解表达者想要表达的全部思想。

人们常说,"成也萧何,败也萧何"。而对于一个项目来说,则是"成也沟通,败也沟通"。项目经理只有进行恰当的沟通管理,才能获得相关方的支持,从而在关键时刻保证项目的顺利进行。通过以下这个项目案例可以更好地看出有效的沟通管理是如何提高项目自身执行成功率的。

案例介绍

罗是一位具有制造公司工作经验的项目经理。他直接向部门副总裁安领导的公司的 PMO 汇报。

周一早上,罗被召集到安的办公室并被告知的第一件事,就是公司想要上一个 ERP 系统,而他正是被指定完成这项任务的人。

罗立刻认识到这是一个巨大的项目,并且有点儿犹豫,但他很快意识到自己还是能够胜任这项工作的。安保证自己及 PMO 会全力支持这个项目,但也提醒罗,他很快会面临一些挑战。

事实表明,公司的 CEO 林亲自选择了这个项目并且期待其快速、完美地实施。但是,来自会计部门的兰激烈地反对这个项目。

更复杂的问题是兰是一个保守派并且倾向于纸质办公,她不喜欢这个将新技术引入她的部门的主意。罗感谢安提供了内部消息并且向安保证,他将尽一切可能确保项目的成功实施。

在网络上研究了 ERP 系统之后,罗决定分别与林及兰召开会议。

第2章 经典的项目管理方法论

次日早上,当罗进入林的办公室时,在会谈的前几分钟,罗就很快认识到,林对ERP系统如何快速和简单实施存在一种错误的期望。

罗立刻尽力重新建立林对于项目复杂度的期望,此外他向林询问在企业中还有谁会受到这个项目的影响。

罗发现这个项目关系到公司的许多方面,包括销售、客户服务、库存控制,以及最重要的生产部门。罗感谢了林,然后迈入了兰的办公室。

当听完罗来访的目的之后,兰一脸不悦。意识到自己刚刚踏入了敌人的领土,罗很快开始向兰介绍新ERP系统实施后带来的好处。

罗似乎不是要说服兰来支持这个项目,他设法找到另一个相关方——采购部门。接下来,罗安排会见了每个被识别部门的管理者。

最终他对识别出的所有相关方充满信心,相信自己可以继续项目的规划部分。

因为兰的敏感以及她对项目的反对,所以罗决定要多多和她碰面以密切关注她的情绪。此外,罗发现项目在很大程度上影响到生产部的每日运作,因此他也和部门副总裁詹频繁会面。

项目计划完成之后,执行阶段开始。每个月,罗编辑一份单页式执行摘要给林。事实上,他非常喜欢这种形式并坚持将其打印出来张贴在公司的时事通信栏上。

在和兰开完双周会议后的大约一个月的时间内,系统实施最终有了突破性进展。

兰开始接受采用新技术的主意,并且认识到这将给她以及会计部门带来非常切实的利益。她发现自己的员工每天都有很大一部分时间可以用来做更加重要的事情。有了这些时间,她终于可以实施一项拖延了多年的关键战略方案。

当项目进展到第三个月时受到了巨大的冲击,此时罗来请求兰的帮助。

在项目朝好的情况发展的时候,项目出现了异常情况。一种软件与一些生产设备不兼容的问题在项目需求阶段被忽略了。生产部门领导詹非常愤怒,准备停止这个项目。

兰前来救急并提供了一个方案,租用与软件相匹配的新生产设备并为公司一年节省了数千万美元。在罗的眼中,兰的敏捷思维以及双赢战略立刻扭转了项目的失败局面。

该项目的剩余部分也并非进行得一帆风顺,但是罗按时、按预算管理并确保了每项工作的完成。在项目收尾阶段总结经验教训的过程中,相关方真诚地意识到项目沟通是多么有效。他们都认为自己充分了解了项目信息,也为项目做出了贡献。

在罗的下一次绩效回顾中,安赞扬罗在 ERP 系统实施过程中是如此有效地管理了相关方。罗告诉安,他不久前学到了一个项目成功的秘密,那就是尽早沟通、经常沟通。

旁白点评

项目管理成功的根本要点是做好相关方的沟通工作,与相关方进行沟通是项目经理的首要任务。

通过主动参与识别、收集需求,以及管理相关方的沟通需求,项目距离成功完成只有一步之遥。此外,通过定期正式邮件、单页式执行摘要或项目状态会议等提供清晰和简明的沟通,确保执行团队能够随时掌握项目的关键信息。

与关键相关方之间沟通的失败会使他们在工作中与你形成对立,这将导致项目的失败。然而,让相关方参与并清除障碍,并且在工作中与项目团队手牵手,会使他们成为你最好的盟友。

更深层次的沟通方法来自心理学,通过观察人的眼睛或行为了解一个人的信念系统,并通过各种成熟技巧或办法来和不同类型的人沟通,甚至可以达到改变沟通的目标对象信念系统的目的。孟子说:"存乎人者,莫良于眸子。眸子不能掩其恶。胸中正,则眸子了焉;胸中不正,则眸子眊焉。听其言也,观其眸子:人焉廋哉!"观察一个人,最好的办法莫过于观察他的眼睛。眼睛掩藏不了他(内心)的邪恶。心胸正直,眼睛就明亮;心胸不正,眼睛就浊暗。听他说话,同时观察他的眼睛,这个人的善恶还能隐藏到哪里去呢?这种识人的办法和现代心理学颇有异曲同工之妙。

一般来讲,通过与目标沟通对象进行语言沟通,观察其眼球转动情况,可以把目标沟通对象分成视觉型、听觉型和感觉型。视觉型的人习惯上是先用眼睛去看,眼睛的学习和处理能力最快,可以在同一时间接收到多项信息。听觉型的人在处理事情时都先用双耳接收和运用文字思考,凡事讲究先来后到,注重事情的道理、内部逻辑和因果关系。感觉型的人处理事情都是用他内心的感受去领悟。感觉型的人一般做人如水,可以具体表现为"你若热情,我便沸腾;你若冰冷,我便结冰;你若无风,我便浪平;你若不语,我便安静"。当然很多人一般不只简单地属于一种类型,有可能视觉和听觉都很强,一般企业的高层领导都是视觉或听觉型的,他们或者是头脑灵活聪明,或者是做事有板有眼并且心思缜密。与此同时,我们更可以看到还是有相当一部分人只是听觉、视觉或感觉某一项很强,其他两项相对比较弱的情况。

那么我们如何判断沟通对象的类型,以下是一些可以参考的判断方法。

1. 视觉型的判断标准

(1)人在说话时眼球多往上转动,包括左上、右上等;

(2)头多向上仰,行动快捷,手的动作多而且大部分在胸部以上;

(3)喜欢颜色鲜明、线条活泼、外形美观的人或物;

(4)能够在同一时间兼顾数项事务,并且引以为荣;

(5)喜欢事务多变化、多线条、节奏快;

(6)坐不安定,多小动作;

(7)衣着整齐,颜色搭配很好;

(8)说话简快,声调平板,不耐烦冗长说话;

(9)指责方向多是针对速度、时间、烦闷和单调等;

(10)说话一开始便入主题,两三句话便说完;

(11)说话大声、响亮和快速;

(12)在乎事情的重点,不在乎细节;

(13)呼吸较快而浅,用胸之上半部分呼吸。

2. 听觉型的判断标准

(1)人在说话时眼球多水平左右转动;

(2)说话内容详尽,或有重复的情况出现;

(3)在乎事情的细节;

(4)多说话,而且往往不能停口;

（5）重视环境的宁静或音乐的质量，难以忍受噪音；

（6）对用词很注重，不能忍受错字；注意文字的优美，发音正确；

（7）行为表现出有节奏感；

（8）事情注重程序、步骤，按部就班；

（9）说话中常带有描述性或象征性的声音，如"滋滋的喝汤声"；

（10）说话中常带连接词，如"为什么会这样呢？那是因为……"；

（11）说话声音有高低快慢，往往善于唱歌；

（12）喜欢找聆听者，其本人亦是最好的聆听者；

（13）头常侧倾，手脚常打拍子，走路时不紧不慢，中间表现出节奏或规律。

3. 感觉型的判断标准

（1）人在说话时眼球多往下转动，包括左下、右下等；

（2）注重内在的情绪感受，在乎与别人的关系但常常不善于处理；

（3）喜欢得到别人的关怀，注重感受、情感、心境；

（4）不在乎好看或好听，而重视意义和感觉；

（5）头常往下做思考状，行动稳重、手势少而缓慢，多在胸部以下；

（6）坐着时比较静默、少动作，头多略向下倾斜；

（7）说话低沉而慢，使人有深思熟虑的感觉；

（8）不善多言，可长时间静坐；

（9）说话不提及感受、经验；

（10）往往不能说完一句完整的句子，而要分两三次才能说完；

（11）指责用语多针对别人对他的态度和自己的内心感受；

（12）呼吸慢而深，用胸之下半部及腹部；

（13）在乎身体接触。

我们再来谈谈不同类型的人如何与其进行沟通。针对视觉型的人，我们需要多用视觉型的语言或通过图表展示的形式引起其强烈的关注和理解事情的意愿。视觉型的语言比如

"你怎样看这件事?""怎样了,你看透了吗?"等。另外,和视觉型的人沟通尽量要话语简洁,言简意赅。针对听觉型的人,我们需要多用听觉型的语言或注重细节和语言逻辑,避免前言不搭后语或前后矛盾情况的发生。听觉型的语言比如"前面还会有很多反对的声音呢!""到会的人都铿锵敢言,内容都是掷地有声的真道理呀!"等。和感觉型的人沟通,多用感觉型的语言或使用同理心去和对方沟通。倾听对方内心的声音,察觉对方的情绪,分享你对对方情绪的感受,肯定对方情绪中值得肯定的部分,然后再与其一起讨论解决问题的一些办法。感觉型的语言比如"对事情的安排,你感到安心吗?""前面充满艰辛和挑战。"等。

如果你一时判断不出沟通的目标对象属于哪种类型也不要紧,只要尽量把三种类型的语言融入你日常的语言沟通中就可以了。也就是尽量在一段话中既有视觉词汇,又有听觉词汇,还有感觉词汇,这样你的语言就具备更强的渲染力也更深入人心。以下是一些语句的举例:

"事情的资料仍然不足(听觉),但是我们无须担心(感觉),因为我仍然看到前面的曙光。"

"会议里很多人发言,意见纷纷(听觉),但是主办人没有眼光和远见(视觉),使很多人失望,甚至带着气愤离开(感觉)。"

"她的呢喃细语(听觉)使我荡气回肠(感觉),一点也看不到里面的陷阱(视觉)。"

其实这种语言的渲染力是需要不断练习的,中国古代唐诗宋词是那么的美好和悦耳动听,尤其宋词是可以唱出来的,也都是因为在词汇的字里行间有更多的视觉、听觉和感觉的元素。比如以北宋著名词人晏几道的《临江仙》为例分析:

"梦后楼台高锁(视觉),酒醒帘幕低垂(视觉)。去年春恨却来时(感觉),落花人独立(视觉),微雨燕双飞(视觉)。记得小蘋初见(视觉),两重心字罗衣(听觉、视觉)。琵琶弦上说相思(感觉),当时明月在(视觉),曾照彩云归(视觉)。"

我们可以正确运用以上心理学的知识去改善与别人的沟通，根据当时对方眼球的转动、用词类型及行为模式等数据而假定当时对方是哪一种类型（视觉型、听觉型或感觉型），然后做出相应配合的动作。每次判断的准确性在 30 秒之内，我们必须不断地观察，而且不断地凭观察所得而修正自己的配合行为。通过不断地训练，久而久之我们都会成为自己理想中的沟通高手。

2.6　项目之时间管理方法详解

时间管理故事

某所大学在上一堂关于时间管理的课，教授在桌子上放了一个空罐子，然后又从桌子下面拿出一些正好可以装满罐子的鹅卵石，当教授把鹅卵石放入空罐子后问学生："你们说这个罐子是不是满的？"

"是。"所有的学生异口同声地回答。"真的吗？"教授笑着问，然后再从桌子下面拿出一袋碎石子，把碎石子从罐口倒下去，再问学生："你们说，现在这个罐子是不是满的？"这回学生都不敢回答得太快，有个学生怯生生地回答："也许没满。"

"很好！"教授说完后，又从桌下拿出一袋沙子，慢慢地倒进罐子里。倒完后，再问班上的学生："想好你们再告诉我，这个罐子是满的吗？"

"没有满。"全班同学这下学乖了，大家很有信心地回答。"好极了！"教授再一次称赞这些孺子可教的学生们。然后，教授从桌下拿出一大瓶水，把水倒在看起来已经被鹅卵石、小碎石、沙子填满了的罐子里。当这些事情都做完之后，教授又问学生："我们能从上面这些事情中得到什么重要的启示？"

学生沉默了一阵子，然后一个学生回答说："无论我们的工作多忙，行程安排得多满，如果要逼迫自己一下的话，还是可以多做些事情的。"

教授听到这样的回答后，点了点头，微笑道："答案不错，但并不是我要告诉你们的重要信息。"教授故意顿住，用眼睛向全班同学扫了一遍说："我想告诉各位最重要的信息是，如果你不先将大的鹅卵石放进罐子里去，你以后也许永远没有机会再把它们放进去了。"

第2章 经典的项目管理方法论

项目管理中很难把控的一个知识领域就是时间管理。往往项目最多的绩效偏差就是延期交付。项目经理和项目团队成员都需要有时间管理概念,并在每个细小的工作中使时间使用价值最优化。珍惜时间,就是合理使用时间,使单位时间的效用最大化。任正非曾经说过:"时光不能倒流,如果人能够从80岁开始倒过来活的话,人生一定会更加精彩。"从中我们感受到时间只有通过计划性的安排才能够更加精彩。我们可以通过如下法则来有效地安排项目及日常工作的时间。

1. 80/20 法则

通过80/20法则把时间用于少数重要的事情上。80/20法则是由意大利经济学家帕累托提出的,其内容是强调对工作任务优先次序的编排,强调需要优先关注重要的事情,避免将时间花费在琐碎的问题上。一般只有20%的工作是非常重要的,我们应该能够判断哪些任务是最重要的,并预留更多的处理时间。简单判断任务重要程度的方法是通过预估单项任务的价值和投资回报来判断是否马上采取行动。

2. 四象限法则

在正确的时间做正确的事。美国管理学家科维提出了四象限法则,他将工作按照重要和紧急两个维度进行划分,分为第一象限:既紧急又重要,第二象限:重要但不紧急,第三象限:紧急但不重要,第四象限:既不紧急也不重要。我们可以利用这四个象限来把项目或日常工作分出轻重缓急。具体的处理方法是尽量减少突发的第一象限和第三象限中的工作,而把更多的精力投入到处理第二象限中的工作,即事前有规划、准备和预防措施,这样很多紧急的事情将无从产生。

3. 方圆法则

一切按规则做事。俗话说:"没有规矩,不成方圆。"方圆是一种做事的坚守和策略。也就是说,要想做成事情就必须坚守一定的规则,以不变应万变。当项目经理及项目团队成员以"方"来坚持做事的原则,以"圆"来灵活处理问题时,工作效率将大大提高。和四象限法则一样,方圆法则同样强调做事的规划性,同样认为具有高可行性的计划是高效完成工作的关键。项目管理工作需要做到目标明确、计划细腻和准备充分。为了更好地保障计划顺利执行,需要设置必要的关键控制点。计划中的每一个子目标、每一项业务活动、每一种程序都可作为控制点。而关键控制点是那些对评价时间管理效率具有关键意义的因素,如关键项目里程碑和项目交工期限等。方圆法则对个人的时间管理素质也是有要求的,每个有时间观念的人需要具备今日事今日毕、善于利用空档时间等基本素质。除此之外,我们还需要养成一时只做一件事、消灭偶发的怠慢心理,做了就一定要做完等习惯的养成。

此外,项目的时间管理还有很多很好的技术,如关键路径法、关键链法和计划评审技术等。关键路径法和关键链法是项目经理构建项目进度网络图的基本方法,《PMBOK®指南》和相关项目管理书籍介绍得已经比较充分,但是针对计划评审技术的详细论述却并不常见。计划评审技术即PERT(Program Evaluation Review Technique),下面通过应用PERT技术来举例说明项目工期是如何进行科学估算的。

PERT技术是20世纪50年代末美国开发国防系统时为协调3 000多个外包商和研究机构而开发的。其理论基础是假设项目持续时间以及整个项目完成时间是随机的,且服从某种概率分布,因此PERT技术可以用来估计整个项目在某段时间内完成的概率。具体通过PERT进行项目活动的时间估计的举例如下。

在PMBOK中提到项目的活动可以按照贝塔(β)分布,项目活动的期望工期t一般遵从如下公式

$$t = (O + 4M + P)/6$$

式中,O表示最乐观时间(Optimistic Time),即任何事情都顺利的情况下完成某项工作的时间;M表示最可能时间(Most Likely Time),即常情况下完成某项工作的时间;P表示最悲观时间(Pessimistic Time),即最不利的情况下完成某项工作的时间。

根据贝塔分布的方差计算方法,项目活动的持续时间方差为

$$\sigma^2 = (P - O)^2/36$$

例如,某软件的项目生命周期分为需求分析、设计编码、测试和安装部署四个活动,每个活动顺次进行,没有时间上的重叠,每个活动的完成时间估计见表2.8。

表 2.8　项目活动完成时间估计表

活动名称	完成的最乐观时间	完成的最可能时间	完成的最悲观时间
需求分析	7 天	11 天	15 天
设计编码	14 天	20 天	32 天
测试	5 天	7 天	9 天
安装部署	5 天	13 天	15 天

通过方差的计算公式可以得出项目各活动的期望工期和方差如下：

$t(需求分析) = (7 + 4 \times 11 + 15)/6 = 11 \quad \sigma^2(需求分析) = (15-7)^2/36 = 1.778$

$t(设计编码) = (14 + 4 \times 20 + 32)/6 = 21 \quad \sigma^2(设计编码) = (32-14)^2/36 = 9$

$t(测试) = (5 + 4 \times 7 + 9)/6 = 7 \quad \sigma^2(测试) = (9-5)^2/36 = 0.445$

$t(安装部署) = (5 + 4 \times 13 + 15)/6 = 12 \quad \sigma^2(安装部署) = (15-5)^2/36 = 2.778$

整个项目的完成时间是各个活动完成时间之和，项目的期望完成工期 T 和 σ^2 分别为

$$T = \sum t = 11 + 21 + 7 + 12 = 51 (天)$$

$$\sigma^2 = \sum \sigma^2 = 1.778 + 9 + 0.445 + 2.778 = 14.001$$

则

$$标准差\ \sigma = 3.742 \quad (注:14.001 开二次方)$$

图 2.4 为项目工期服从正态分布的图例。

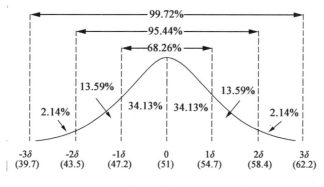

图 2.4　项目工期服从正态分布图

针对以上正态分布图的取值区间解释如下：

±σ 范围为(47.258～54.742 天)，概率为 68.26%（51 − 3.742 = 47.258，51 + 3.742 = 54.742）

±2σ 范围为(43.561～58.484 天)，概率为 95.46%（51 − 3.742 × 2 = 43.561，51 + 3.742 × 2 = 58.484）

±3σ 范围为(39.774～62.226 天)，概率为 99.73%（51 − 3.742 × 3 = 39.774，51 + 3.742 × 3 = 62.226）

通过如上基于 PERT 技术的计算，我们可以基本了解项目工期不同天以内完成的概率，比如客户希望在 39 天内完成以上项目的概率几乎为 0，也就是说项目存在不可压缩的最小周期，这个是客观规律。项目的成本估算也同样可以应用 PERT 技术，计算方法是一样的，项目同样存在不可压缩的最小成本，这个也是客观规律。销售、售前和项目经理千万不能不顾客观规律而对客户盲目承诺，否则会受到客观规律的惩罚。

最后，针对项目的时间管理，我们具体谈谈项目进度控制的要领。项目进度控制往往是非常困难的事情，项目进度的延期和成本的超支通常是项目失败的主要诱因。造成项目进度落后或延期的主要原因一般有两种：一种是项目在初期估算工作量的时候有偏差或过于乐观，对项目实施难度考虑严重不足；另一种是缺乏有效的项目进度过程控制。项目初期估算工作量估计过低属于先天不足，而缺乏有效的项目进度过程控制属于后天的管控不利。项目估算工作量也会和项目的整体合同额以及成本管理有关系，有些时候企业或组织的销售或售前为了赢单而故意压低项目报价。遇到这种情况，项目经理往往是很难控制的，这是企业或组织高层需要考虑的。如果项目金额过低，是否一定要接这个项目或把此项目列为战略亏损项目的范畴。而项目经理能够控制更多的是进度的过程管控，下面从进度的过程管控入手来具体论述。

实施项目进度控制之前要做项目进度计划，编制进度计划的目的是指导项目实施，以保证实现项目的工期目标。但是计划赶不上变化快，在项目进行过程中，项目经理必须不断地监控项目的进程以确保每项工作都能按照原有进度计划进行，必要时引入进度偏差绩效指标进行比较分析，并及时采取纠正措施或缺陷补救。如果原先的进度计划已经不切实际，需要更新原计划，如果影响到进度基准，需要申请公司级的变更控制委员会的审批后方能调整。另外，要想项目进度控制有所成效，可以考虑做到如下几点：

第 2 章　经典的项目管理方法论

（1）项目控制要以实现项目目标为原则，需要在项目的整个生命周期不断地提醒项目团队目标是什么，以做到整齐划一，减弱不同的声音或不同意见发生的可能性；

（2）必须及时发现偏差，及时补救，并向项目团队和管理层汇报；

（3）在偏差纠正或缺陷补救时需要考虑成本或代价，比较控制活动的费用和可能产生的效果，只有在收效大于费用时才值得进行控制；

（4）要考虑控制程序和具体做法是否适合项目实施组织和项目团队成员个人的特质，是否能够被他们接受；

（5）一定要抓住对实现项目目标有重大影响的关键项目异常、项目问题和里程碑，做到抓大放小，有效地利用管理资源；

（6）在向项目相关方汇报项目进度情况时需要引入控制图和异常数据等形式，重点内容需要在邮件正文或PPT上标红标粗，做到表现手段直观、形象，使管理者和项目团队快速知道问题情况；

（7）在控制进度时要有全局观念，因为赶工或快速跟进等进度纠偏策略都可能会增加项目的成本与风险，项目经理切忌头痛医头、脚痛医脚。

2.7　项目之问题管理方法详解

一个中等复杂的项目会存在三个主要阶段，即立项阶段、规划阶段和执行阶段。在项目管理方法论中对应立项阶段的关键活动是"选择一个正确的项目"；对应规划阶段的关键活动是"制订项目管理计划"；对应执行阶段的关键活动是"项目执行和过程监控"。在具体项目管理过程中，往往每个阶段都会存在一定的问题。而企业的项目相关方，包括高层领导、中层项目经理和基层员工对项目不同阶段存在的问题的理解也是明显不同的。

针对项目管理过程中可能会存在的问题，下面列举几个典型的项目管理现状，重点对不同级别的项目相关方在项目不同阶段所认为的存在问题进行举例与分析，以备大家防微杜渐。

案例一　企业 ERP 咨询实施项目

这是一个 ERP 项目中通常可能遇到的问题，以下是对不同相关方在项目不同阶段发现的问题进行分类。相关方角色及项目问题对照表见表 2.9。

PMP 项目管理方法论与敏捷实践

表 2.9 相关方角色及项目问题对照表(1)

相关方角色	相关方认为在立项阶段存在的问题	相关方认为在规划阶段存在的问题	相关方认为在执行阶段存在的问题
高层领导	慢,相关方反馈不一致	周期太长	风险把控不利,交付成果不满意
中层项目经理	成本效益低,项目重复建设,缺乏战略的整体性考虑	资源占用或资源冲突,计划不详尽	成本超支,质量存在缺陷,相关方投诉
基层员工	落地可行性考虑不足	进度不合理	变更多

案例一的项目充分暴露出企业相关方对 ERP 咨询实施项目的风险和 ERP 在其所在行业落地可行性认识严重不足,好的项目管理需要进行充分的项目立项评审、完备的项目管理计划、持续的风险评估和可视的过程控制来降低失败的可能性。

案例二 企业管理优化项目

以下是很多企业在执行企业内部管理优化项目中通常会遇到的问题。相关方角色及项目问题对照表见表 2.10。

表 2.10 相关方角色及项目问题对照表(2)

相关方角色	相关方认为在立项阶段存在的问题	相关方认为在规划阶段存在的问题	相关方认为在执行阶段存在的问题
高层领导	项目面貌不清楚,如何实现不明确,达不到组织战略要求,慢	所需资源的反馈不清晰	对项目存在的问题或潜在的风险缺少必要的跟进,PMO 或中层项目经理需要发现所有项目存在的问题,并及时告知
中层项目经理	没有充分的可行性研究	时间短,要求高,工作很难向下分解	担心项目绩效评价不合理,担心项目变更的影响,难以控制项目进度
基层员工	需求不清,中层项目经理或 PMO 要求太多	工作分解不细,参照执行有困难	变更多和不可控

案例二的项目存在自上而下的沟通问题,项目的目标和实施的成果差距大,并且缺少必要的项目问题跟踪和监控措施。好的项目管理需要对项目目标的正确理解、合理规划和必要的问题或风险的跟踪控制。

案例三　企业产品研发项目

以下是很多产品研发项目可能遇到的问题。相关方角色及项目问题对照表见表2.11。

表2.11　相关方角色及项目问题对照表(3)

相关方角色	相关方认为在立项阶段存在的问题	相关方认为在规划阶段存在的问题	相关方认为在执行阶段存在的问题
高层领导	缺少筛选项目的方法论,无法确认产品是否符合组织战略要求和市场需要,项目预期不可控	项目管理计划制订得随意和不合理	需要定期和准确地提供项目绩效报告,需要有项目的绩效趋势分析和风险评估机制
中层项目经理	投入资源不够、猜不中上级领导的想法	是个负担,计划没有变化快,风险识别困难	担心项目目标变更、资源调配困难、项目绩效数据失真、项目进度和风险不可控
基层员工	积极性不高	方案计划不合理	被动跟进,抱怨项目变更

案例三的项目缺少明确的项目管理方法论和成熟的项目立项评估机制,并且产品研发的项目目标和项目实施范围需要快速适应多变的市场需要,所以此类项目的项目管理计划往往成为一种不切实际的负担。好的项目管理需要有成熟的项目管理方法论和标准的项目立项评估机制作为项目成功的必要保证。更重要的是,项目经理需要具备互联网思维,即通过小步快跑、不断试错等方式最终达成项目成功,比如现在比较流行的敏捷项目管理就体现了快速适应市场变化的特点。

下面再举两个有项目背景信息的案例,案例来自同一个零售行业的软件公司。我们且从具体项目管理案例来进一步体会项目之问题管理的详尽建议和方法。

第一个项目背景描述

(1)甲方客户的老板很信任乙方软件公司,他认为软件的东西都是标准的。既然其他公司能用,而且用得很好,那么他的公司也不会存在问题。他更关心的是自己公司的业务部门如何去配合系统的使用,以及如何判断系统在自己公司中的应用是好还是坏。

(2)对于甲方客户老板的要求,乙方软件公司在上软件系统的同时提供了简单的管理咨询服务。为了及时签订合同,销售经理答应了客户会提供此类服务。并且,乙方售前顾问也在开展售前的工作过程中给予了甲方客户几点简单的管理建议。后续只需乙方项目经理在项目实施过程中告知客户,为什么要启用这些功能,这些功能的好处在哪里,需要配合制定哪些管理制度以达到最佳效果即可。

(3)此项目金额不大,从合同签订的项目范围来看,基本属于较为基础的软件功能,项目范围扩散的可能性也不会很大。但其中有一个功能是需要乙方产品支持部门提供产品客户化开发的支持。

(4)考虑到项目的难易程度,乙方交付部门安排了一个参与过5个项目的项目成员作为此项目的项目经理,此项目是他第一次以项目经理的身份出现。

(5)此项目签订的时点属于乙方软件公司业务最忙的时间段。为了完成公司业绩,负责本项目的销售每天都有大量的客户要拜访,负责本项目的售前顾问每天也有写不完的方案,被指派负责本项目的项目经理手里也有很多事情需要跟进处理。

(6)在这样的一个背景下,本来只是需要花半小时左右由乙方销售经理和售前顾问向乙方项目经理介绍清楚客户的背景以及客户老板的诉求的,却由于各种情况,这一步骤被人为地忽略了。

案例描述

(1)乙方项目经理带领乙方项目交付团队入驻客户现场。在项目的前期和客户的合作

第 2 章　经典的项目管理方法论

是愉快的,项目也在顺利实施的过程中。突然有一天,一个项目成员告诉项目经理,乙方产品支持部门由于资源不足,所以将对该项目的客户化工作推迟处理,延迟时间无法确定。

(2) 乙方项目经理觉得麻烦了,因为这个客户化工作对于项目的一个功能实现是非常重要的。所以项目经理拼命发邮件给对接的产品支持部门,要求一定要给予支持,但邮件均石沉大海。

(3) 乙方项目经理郁闷了,不知道怎么办才好。随着上线时间一天天逼近,项目经理只能将此类情况向主管汇报。在其主管与公司产品支持部门主管多方沟通下,产品支持部门总算答应 10 天后提交交付物。

(4) 乙方项目经理没办法,只能和客户说明延迟时间。客户有些不满意,但也同意了延期。只是要求乙方项目团队成员不得离开现场,因此乙方项目团队所有的成员也只能在现场等待乙方产品支持部门尽快发出交付物。值得庆幸的是,乙方产品支持部门顺利发出代码,软件系统顺利实施完成,并通过了必要的功能测试和压力测试,甲方应用此软件系统的关键业务人员操作培训也很快完成了,软件系统预期的效果也得到了客户业务人员的认可,项目很快进入到了验收阶段。

(5) 在乙方项目经理向客户提起项目验收申请时,甲方客户的老板出差了,工作交给了甲方行政部负责,行政总监委婉地表达了老板走之前和他说的,这个项目还有一些签约前承诺的工作没完成,希望完成这些工作后再进行验收工作。当项目经理从行政总监办公室出来以后一脸的疑惑,回去以后召集项目团队成员对项目的范围进行了几轮仔细的检查,检查的结果还是没有发现未完成的工作。

(6) 乙方项目经理也向乙方销售经理提出了项目已经完成,但是客户不愿意验收,要求销售经理配合处理商务问题的要求,乙方销售经理也通过邮件和短信向甲方行政总监提出了项目已完成,需要进行验收工作的请求。乙方项目经理也配合再次向甲方行政总监提出了验收申请,甲方行政总监这次发火了,拍着桌子对乙方项目经理说乙方软件公司没信誉,答应的事情都不兑现,还提出要退货。可想而知,项目的验收工作被无限期地延后了。

问题分析

(1) 相信这样的情况普遍存在于实际的项目当中。这正是因为乙方项目经理没有意识到在项目管理过程中沟通的重要性。

（2）可以想见项目的前期，特别是售前阶段，由于售前记录缺乏，项目交接时的信息共享不到位，给后续项目的开展带来很多意想不到的困难，就如案例中的项目一样，由于销售或售前承诺给客户的信息共享不到位，差点变成了一个烂尾的项目。由此可见项目售前信息共享的重要性。

（3）跨部门协作资源以及协调沟通是非常重要的。跨部门沟通往往难度大，且协调周期长，响应或服务交付都有可能得不到及时保障。在此项目中，乙项目经理在实施过程中前期未能跨部门进行资源的充分沟通，同时，他在项目启动阶段并未对项目风险进行充分的考虑，以及拟订应对计划，所以造成项目在后期的被动。

（4）乙方项目经理在进行客户需求调研时，与客户没有进行充分的沟通，因此造成客户特别是关键相关方的需求没有及时得到满足。

规避建议

针对这样的情况，建议可以通过以下几点来进行前期的规避以及后期的处理。

（1）销售经理和售前顾问一定要做好前期沟通记录，对于关键点更是要突出（再好的记性也比不过一个"烂笔头"）。

（2）项目交接时的沟通建议千万不要取消，哪怕只是短短的半个小时或者十几分钟，也要把项目的关键事项讲清楚。

（3）与内部资源的沟通是非常重要的，不要因为是公司内部就可以疏忽。

（4）在进行客户调研时要充分沟通，尤其是关键相关方的需求，要非常注意。

（5）风险管理是非常重要的，而且也需要贯彻到整个项目或产品的生命周期中。

以上案例更多的是项目管理中的沟通管理所暴露的一系列问题。除了沟通管理的问题，项目的需求管理、进度管理、成本管理以及人力资源管理都可能存在这样或那样的问题。下面再举一个典型的项目管理案例，这个案例同样来自一个软件企业。

第二个项目背景描述

（1）在与客户进行某业务系统升级项目的需求讨论过程中，客户提出需要对其特殊的品牌分销业务进行管理,需要乙方公司在业务系统升级过程中将此部分业务功能和需求考虑到升级合同中。由于乙方公司有成型的分销管理系统产品,所以乙方销售很自然地向客户推荐了该产品。

(2)客户对产品演示结果基本满意,加上有同行业的标杆客户同样使用该产品,客户很快就认可了这个产品。由于乙方公司与客户前期的合作都很顺利,所以客户的老板很信任乙方公司。

(3)在与销售、售前沟通完后,客户的老板要求马上进场实施,要求在最短的时间内完成上线工作。考虑到大客户的特殊性,在销售的强烈要求下,虽然当时销售合同还未签订,且未进行详细的需求匹配,乙方实施交付团队还是很快进场开始实施。

(4)乙方公司指派了曾从事过某同类大型标准化实施项目 A 的项目经理 M 负责该项目。M 曾是此类标准产品的技术经理,以前负责 A 项目的项目经理已经离开公司了,目前公司中 M 是对 A 项目最为熟悉的人,所以被指派成为此次项目的项目经理。

(5)由于是大客户,项目经理的地位偏弱,而且由于销售按照商务谈判的惯例考虑商务策略,所以价格一再降低,成交价只有最初报价的三成不到。也正是由于成交价格偏低,低于了乙方交付部门的预估成本价格,项目整体未能得到乙方交付部门的重视,资源保障和交付质量保障严重不足。

案例描述

(1)项目经理 M 在接到主管的口头通知后 2 天内便组织部门中暂时没有在项目中的人员组成实施团队进驻客户现场。由于时间紧、任务重,而且客户非常期望系统上线后能达到"××标杆客户的实施效果",所以 M 经理决定直接按标准系统模块实施。因此,整个项目是在无合同、无详细需求调研及需求备忘确认的情况下展开的。

(2)在实施过程中,M 经理所实施的系统主要是按标杆客户的标准产品在操作,结果客户发现实施的系统无论在操作习惯、方便性、客户体验等方面都不符合其习惯和要求,因此要求 M 经理进行调整。M 经理迫于客户和销售的压力便根据客户的要求全部进行了系统的调整以及客户化开发。而且由于客户的规模比较大,涉及的人员众多,M 经理无法判断哪个客户人员提出的需求不重要,哪个客户人员提出的需求重要。为了让客户满意,M 经理决定,不管是哪个客户人员提出的需求,他都和团队进行修改。

(3)项目范围一再扩大,客户化需求不断增加,加上客户组织机构变化(品牌部从百货公司整体划拨到仓储公司),导致最后项目交付一再延期,无法得到客户业务部门的认可和确认,客户满意度也一再下降。

(4)M经理一再向公司申请资源,但公司交付部门的领导觉得这个合同本身就是亏了,不愿意再调配更多资源。M经理绝望了,他觉得这件事他没办法完成了,这全是销售和售前的错,造成了目前的窘境。在其他人的提醒下,M经理才把相关的信息告诉销售,并要求销售介入此项目。通过销售与公司高层一系列的沟通、商务谈判后,客户勉强同意进行项目验收。

(5)得知此消息的M经理松了一口气,但问题随即而来,客户在判断验收标准时,出现交付目标与客户目标不一致,前期客户要求的上线目标发生更改,交付范围已经与原来入场前的需求完全变样。而且有些需求客户认为还没有交付,但项目组认为不在交付范围内。经过几轮讨论,在与客户确认超出范围的交付目标后,客户要求在指定时间内完成超出范围部分的开发提交,否则将不考虑验收。M经理咬牙带领团队加班加点,最终免费完成客户超出部分的交付范围。整个项目结束了,M经理终于拿到了验收报告,带着团队回到了公司。

问题分析

(1)合同和交接问题:M经理是在没有签订合同,导致没有验收标准和制定合理的预算,以及售前及销售没有主动与项目经理进行沟通,项目交付团队在非常不了解客户的情况下进驻客户现场的。

(2)项目成本和人力资源问题:由于合同成交价的不理想,交付团队与销售的意见不统一,成本倒挂,项目未能得到交付团队的重视,给M经理配备的人员也没有考虑适用性。

(3)项目经理的能力问题:由于M经理原来是技术经理,并没有项目经理的经验,所以他并不清楚项目经理应该承担的责任以及项目管理的流程与规范。在M经理的心目中,在不得罪客户的情况下完成产品实施与上线就是最大的胜利。在整个项目中,可以看到M经理没有做任何的风险管理与变更控制,因此在项目实施过程中非常被动,而且造成项目成本一再增加。同时,M经理的辛苦工作并没有得到任何人的认可。

(4)需求管理问题:M经理未与客户就阶段性交付目标和需求优先级达成共识,也没有

第 2 章 经典的项目管理方法论

与客户达成一致的需求确认单。项目经理与客户业务部门沟通不足,对客户业务细节理解不充分。标准产品客户化需求开发设计考虑不够全面,没有进行差异化分析,直接将以往的客户产品用于现有的客户,导致与用户的需求没有达成一致,需求开发反复,以致项目交付范围不清晰,交付范围一再扩大,导致项目交付成本不可控,项目一再延期。

(5) 项目范围变更控制和沟通问题:项目存在超出范围部分,前期未引起项目团队重视,后期为了客户满意度的问题,没有对变更的需求进行控制,也没有及时与客户沟通解决方案,造成上线时间一再拖延,引起客户极度不满。

(6) 产品质量问题:没有项目管理办公室或质量控制团队介入,并可能存在用户可接受测试资源(UAT)不足的问题。

(7) 项目收尾问题:在结束项目时,M 经理没有带领团队进行项目收尾工作,也没有和团队成员一起讨论并总结项目的经验教训。

规避建议

针对这样的情况,建议可以通过以下几点来进行前期的规避以及后期的处理。

(1) 乙方组织的架构评审委员会或项目管理办公室需要从公司的整体利益出发,考虑是否与客户签署此类低收益的项目,如果有战略合作或战略亏损的考量可以另当别论。在项目一开始就需要签订正式合同,约束服务范围、甲乙双方的责任和义务,以及项目成本和预算等事宜,且必须确保在签订合同后项目实施团队才能发起项目工作。

(2) 如果组织同意实施此项目,乙方组织的财务部门或项目管理办公室需要制定完成此项目所需要的合理预算,并派遣合格人员担任项目经理职务。合理安排项目的人力资源,项目成员应该包括经验丰富的项目经理、中层项目管理团队和基层软件开发测试工程师。

(3) 需要加强组织级的项目售前转售后的流程。售后项目经理需要与此项目的售前或销售进行充分沟通,对项目背景以及客户情况进行详细了解后才能进驻客户现场。

(4) 进行需求调研,建立需求文档,拟定需求优先级,并请客户最终确认。加强需求变更管理的过程控制,要求客户统一提出变更需求的接口人,一般是要求客户内部意见一致后再统一以正式项目文件的方式提交给项目经理做评估分析,项目经理综合考虑此需求的变更对实施成本和项目进度可能造成的影响。针对客户发起的需求变更请求,项目经理需要留有更加详细的过程记录,比如"需求确认单"等。项目经理需要在清楚理解项目目标的基础上主动控制需求范围以及需求变更,引导项目向核心目标前进。

(5)通过标准的项目管理方法论来管理项目,并有效地执行项目成本核算的过程控制(如每个月比较完工估算和完工预算的偏差,必要时申请动用项目的管理储备)、沟通及相关方管理、范围变更控制、质量管理、风险管理、组织过程资产的过程更新、项目实施后的资产移交和项目经验总结等重要工作。

通过以上两个具体的案例分析,我们可以体会到,在项目实施过程中出现问题基本是常态。可以想见,以上项目管理案例所阐述的问题也可能只是日常项目问题的冰山一角,当前项目管理中的问题可能远比之复杂,不一而足。下面对一些更加有针对性的具体问题及其建议的解决方案汇总。

问题一:如何修订不合理的项目目标?

问题描述:很多项目在签约的阶段就定义了不合理的目标,这往往是由于销售人员的过度承诺给客户主动建立或被动接受过高的期望值。

建议的解决方案:乙方公司针对不合理的项目目标或具有高度风险的项目,需要提前制定严格的项目合同签订审查制度或流程。针对高风险的项目,除非是战略亏损的项目,否则应该拒绝签署。即使是战略亏损项目,也需要乙方高层领导背书来特批后方可进行合同签署事宜。至于实施项目的乙方项目经理,在执行售后项目实施时,要对项目目标进行再次审阅。要使项目成功实施,就必须在合同约定目标基础上对项目目标进行再次定义,项目经理需要运用必要的办法在项目管理生命周期内不断去寻求客户或用户可接受的最小或最优的目标边界。当然,项目经理一上任就想动项目或合同的边界,显然容易引起客户的反感。比较好的策略是先在项目实施过程中做出必要的业绩,同时和客户建立彼此的基本信任。在充分了解客户所在企业的核心需求后,适时拿出有理有据的方案一点一点地说服客户调整项目目标边界。乙方的销售或客户经理,也需要在项目实施的某个阶段介入,与客户商讨可能的合同增补条款。

问题二:如何处理用户强烈坚持需要的需求?

问题描述:用户有时很强烈地表示需要一个功能,态度很坚决,应该如何应对?

建议的解决方案:从项目所要实现的业务全局出发,考虑用户这个需求到底要解决的是什么问题,然后再和用户探讨真正解决问题的办法,这样用户不但可能收回自己的想法,还会建立对你分析能力的信任。这就是所谓的比用户多想一步,并站在更高的角度去解决当前存在的问题。除此之外,如果用户提出的需求非常到位,确实指出项目交付产品的严重不足,项目经理要高度重视,及时调用公司资源予以解决,切记关键性需求绝对不可以绕过或采取临时解决方案。针对用户潜在的或尚未发现的需求,需要提前拟定预案,而不是等这些潜在需求发生后再考虑客户化开发解决,这样就很有可能使项目产生不必要的延期,并徒增用户对项目延期所产生的不满情绪。

问题三:如何处理来自用户的需求变更?

问题描述:用户的需求往往随着项目的深入而有所变化,项目验收标准的不断更改,导致项目验收延期或成本超支等诸多不可控的情况发生。

建议的解决方案:在项目一开始就需要定义变更流程,一般是要求用户内部意见一致后再统一以正式项目文件的方式提交给项目经理做评估分析,项目经理综合考虑此需求的变更对实施成本和项目进度可能造成的影响。必要时寻求公司高层或变更控制委员会(CCB)的反馈处理意见。如果同意变更则需要客户在变更方案上签字后实施,如果不同意就按公司高层或变更控制委员会的指示与客户反复沟通。总之,项目经理在清楚理解项目目标的基础上主动控制需求,引导项目向核心目标前进。

问题四:为什么得不到高层的支持?

问题描述:项目得不到客户或供应商高层的重视,推进过程阻力太大,往往导致项目交付的最终失败。

建议的解决方案:项目得不到高层的重视可能有很多种原因,比如没有清楚的文字报告和建设性的可行性建议,公司内部存在多种不同的声音,没有找到最佳的时机来解决此问题等。项目经理需要用简易的方式使高层了解现在项目所面临的问题,以及解决该问题带来的价值。在提出问题的同时列出几种可选方案,并比较每种方案的优劣。高层领导只需要从中选择一个方案就可以了,所谓凡事都具备"One Step Away"的精神,积极主动地协助高层领导很快地做出正确的决策。

问题五:为什么项目验收和回款困难?

问题描述:项目经理在与客户提出项目验收和回款时往往会被客户以各种理由拒绝。

建议的解决方案:项目验收是一系列项目工作完成到位的结果,而不是某个点的成功。具体验收前除了做好项目可交付成果的相关文档工作之外,还要多花时间弄清楚客户的验收流程、审核周期以及可能的异常情况等。项目目标边界失控是很多项目无法验收的原因,最好和客户界定项目验收的具体条件。验收和回款是紧密相连的,项目经理在不断地与客户论证验收和回款条件的同时也是磨炼意志力的过程,成功完成项目验收和回款的项目经理才是合格的项目经理。

问题六:如何面对项目工期延误?

问题描述:项目经常会发生工期延误的现象,如果项目会延误,项目经理应该如何处理。

建议的解决方案:如果项目工期延误是因为客户需求变更导致的,项目经理可以事先请客户了解变更对项目的真实影响,并拿到正式的确认作为事实证据以备未来的不测。如果延误是计划的不切实际或资源的不到位导致的,项目经理要确保相关方提前知道延误的可能性,并把此可能性列入项目风险登记册进行全程跟踪。详细想清楚后续项目管理计划哪些需要调整,特别是需要其他部门或外部资源配合的部分。

第 2 章 经典的项目管理方法论

问题七：如何对待一个态度"嚣张"的资深员工？

问题描述：项目成员比项目经理资历深，并对项目经理日常工作采取抵触和不配合的态度，导致很多工作无法推动。

建议的解决方案：项目经理需要首先了解这个资深员工"嚣张"的资本是什么，是资历老、威望高、经验丰富还是有管理层的关系等。其次，需要体查到资深员工抵触你的动机是什么。

项目经理先不要直接采取"压"住对方的方式，历史故事《将相和》中蔺相如针对廉颇的处理方式是值得我们借鉴的。项目经理可以表现出对对方的尊重，并在重要问题上与其商量，使其感到自己对决策是有影响力的。如果对方在重要问题上不配合，一定要使其明白，有没有他事情都会照常做，项目经理也必须要确实做到这一点。很多时候"无事可做"会给对方更大的压力。在解决此问题的时候避免情绪化，心理学有一种办法叫作 EQ 型处理他人情绪法，该方法是通过识别对方的情绪、肯定对方情绪中正确的部分和分享你的感受来逐步化解对方的情绪。EQ 型处理他人情绪法在著名心理学大师李中莹先生的《简快身心积极疗法》一书中有更加深入的阐述，这里不再详述。最后，必要时可以寻求高层领导的帮助，寻求可能的建设性解决方案。

问题八：如何协调项目成员之间的冲突，甚至是来自客户或用户的冲突？

问题描述：项目团队是由不同性格的成员组成的团体，客户或用户的性格和沟通方式也会有很大的差异，因而很容易出现意见分歧和冲突。

建议的解决方案：项目经理首先要重视冲突，提早意识到冲突的源头，便于将冲突解决在萌芽状态。项目经理在试图解决冲突的时候要作为一个聆听者去倾听产生冲突方的心声，运用之前提到的 EQ 型处理他人情绪法来肯定对方观点中值得肯定的部分，分享你个人对此事情的情绪感受来使对方逐步化解原有的情绪，在情绪化解后再来策划可能的解决办法。处理冲突的策略无外乎是竞争、回避、包容、妥协和协作等。策略的选择需要根据具体问题以及冲突对象的冲突风格等因素进行灵活选择。要想了解冲突对象的冲突风格可以通过托马斯和基尔曼发明的冲突模式法来进行评估分析。

问题九：何时或何事需要找高层领导沟通？

问题描述：项目经理往往对向上沟通比较困惑，不知道何时主动找高层领导进行沟通、具体沟通什么内容。

建议的解决方案：一般建议项目经理在如下三种情况下可以找高层沟通。第一种情况是遇到管理或其他难题，打破头都想不出解决的办法；第二种情况是针对可能影响项目的交付质量和整体验收的关键问题，项目经理已经想出两种以上的解决方案，需要陈述给高层领导，请领导选一个来执行，当然项目经理可以在陈述时表达自己对方案的优劣判断；第三种情况是领导安排下来的具体任务，需要及时和不定期地主动向领导汇报任务完成的情况。

问题十：项目的成本花费如何有效地进行管控和过程跟踪？

问题描述：项目经常会发生成本超支但是项目任务还没有完全完结的情况，如何尽最大可能控制成本核算和过程花费？

建议的解决方案：项目实施公司的项目管理办公室需要联合财务部门依据此项目的销售合同额和售前解决方案建议书等拟定本项目的合理毛利额（预计的项目盈利额）及最初的项目完工预算（BAC），该完工预算就是此项目的最初成本估算，项目实施公司可以根据此完工预算额在公司的财务系统中创建相应的项目代码（Project Code）和必要的成本科目，成本科目可能包括项目的人力成本、差旅和下包服务的采购花费等。成本科目可以简单理解为《PMBOK®指南》提到的控制账户的概念，不同的成本科目需要结合实际的花费来单独测量绩效。

如果需要不同成本科目预算金额的互转，需要走必要的财务审批流程。成本科目的日常具体花费可以表现为项目成员的工时申报和差旅报销等。项目成员每周通过所在组织的工时系统中填写特定的项目代码来申报针对特定项目的实际工时投入。如果有差旅或下包付款支出，也一并从具体项目代码中扣除这些款项。项目经理至少每月在财务系统中查看项目当前和前几个月的实际支出,并预计项目真正结束时可能的花费,即项目完工估算(EAC)。一旦发现 EAC 大于 BAC 的情况,项目经理需要及时决定是否申请管理储备基金,如果需要申请管理储备基金,项目经理需要依照公司既有的财务审批流程及时发起申请操作和后期的工作跟进等。

问题十一:合同中甲方项目经理给乙方项目经理安排一项全新的项目任务,经乙方项目经理评估此项目变更会增加乙方项目交付的成本和风险,乙方项目经理应该如何应对?

问题描述:在项目交付的过程中往往甲方比较强势,项目范围的变更很难走正规的变更管理流程。

建议的解决方案:如果不能走正式的变更管理流程,乙方项目经理需要留有相关证据以求自保和责任的澄清。一种可以考虑的做法是,乙方项目经理可以请甲方项目经理和双方领导开一个集中讨论的会议,在会上阐述此项目变更可能存在的风险和失败的可能,并把这些陈述的详细内容体现在会议纪要中。在会后发一个关于会议纪要的正式邮件给与会的所有人,在邮件正文中表述在会上大家的共同决议内容,并列明如果有任何与实施不符的情况,请与会人员在未来三个工作日内回复。会议纪要内容会进行相应的更正和重新发出,如果三个工作日内没有任何回复,则可以认为会议纪要中记录的内容皆为事实。乙方项目经理通过会议纪要和正式邮件留有相关证据,以降低由于此项目变更导致的影响所应该承担的相应责任。

问题十二:项目管理和软件工程有何异同?

问题描述:很多人学过项目管理和软件工程等理论知识,但是并不知道二者的具体区别,以及如何结合使用。

建议的解决方案:软件工程更多地偏重软件开发生命周期管理的方法论,比如比较流行的瀑布式开发模式等。项目管理强调两个生命周期:一个是项目管理生命周期,另一个是项目所需要交付产品的生命周期。如果项目所交付的是软件,软件工程的管理方法可以应用在此软件产品交付的过程中。而软件工程很少提到的就是项目管理生命周期所需要交付的内容,如项目章程、项目管理计划、团队建设的组织架构和风险管控跟踪日志等方面。

因此,软件工程理论作为项目管理理论的合理补充可以应用到项目管理过程中去,但是无法代替项目管理生命周期的管控内容。

问题十三:如何管理多文化团队?

问题描述:项目经理在管理跨国或多文化、多语言的项目时往往显得捉襟见肘,不知道如何具体应对。

建议的解决方案:由于组织的文化、运营规则和团队的集体惯性不同,项目经理采取同样的管理办法不见得在不同组织得到同样的效果。项目经理需要基于不同的文化氛围为项目团队成员打造易于工作的项目环境,具体的做法有:学会聆听并尊重不同文化所带来的工作习惯的差异,通过定期的项目会议来统一大家对项目目标、项目范围和项目管理计划的认识,从以往的沟通失败情景中找出问题的根本原因,并采取必要的措施防止再度发生。

问题十四:如何创造项目文化?

问题描述:项目经理对如何创造所属项目的管理文化存在疑问,不知道如何下手来具体打造。

建议的解决方案:要创造项目管理文化,首先要找到适合的项目经理,本质上乐于从事这项管理工作的人会对管理文化的锻造满怀信心。项目经理必须有很强的向上沟通和必要的影响能力。增强项目经理和决策高层之间的交流是非常必要的,项目经理需要通过比较容易理解的词汇来向高层推销其针对项目文化打造的具体举措,并寻求高层领导的持续支持。

问题十五:项目经理和团队成员如何实现高效的自我管理?

问题描述:项目经理和团队成员很难长时间保持高度的自制力去持续不断、充满激情地

第2章 经典的项目管理方法论

完成既有的项目工作,如何才能实现高效的自我管理是一个相对深刻的命题。

建议的解决方案: 完成日常的项目管理和项目实施工作除了要有必要的勤奋之外,方向、目标和方法都同等重要。有了正确的方向、明确的目标和高效的方法(必须三者同时具备),项目经理和团队成员自然而然地拥有勤奋和毅力。在明确方向的指导下,项目经理通过整合各种资源来实现高效的自我管理和团队建设。

问题十六:甲方和乙方在项目管理过程中的不同关注点是什么?

问题描述: 由于项目主要是由乙方交付的,甲方往往会对项目交付的目标明确,但是对项目过程管控缺乏足够的热情、注意力,不知道需要关注的重点是什么。

建议的解决方案: 有甲乙方参与的项目,往往存在双方相互博弈的过程。在甲乙方博弈的过程中,甲方如果想过得舒服,要具备引领乙方的能力和经验。比如在双方的合同中设计必要的阶段验收里程碑和详细的惩罚条款,以及明确的项目变更管理流程来对乙方产生约束作用。另外,甲方要在售前阶段就要考虑审核乙方的相关资质,如评估乙方是否有成熟的项目管理方法论、研发管理方法论和成本控制能力等。必要时,甲方需要发起独立评估或评审,考察乙方交付项目的实际成本和可能的利润。如果发现乙方项目完工预算和实际的执行成本严重不符,一定要研究并发现乙方真实承接此项目的原因或目的。必要时终止项目或更换乙方,否则项目后期可能造成不必要的纠纷和增加项目失败的可能性。另外,甲方项目经理也需要对项目生命周期的全部问题和风险进行全盘掌控。甲乙双方组织存在健全的项目筛选和准入机制,以及制度治理和过程审计也是必需的,在这方面项目管理办公室应该起到必要的作用。

问题十七:项目的风险储备基金一般会预留多少?

问题描述: 由于项目具有临时性和独特性等特点,造成项目交付的不确定性和风险,这就需要预留一定的风险储备基金,但是组织往往对预留多少风险储备存有疑问。

建议的解决方案: 在项目管理过程中一般有进度和成本估算的过程,最精确的估算方法是自下而上估算,一般这种精确估算偏差为5%~10%,并且需要提供估算依据。因为有偏差就预示着有风险,所以要预留风险储备金。我国政府信息化工程项目也规定需要有一定的工程预备费来管理难以预料的风险或市场价格的调整等诸多因素,如规定针对合同额为3 000万以上的项目预留3%~8%,合同额为3 000万以下的项目则预留3%到5%。如果是甲方自己主导的项目,风险储备可能基本是整个合同额的百分之多少。如果是乙方实施的项目,乙方更多地可能是需要先把利润刨除后,把项目完工预算(BAC)的百分之多少作为风险储备。如果这个储备基金项目经理能够直接动用,就属于应急储备的范畴,如果还需要经组织审核才能动用,就属于管理储备的范畴。

问题十八:项目团队如何快速地通过绩效震荡期?

问题描述:项目团队刚开始建立之初可能会由于文化、背景、性格和做事方式不同而产生彼此冲突,通常叫作震荡期。那么项目经理如何带领团队成员快速度过这个震荡期,这是一个比较棘手而实际的问题。

建议的解决方案:以下是项目团队快速通过绩效震荡期的几点建议:

(1)统一思想:定期召开项目进度汇报会议,不断强调项目目标、基本规则(哪些纪律绝对不容许违反、哪些条款必须坚持、大家的责任意识等),必要时个别谈话。

(2)冲突处理:项目经理要加强沟通和心理学的学习,能够积极倾听,尊重他人的意见。熟练地应用冲突管理的技巧,通过成功处理几个冲突,树立自己的威望。

(3)信任积累:通过一些事件来建立项目成员间的信任。必要时,充当教练的角色,对相关人员的行为进行及时纠偏。

(4)合同统筹:新老搭配,性格搭配,男女搭配,做到人尽其才、物尽其用。

(5)团队建设:多举办增进人员交流的拓展活动,如团队拉练等。

(6)合理分工:合理布置任务,不要交叉,每个人有自己负责的一块,逐步建立个人责任感和荣誉感。

(7)奖惩制度:提前制定奖惩规则,可以用积分制、任务完成率、例会出席率和特殊贡献等绩效指标进行及时奖惩。尽量公开奖励,私下批评,营造积极向上的团队氛围。

问题十九：如何与客户在项目建设之初就建立良好有效的沟通平台或渠道？

问题描述：由于项目经理身份的特殊性，常常需要在项目实施期间在甲方现场进行办公。而在当今的中国市场，甲方基本占据主导权，特别是政府项目，乙方项目经理能否在项目建设之初就获得甲方关键相关人的认可，从而建立有效的沟通渠道，往往成为决定项目是否能够成功交付的关键，甚至决定了是否能由本项目的延伸产生其他项目的可能性。

建议的解决方案：

（1）与客户相关核心人第一次见面一定要注重仪表，精神风貌要自信向上，谈吐要专业，说话大方得体，要在极短的时间内将自己的行业经历和专业素养通过不刻意的方式让客户知晓，最后可以提一些你以前合作过的行业知名人士的名字。如果是政府行业，可以提一下以前合作较为愉快的客户姓名，加深客户对你的印象。

（2）尽量获取客户的微信号码，并成功建立有效的实时沟通渠道，你可以说为了方便项目的工作推进，大家建个微信群便于遇到问题实时沟通，这时一定要尽量将项目所有的相关方加入进来，并且要识别哪些是客户方的决策者，哪些是客户方的执行者，然后把每个人员加到自己朋友圈。这里就出现了"登门槛效应"。你若是直接加客户微信，客户很大可能不会加你，而且会产生比较反感的负面作用；如果你通过先建立群组的方式，让客户做了一件很容易的小事，在他的思维里你们变成了一个工作小组，容易得到认同，变成你的微信好友也就是顺理成章的事情了。通过客户的微信朋友圈，你可以获得持续的时间向客户展示你的人品、工作态度、工作状态、专业程度，最终使客户认同你的能力和价值，从而建立相对平等的沟通渠道。

问题二十：如何掌控客户状态以及与项目执行过程中客户的反馈？

问题描述：由于在项目执行过程中，必然会出现项目经理无法掌控的死角，当客户方出现情绪异常时，项目经理需要引导客户建立良好的反馈渠道，不要将问题在项目经理不知情的情况下扩大化，确保客户不要直接向公司高层或客户高层反馈问题。

建议的解决方案：

(1) 在与客户建立有效的微信沟通渠道后,在这个前提下,若客户产生异常情绪,如暴怒和不安等现象,往往会选择最简便的方式进行反馈,所以客户一般会优先通过微信进行信息的反馈,因为我们之前给客户提供了一个高效的信息反馈渠道,所以客户无论好坏的事情都会通过该渠道进行反馈,并不会通过内部渠道向其高层进行汇报,这样项目经理会第一时间把握项目的异常情况,并第一时间予以处理。

(2) 需要达成共识的内容,尽量在微信群中进行发布,并整理内容通过邮件加深确认事实。

(3) 不确定的事项或是不想执行的额外需求,可以通过点对点的沟通方式进行解决,比如与客户通过面对面沟通的形式来解决。

问题二十一:项目经理如何处理好与甲方和第三方监理的关系?

问题描述:项目经理在项目实施过程中,有时候不能很好地处理与甲方和第三方监理的关系,认为乙方自己很专业、很负责,对监理或者甲方提出的问题不予重视,甚至带有负面抵触情绪。造成监理和甲方对项目的不满意。另一种极端做法是对甲方的想法不管正确与否,乙方项目经理都是一贯的百依百顺,这样会导致即使成功完成项目可交付成果,但是项目交付方(乙方)却不能达成预期项目收益的尴尬局面。

建议的解决方案:

(1) 要学会相互尊重。一般情况下项目的买方(甲方)及监理出于对工程质量和进度的责任心,每天都会在施工现场检查和询问,指导一些质量进度上的问题,有时会提出一些建设性的意见,这时现场的项目经理需既要接受甲方及监理单位的监督,又要维护自己的正当利益。甲乙双方最终的目的都是为了施工工程能够按时保质地完成,所以要做到互相尊重和互相理解,不要以为甲方和监理的意见和建议都是和自己过不去,要具备换位思考和积极倾听的能力。

(2) 要学会推销自己。要充分发挥乙方项目经理的专业特长,在恰当的时间点提出自己的见解并做到有理有据有节的解读。通过采取多备选方案分析等灵活的应对办法来获取甲方或监理的认同。在现实中,常听到有些项目经理说只要是甲方定的,我们就负责做,至于

第2章　经典的项目管理方法论

效果怎么样不用管。这种错误的思想一定要不得的。因为甲方既然能请乙方来施工，其前提就是信任乙方的管理和技术水平，所以乙方项目经理每时每刻都要带着躬身执着的敬业精神，以实际解决问题的态度来面对一切困难和挑战，这样甲方或监理才能更加放心乙方做事。总之，不能一味地百依百顺，否则就会适得其反。

问题二十二：项目经理何时应该选择上报项目发起人？

问题描述：项目发起人一般充当项目经理的直接领导，其存在的作用是明确项目目标，给项目提供资金，并为确保项目成功提供必要的支持。项目发起人也可以不特指某一个固定的人员，可以是几个人共同担任，也可以是指提供资金的组织或部门。项目发起人通常是项目经理的直接领导或直属部门。那么，项目经理何时应把项目的异常汇报给项目发起人，这个分寸往往不好拿捏。

建议的解决方案：一般不要轻易麻烦发起人，项目发起人不会直接插手项目经理所管辖的日常管理工作。以下情况可以考虑联系发起人或由更高层领导定夺。

（1）在项目启动前，即项目准备阶段的商业论证准备过程中，项目经理最好参与其中，如果在此期间发现了某些特殊问题或识别到可能的高层级风险，需要密切与项目发起人沟通。

（2）项目初始启动阶段，在项目章程起草和审批阶段，项目经理需要紧密地与发起人和关键相关方沟通，通过引导技术等软技能寻求大家对项目目标的一致理解，并获得包括项目发起人在内的关键相关方的支持。

（3）在项目规划阶段，比如项目开踢会期间，如果发现关键相关方或职能经理不配合既定的项目章程拟定的工作，或不愿意批准项目管理计划，项目经理仅凭个人能力尝试影响无果，可以把这种项目的异常情况升级给项目发起人，获得发起人的必要影响力来推动日常工作。

（4）在项目执行或监控阶段，项目出现异常问题或重大风险，以及针对项目章程或目标改变的场景，项目经理在其能力范围内已经无法应对，需要第一时间按照变更管理计划或风险应对的上报或沟通管理的升级步骤来寻求项目发起人或更高层领导的协助。

（5）项目集经理或项目指导会（项目管理委员会或项目治理委员会）对项目经理所在项目的优先级进行重新评判时，项目经理需要考虑项目目标和组织战略目标是否相一致的场景,项目经理可以联系项目发起人来提供必要的指导。当然,项目经理可以按照组织既有的沟通渠道或异常升级流程来寻求与更高层领导沟通的机会。

2.8 项目之成本管理方法详解

项目的成本管理是项目管理中最重要的部分之一,旨在确保项目在批准的预算内完成。大部分项目的失败是由于项目超支所造成的,因此项目的成本管理是非常具有挑战性的。《PMBOK®指南》提出的挣值管理工具是项目成本管控的一种重要手段,但在实际项目中由于挣值的概念和管理手段难以被大部分项目相关方所熟悉并灵活运用,因此在实际项目管理过程中的应用还是非常有限。下面我们以一个典型的应用开发项目的工作分解结构(WBS)来进行说明,表2.12所示的WBS,第一列显示需要完成的工作任务或活动名称,第二列显示相应的产出物或交付物名称。

表 2.12 需求及概要设计阶段的 WBS 列表

工作任务或活动名称	产出物或交付物名称
1. 项目需求分析	
(1) 提供现有需要集成的系统技术文档	系统技术文档清单及附件
(2) 和关键相关方一起确定用户数量	
(3) 和关键相关方一起确定内容存储格式及大小	
(4) 根据访谈计划,预约访谈对象(包括内部用户和外部用户)的时间和访谈场所	
(5) 关键相关方提供配合项目必要的信息	
(6) 指派人员全程参与调研与访谈的过程	
(7) 协助关键相关方绘制用于需求分析的业务流程图	
(8) 建立项目的需求管理流程,建立相关文档的模板,确定文档标准	

续表2.12

工作任务或活动名称	产出物或交付物名称
(9)深入理解客户对建立某系统的总体期望和愿景,搜集业务用户对某业务功能需求和技术需求	
(10)梳理某系统的功能性需求	
(11)梳理某系统的非功能性需求	
(12)制定业务功能定义说明书和非功能性需求说明书	
(13)完成需求规格说明书	某系统需求规格说明书
(14)评审需求规格说明书	某系统需求规格说明书确认报告
(15)确认完成需求分析阶段里程碑	
2.项目概要设计	
(1)安排业务及技术相关方在计划时间内的沟通	
(2)与关键相关方一起论证某系统的概要设计内容	
(3)对某系统按功能进行模块划分,建立模块的层次结构及调用关系,确定模块间的接口及人机界面	
(4)对某系统的数据结构进行设计,包括数据特征的描述、确定数据的结构特性,以及数据库的设计	
(5)完成概要设计说明书	某系统概要设计说明书
(6)评审概要设计说明书	某系统概要设计说明书确认报告
(7)完成系统架构设计说明书	某系统架构设计说明书
(8)完成开发规范说明书	某系统开发规范说明书
(9)完成业务功能数据梳理文档	某系统业务功能数据梳理说明书
(10)确认完成概要设计阶段里程碑	

项目产出物或交付物是大多数项目的阶段里程碑的完成标志,因此该实例将会以项目工作包所对应的产出物或交付物的完成视为该项目工作包挣值的获得,即相应的工作包所对应的工作量的完成,具体针对项目产出物或交付物的有效记录和管理显得非常重要。

由于项目工作包的产出物或交付物的实际完成比例可能会影响到具体挣值的计算,一种算法是完成50%的产出物或交付物可视为完成该工作包50%的挣值。这无疑增加了工作包所对应挣值的获取难度,为了简单起见,在实际的项目成本管理过程中我们会采用0~100原则,即只有具体项目工作包所对应的产出物或交付物100%完成后才记录该工作包所对应挣值的获得,在此之前该工作包所对应的挣值为0。现将表2.12所示的项目产出物或交付物进行梳理,可以参考表2.13进行过程记录和状态跟踪。

表2.13 产出物或交付物跟踪表

产出物或交付物名称	起始日期	结束日期	评审日期	通过日期	文档负责人
项目需求分析阶段					
某系统需求规格说明书	2020-01-01	2020-01-05	2020-01-07	2020-01-08	张三
项目概要设计阶段					
某系统概要设计说明书	2020-02-06	2020-02-10	2020-02-12	2020-02-15	李四
某系统架构设计说明书	2020-02-17				李四
某系统开发规范说明书	2020-02-18				王五
某系统业务功能数据梳理说明书	2020-02-27				王五

结合表2.13所提供的原始数据,通过微软办公自动化的电子表格清晰跟踪项目产出物或交付物完成的情况,以便对项目成本的估算以及资源投放的优化及时做出决策。表2.14中,由于项目需求分析阶段的产出物或交付物已经完成,需求分析工作包所对应的挣值为100%获得,而项目概要设计阶段所需要完成的4个产出物或交付物只完成了1个,因此概要设计工作包的挣值为25%获得。目前在表2.14中项目产出物或交付物所对应的挣值数量的权重并没有什么不同,由于在实际的项目中不同产出物或交付物所对应的工作量应该是不同的,因此在后期应用此表格的时候可以针对不同工作包及其产出物或交付物所对应的挣值数量预先进行权重设置,具体权重的设置规则可以根据不同行业的项目需要而定。

表 2.14 产出物或交付物跟踪表

产出物或 交付物名称	数量						比例			
	总数	未启动	正在编写/开发	已完成编写/开发	已完成评审	已通过确认	正在编写/开发	已完成编写/开发	已评审	已通过
某项目	20	16	3	2	2	2	15%	10%	10%	10%
项目需求分析阶段	1	0	0	1	0	1		100%	100%	100%
某系统需求规格说明书						1				
项目概要设计阶段	4	0	0	1	1	1	75%	25%	25%	25%
某系统概要设计说明书						1				
某系统架构设计说明书			1							
某系统开发规范说明书			1							
某系统业务功能数据梳理说明书			1							

结合表 2.14 的原始数据,我们可以进一步通过挣值理论得到当前项目的绩效指标。表 2.15 是一个基于挣值的项目绩效指标表的样例。

表 2.15 基于挣值的项目绩效指标表

阶段	交付物数量	已完成数量	挣值百分比/%	进度绩效指数(SPI)	成本绩效指数(CPI)
项目需求分析	1	1	100	1.0	0.5
项目概要设计	4	1	25		
项目详细设计	3	0	0		

续表2.15

阶段	交付物数量	已完成数量	挣值百分比/%	进度绩效指数（SPI）	成本绩效指数（CPI）
应用系统开发	2	0	0		
系统集成测试	5	0	0		
系统上线联调	5	0	0		
总数	20	2	10		

通过表2.15可以看出，项目所需要完成的交付物总量为20个，当前完成数量为2个，因此累计工作量完成的百分比为10%。将工作量完成百分比乘以项目的完工预算（BAC），则可以简单得出当前项目的挣值（EV）。例如，如果项目的完工预算为100万，那么10%的比例意味着当前获得的挣值EV为10万，同时可以横向比较项目当前的应收账款是否已经达到或超过这个数字，来以此评价项目的当前健康状况。

同时，我们也可以结合项目管理计划来计算出项目各阶段的进度绩效指数（SPI）和成本绩效指数（CPI）。例如，假设实际完成需求分析阶段的产出物或交付物所花费的项目预算为20%，即已经用去项目20%的成本。如果项目的整体预算是100万，目前实际花费成本（AC）是20万，那么根据CPI的公式，CPI = EV/AC = 10/20，即CPI的值为0.5，即实际成本与挣值相比存在超支的情况。通过以上简易的挣值计算办法来管理项目的成本，可以提前识别项目进度落后或成本超支的风险，对项目资源进行及时优化以达到提高组织项目管理成功率的目的。

2.9 项目之质量管理方法详解

质量管理故事

在一次国际计算机展览会上，比尔·盖茨说："如果通用汽车公司以像计算机那样的速度更新技术，那么我们都将会驾驶价值25美元的汽车，此车每升汽油可行驶10公里。"

第 2 章　经典的项目管理方法论

通用汽车公司回应称:"如果通用汽车像微软一样开发汽车技术,我们的汽车会有如下特征:

(1)没有任何理由,你的车可能会一天坏两次;

(2)每次路面上的线重刷,你就不得不买一辆新车;

(3)偶尔,你的汽车会在高速公路上罢工,你不得不接受这个现实,重启然后继续开;

(4)偶尔,做某个动作,如左转弯,会使汽车停止运转,并拒绝重启,在这种情况下,你不得不重装发动机;

(5)气囊系统重启前会询问:你确定吗?

(6)要停止发动机,你需要按'开始'键!"

上面的故事充分说明制造业的质量标准与 IT 业不可同日而语,《PMBOK®指南》针对质量管理的理念就是来自制造业的。项目的质量管理在制造业乃至 IT 行业等诸多领域都非常重视,因为项目在不同行业主要交付的产品或服务都要确保达到客户预期的质量要求,这也是评价一个项目是否成功的关键绩效指标。针对软件或系统开发的项目来说,在多数情况下质量管理的问题会暴露在软件或系统产品的质量上,不仅造成质量低下,也会降低软件或系统研发的效率,并提升后期运维的成本与不确定性。

首先,我们谈谈质量的定义。国际标准化组织 ISO 在其制定的 ISO9000 标准定义质量为"产品、服务或成果满足客户规定和潜在需要能力的特性的总和"。从项目交付的产品来讲就需要满足交付给客户的产品既满足产品的功能性需求,又满足产品的非功能性需求。产品的功能性需求即产品的功能点或产品界面中菜单项所需实现的具体功能,而非功能需求是指产品的可用性、易用性、性能、可扩展性和安全合规性等指标的达成,更多的是从产品的体验角度来满足的。质量管理学家朱兰直接把质量定义为符合要求和适合使用,以言简意赅的方式道出质量的真谛,即产品只有符合要求并有使用价值,才能使客户满意。

其次,我们需要了解质量的一些重要理念。在项目管理过程中应该尽量地避免镀金,镀金往往是为了达到项目验收的目的额外给客户交付了项目范围之外的工作或成果。这无形中增加了项目交付组织的成本和资源的无效利用等多方面的问题。管理学大师克劳士比有"第一次就把事情做对和零缺陷"和"预防胜于检查"等名言。另一位管理学大师戴明提出

PDCA 的戴明环思想也一直在指导近现代的管理工作,即凡事先计划、再做、再检查,如果发现问题,就进一步修订和改进提高。目前,质量管理理论体系强调全产品或服务生命周期的度量和质量管理,即全面质量管理和全员参与质量管理。并且,戴明提出如果发生质量问题,管理层要负 85% 的责任,员工或执行层只负 15% 的责任,这就是通常所说的 85/15 原则。因为管理层负责质量文化的打造、流程规范的制定和执行过程的管控,而执行层只是按照管理层设定的规则执行。

最后,我们再来看看质量管理一般通过哪些方面来考量,通常有如下三个主要方面:

1. 做好质量控制

如果是软件产品的交付,主要是指软件测试。如果组织重视质量,首先就需要关心质量,了解质量的当前状态。了解质量状态,就需要通过软件测试来获得,也就是做好测试,从而把好质量关,确保只有合格的产品才能交付给客户。具体做好软件测试的方法包括:

(1)测试人员需要了解软件需求的层次,从用户角度出发,深刻理解需求。

(2)规范测试流程,明确软件测试的充分性准则,并达成测试的充分性,如保证 1 个用户用例(User Case)至少要包括 4~6 个测试用例(Test Case),整体的测试用例所对应的代码行覆盖应该是全部待测代码的 80% 以上的准则要求。

(3)在有限的测试资源的情况下,善用有效的测试工具和测试方法如组合测试法、正交实验法、分类树法、回归测试和探索式测试等来提高工作效率。具体以回归测试为例说明。回归测试是指修改了旧代码后,重新进行测试以确认修改没有引入新的错误或导致其他代码产生错误。回归测试的范围一般是用户常用的功能,或测试人员凭借以往的测试经验确定回归测试的测试范围。

(4)让最终用户或业务人员参与测试,并对测试中得到的缺陷进行全生命周期的管理,即加强缺陷的监控、跟踪、评审和分析。主要的实用工具包括鱼骨图(Fishbone Diagram)、帕累托图(Pareto Diagram)、5 个 Why 分析和控制图等。5 个 Why 分析也是项目问题管理和分析的工具,将在本书的项目问题管理浅析章节中进一步举例说明。

针对软件测试用例,评审的检查要点有哪些?

建议参考答案如下:

(1)在设计测试用例前,是否先画好了系统上下文图、UML类关系图、时序图、状态图或数据流程图等?

(2)测试用例的结构层次清晰合理吗?

(3)软件需求的所有功能点是否都有对应的正常功能用例?

(4)每个正常用例是否都有对应的异常用例?

(5)测试用例是否覆盖了所有已知的边界值,如空值、特殊字符和错误操作等?

(6)测试用例是否覆盖了输入条件的各种组合情况?

(7)测试用例是否覆盖了各种安全性问题的检测?

(8)测试用例是否覆盖了负载均衡和HA高可用切换的测试?

(9)是否考虑了接口和数据的兼容性测试?

(10)是否考虑了关联功能的测试用例? 例如,用户修改了自己的邮箱地址,那么提醒、报告等是否会发送到新的邮箱地址?

如何证明软件测试是充分的?

建议参考答案如下:

(1)测试路径所对应的代码行覆盖率的百分比,最好达到80%,甚至是90%以上。

(2)平均一个软件功能点的 User Case 至少有几个(4~6)Test Case。

(3)测试数据的边界需要有不同的覆盖。例如,利用业务流程图来判断业务流程和数据是否完全覆盖。

(4)评审通过后的测试计划中要求的非功能性需求的测试都需要做。例如,软件压力测试和并发测试等。

(5)考虑测试功能点的级别,并做到充分的回归测试。回归测试的测试范围选取的原则可以是测试用户常用的功能或测试人员凭经验制定回归测试的范围。

(6)基于历史数据,平均每千行代码的 Bug 发现的数量进行比较分析,比如平均1 000行代码有2个Bug,那么2万行代码应该找到40个Bug。

(7)测试验收标准的明确性和可衡量性,这在需求和设计文档中需要有明确的规定。

(8)建立独立审查开发和测试结果的机制,比如 PMO 或第三方执行独立审查,确保测试的充分性。

2. 将质量构建在整个生命周期中

对于一个产品研发的项目来说,质量是需要在产品研发的全生命周期中进行构建的,即所谓的全生命周期的质量管理。从需求分析阶段开始构建软件产品质量,充分挖掘用户的深层次需求,加强产品在市场或同一领域的竞品分析。另外,需要建立相关的评审标准和规范,避免评审走过场。比如组织需要提前明确需求和设计评审的规范及评审 Checklist 和评审通过的标准,确定编码的标准和规范,以及持续推进验证与测试流程和代码评审制度的落地实施等。在验证与测试流程中强调产品全生命周期的验证与测试,尤其是验证环节。该流程鼓励测试人员从产品需求分析阶段就介入,并对整个生命周期的各个阶段或环节进行验证。

如何避免评审走过场?评审的结束标志是什么?

建议参考答案如下:

(1)评审之前准备充分,并提前 1 周发给与会人员待评审的资料,确保与会人员有时间提前看完资料并带着问题来。

(2)待审文档齐备包括评审规范和评审标准(怎样算通过和怎样算没有通过),最好有评审的 Checklist。

(3)会议参与角色全面,该来的相关角色一定要来,如项目经理、产品经理、测试经理和销售等。

(4)可以根据组织的历史评审情况,规定平均每页需求或设计文档需要找出问题的最少个数,如需求文档正文中每页都需要找到 1 个问题,需要发现足够多的问题。

(5)与会人员提出的疑问都需要有最终解决的方式,这也是阶段评审的结束标志。

(6) 会议一定要有结果或决议,并需要参会人员确认并签字。

(7) 凡是涉及需求和设计文档中内容描述模糊的地方,需要具体分析其所对应的业务场景和流程,做到进一步清晰细化,确保内容的一致性和完整性。

(8) 讨论结果或决议需要认真落实,对大家共识的问题需要有直接负责人跟进,并设置目标完成时间和检查方法。

(9) 如果评审的问题过多,按照评审标准,达到二次评审提交时需要进行二次评审。

(10) 针对设计评审,还需要考虑非功能性需求是否都在设计上有所体现,并有多个可选设计方案进行比较和分析。同时,需要在设计评审上进一步论证方案中的假设或约束条件是否还存在。

(11) 最终评审报告需要签字,报告内需要对需求进行偏差分析或对设计上的重大缺陷进行论证,必要时需要最终和客户确认。这也是最终评审的结束标志。

3. 构建有效的质量管理体系

《PMBOK®指南》专门把质量管理作为一个知识领域来具体阐述,具体包括如何规划质量管理、实施质量保证(QA)和控制质量(QC)等内容。规划质量管理的主要产出物是质量管理计划,质量管理计划列出应该如何遵守既定的质量方针、标准及遵照的程序,以及项目交付物的评判标准等。实施质量保证更多的是强调质量过程的管控,审核质量要求和质量测量结果在执行中的合规性,必要时发起质量审计等相关工作。控制质量更多的是核实项目可交付成果的正确性,是以结果为导向的,考虑用什么质量测试工具和方法(如分类树法)产生质量控制测量结果和评估项目绩效何时没有达到要求,必要时采取相应的纠正措施。

质量保证(QA)和控制质量(QC)的职责有何不同?

建议参考答案如下:

质量保证(QA)职责:

(1) 在项目启动阶段:定义产品质量指标,参与项目立项评审。

(2) 在项目规划阶段:编制质量管理计划,并参与计划评审。

(3)在需求分析阶段:发起需求评审。

(4)在架构设计阶段:发起设计评审。

(5)在软件编码阶段:协助发起代码评审。

(6)在软件测试阶段:发起软件产品测试用例评审。

(7)在软件产品上线阶段:发起软件产品质量评估和审计。

质量控制(QC)职责:

(1)在项目计划阶段:编写测试计划和测试用例。

(2)在需求分析阶段:参与需求评审,分析测试需求的可行性和完整性。

(3)在架构设计阶段:参与设计评审,设计测试用例。

(4)在软件编码阶段:协助发起单元测试。

(5)在软件测试阶段:发起集成(组合)测试、系统测试、性能测试和回归测试等。

(6)在软件产品上线阶段:发起软件产品内部接收测试和用户验收测试(UAT)。

企业或组织可以基于《PMBOK®指南》中提到的参考实践在其内部构建有效的质量管理体系。质量管理体系的打造一般会包括质量管理框架、制度和流程的建立;组织内部质量管控岗位和职责的设立;针对质量管理绩效指标的审查;先进质量测量工具的运用(如LoadRunner和SonarQube)等。我们可以把软件开发成熟度模型CMM或CMMI看作一套成熟的质量管理体系,在质量管理体系的框架下,质量管理者需要做好日常的质量测试、典型缺陷案例分析和质量绩效评价等活动。目前比较流行的IT服务管理体系和最佳实践ITIL是从服务的全生命周期的角度对质量管理体系的诠释。未来可以想见,企业或组织在打造其自身的质量管理体系过程中需要通过对CMM和ITIL理论的内容融合和流程裁剪得以具体实现。

更多的质量管理体系来自ISO9000,ISO9000主要来自制造业的实践总结。比如质量管理的5S方法。5S管理方法起源于日本,是指在生产作业现场对人员、机器、材料、方法等生产要素进行有效的管理。5S管理不仅对工业生产现场管理很有效,对于工作和个人生活也是非常有效的。5S管理法包括五个方面,即整理、整顿、清扫、清洁和习惯,从字面上基本就可以看出要如何行动。5S管理法是一种实践型的方法,没有捷径,只能脚踏实地地去做,去改进自己的工作和生活才有效。5S管理法对于工厂而言是一种长期投资,并形成文化;而对个人来说,则可以立即见效,形成习惯以后,也是极简主义生活的一项有益实践,让工作有序,提高效率,提高生活价值。

整理是整理空间,整顿是整理时间,清扫、清洁是让个人用品保持清洁,最后形成习惯。虽然大多数的时候,我们的桌面是杂乱的,但我们还是能很快能找到所需要的文件,因为这是一种隐藏的秩序。如果我们做到更有序,是不是能找得更快一些?桌面虽然可以乱,但是一定要保持干净,如果有很多灰尘、橡皮屑,是不是仍然感觉到工作不舒适?所以我们最好让工作桌面尽量保持有序。例如,利用文件夹或文件盒将不同文件分类存放,加上标签,是一种非常好的习惯。关于桌面内容的摆放,根据个人的喜好,摆放能让自己愉快的东西就好。除了这些,如果有固定办公座位,建议在座位的搁板上张贴三张纸:第一,工作常用电话号码;第二,项目目标;第三,鼓励自己的一些话。

针对文件的5S管理也有一些技巧。很多人的计算机桌面存放超过30个文件,远看都是密密麻麻的,这并不是一种很高效的工作方式。桌面上的文件最多不超过五个即当天使用的文件,其他都要及时进行整理。利用文件目录的方式进行整理,把"要"和"不要"的文件进行归档。所谓"要"和"不要",是根据时间性来决定的,每天使用的文件肯定要放到容易读取的地方,每年用的文件基本就可以存放起来。在工作过程中,每天使用的文件没有那么多,趁着对文件的熟悉每天用几分钟将文件略微整理,分类存放,会极大地提高工作效率。此外,每天整理文件,还能有效避免文件的重复,最后不知道哪个文件版本是有用的。

我们很少在个人文件的管理中采用配置管理系统进行版本控制,首先按照项目阶段、软件工程、生活方式的知识类别建立目录。例如,文件的目录包括立项、计划、执行和结束四大类,然后再是合同、会议、报告、需求、设计、开发、测试、验收等分类管理。这取决于项目的复杂度,总之,是方便项目跟踪的。文件整理以后,很清楚这个文件是在哪个阶段使用的。如果文件属于时间轴类型的,用"日期 – 文件名"的方式进行存放,例如"YYYY – MM – DD – 项目会议纪要"。如果是方案类的,则用"文件名 + 日期"的方式进行存放,如"项目方案 – YYYY – MM – DD"。如果同一天有不同的文件版本,则用"文件名 – 日期 – 时间"的方式进行升级,这样容易避免使用 V1、V2 这种不清晰的方式,更能避免"终版""终终版"这样的问题。最后,我们只保留最后一个时间和日期的文件就够了。以上例子看似简单,其实很不容易养成这个习惯。另外,当有人需要你来帮助提供某个文件时,很容易快速定位。

现在有很多管理工具来管理文档。例如,OneNote 等。与将文件直接存放到计算机里相比,也可以采用云形式的存储和保存。还可以采用文档数据库的方式,做好备份。无论哪一种,自己习惯就好。有人采用 rtf 多媒体格式+移动硬盘备份的方式保存文档,利用计算机的操作系统全文检索功能查询文件,效率也非常高。

当文件有序以后,让工作的过程变成极简生活的组成部分。为生活做减法,利用清扫清洁个人文件的方式,不断对自己的文件做减法,当文件阅读完毕,或写完心得,这个文件的价值就没有那么大了,或共享给他人,或直接删除。如果这样的文件还存放在计算机中,不知道下一次打开会是在什么时候。文件多了,文件不好找了,都是无法创造愉快个人工作和生活环境的原因。

2.10 项目之风险管理方法详解

项目具有临时性和独特性的特点,所以在项目管理过程中必然存在风险和不确定的可能。风险是一种不确定事件或状态,一旦发生会对项目的一个关键目标(如范围、时间、成本和质量)产生影响。我们通常使用风险管理计划来预先管控风险,风险管理计划主要包括以下几点:

(1)识别并处理在项目中的每一个风险,在项目进行的任何时候,都可以对这些风险进行状态跟踪。

(2)对已经识别的风险进行正确的风险分类和风险优先级评估。

(3)确保每个识别出来的风险都有必要的应对计划措施,以及执行应对计划措施的责任人。

(4)根据风险管理计划,对出现的风险进行及时和妥善的应对。

(5)为项目管理提供完整的风险状态数据。

1. 风险识别

识别和捕捉可能影响项目进展的风险。风险可以是项目第一次使用某种新技术或关键的项目资源不到位。一个风险可能由多个风险因素产生,一个风险也可能造成多个可能结果。因此,通常用"因为……,如果……,可能会造成……"的句型来描述风险。我们可以用以下这段话来描述上面的例子:"因为项目第一次使用某项新技术,如果采用这种技术比预期估计的困难,可能会造成项目延期。"我们通常会用风险日志或风险登记册把已经识别到的风险记录下来。

2. 风险分类

有效的风险识别是建立在正确的风险分类的基础上的。风险可以基于企业既定的风险分解结构(RBS)来分类。风险分解结构可以是一种组织过程资产,它系统化并清晰地记录了项目可能发生的风险大类和子类。准确的风险分类可以帮助我们更好地制定风险应对计划以及分配合适的资源处理风险。企业或组织可以持续对已发生的风险和应对进行总结,提高自身面对风险管理的处理经验和管理水平。图2.5列举的是《PMBOK®指南》中比较经典的风险分解结构,项目执行组织应该有适合自身的风险分解结构,成熟的风险分解结构不仅仅是组织的过程资产,也侧面体现出一个企业或组织的风险识别能力。

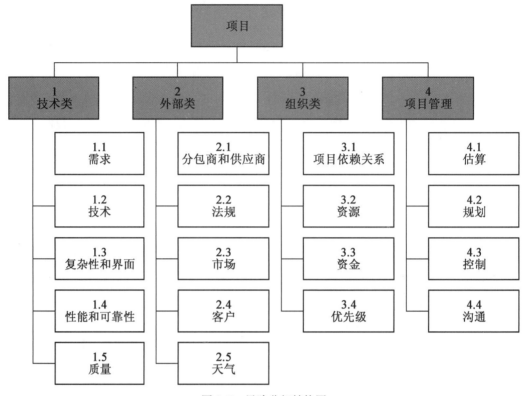

图 2.5 风险分解结构图

3. 风险评级

除了对已经识别的风险进行正确分类之外,组织应当从风险的影响级别和发生的可能性两个方面进行进一步分析,并得出精准的风险评级。精准的风险评级是制定正确的风险应对计划的基础,表 2.16 提供了一个风险评级参照表样例。

表 2.16　风险评级参照表

参数值	描述
影响级别（时间、成本或质量）	
高	对项目整体的时间、成本或质量产生了较大的影响
中	对项目的多个活动的时间、成本或质量产生了较大的影响，或对项目整体的时间、成本或质量产生了一般的影响
低	对项目的多个活动的时间、成本或质量产生了一般的影响，或对项目整体的时间、成本或质量产生了有限的影响
可能性（概率）	
高	风险发生的可能性很高
中	风险发生的可能性一般
低	风险发生的可能性比较低
风险评级（可根据影响级别和可能性计算得出）	
高	影响级别和可能性两者都为高，即为高，或项目管理办公室一致认为是高的风险评级
中	影响级别和可能性其中任何一个参数为高，另一个参数为中，即为中，或项目管理办公室一致认为是中的风险评级
低	影响级别和可能性两者都为低，即为低，或项目管理办公室一致认为是低的风险评级

4. 风险应对措施

具体风险的应对措施可以归纳为以下四种，分别为规避、转移、减轻（降低）和接受。以下是《PMBOK®指南》对具体应对措施的解释。

（1）规避风险：消除风险（的成因）或产生风险的条件，或保护项目目标不受风险影响，可以通过澄清要求、获得信息、改善沟通或获得专门技术来规避风险，也可以通过减小范围以避免高风险活动，延长进度或增加资源，采用熟悉的方法而不使用创新的方法，或避免使用不熟悉的分包商的方式来规避和消除风险。

(2) 转移风险：把风险的后果与应对措施的所有权一起转移给第三方，但转移风险并不意味着消除风险。一般的做法包括通过保险、履约保函、担保书和保证书，签订合同或协议是转移职责的常用做法。

(3) 减轻(降低)风险：尽早采取措施来降低风险发生的概率及其对项目的影响，比在风险发生后尽力修复它的后果要有效得多。例如，可以通过使用成熟技术来降低成本或进度风险，或采用不太复杂的流程，进行更多的测试，或者选用更可靠的供应商。汽车中的安全气囊就是日常生活中常见的减轻风险的一种手段。

(4) 接受风险：当项目团队已经决定不改变项目管理计划或没有能力识别任何其他适合的应对策略的时候会采取这种应对风险方法。主要有两种方法：一种是通过主动的方法，例如建立应急储备；另一种是通过被动的方法，例如接受较低的利润。最常见的风险接受措施是为了应对已知风险，建立一项应急补助或储备，包括一定量的时间、资金或其他资源。

5. 风险责任人

每个待执行的风险应对计划或措施都需要有一个具体的风险责任人来处理，风险责任人的职责是否清晰对于风险的处理起到非常关键的作用。风险责任人对风险的跟进需要确保如下几点的落地实施。

(1) 确保所有的风险都有负责人负责监控和管理。

(2) 确保没有遗漏重大的风险。

(3) 确保充分有效利用项目组中的专业技能和经验。

(4) 确保应对风险的负责人具备合适的能力和知识，必要时组织还可以调度外部资源来应对这些风险。

在实际的项目风险管理过程中，我们通过如下问题来帮助指定正确的风险责任人。

(1) 谁可以处理该风险？

(2) 谁拥有合适的资源和权限来为该风险分配资源？

(3) 谁为该风险负责任？

(4) 谁有时间来管理该风险？

第 2 章　经典的项目管理方法论

(5)谁有能力执行风险应对计划？

在日常的项目管理过程中,会存在许多不同的风险管理方式,本书将介绍比较具有实操性的风险管理方法,大家可以结合实际企业的管理规范以及所在行业的项目管理要求进行优化或裁减。

项目的风险可以基于一个清晰明确的流程来管理和执行,我们可以理解为一个风险管控流程。这个流程主要关注周期性的风险评估,以达到更好地控制这些风险的目的。一旦项目的制约因素或假设条件发生变化,风险可能就会随时被触发,相应的风险应对计划或措施也会被触发。当有新的风险被识别和旧的风险不复存在的时候,风险管理计划及风险应对计划也会被及时更新。

图 2.6 是项目风险管理的流程图。当风险没有影响到项目管理基准的变更时,通常可以基于此流程进行风险管控,如果风险触发项目管理基准的变更,风险应对措施就需要升级到更高级别的管理层来审批决定,必要时调用项目的管理储备。项目管理的基准一般包括范围基准、进度基准和成本基准,通常在最初被批准的项目管理计划中就已经被确定下来。

图 2.6 的项目风险流程主要关注风险的动态跟踪,确保风险记录的完整性和可被跟踪性。该流程图的画法类似泳道图,即通过竖线把不同的内容分开,我们可以看到第一列为触发条件,即触发相应步骤的条件;第二列为步骤顺序,即提供流程活动步骤的顺序编号;第三列为行动,即流程的具体活动(用矩形表示部分)以及相关风险评估结果的文档或表格(用椭圆形表示部分);第四列为其他流程,即和其他流程的接口部分,获得其他项目管理流程或过程的输入,抑或将更新后的风险管控文档输出给其他项目管理流程或过程。

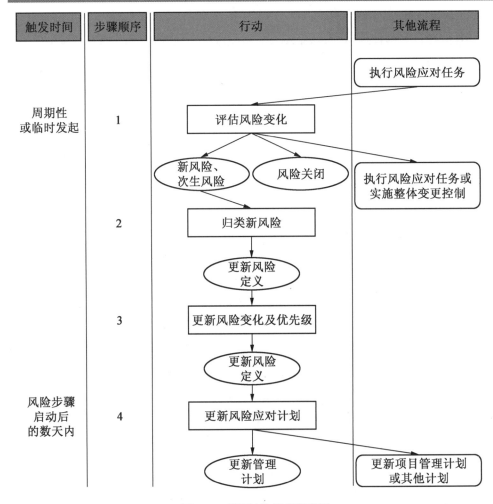

图 2.6 项目风险管理流程图

流程是通过具体的角色来执行的,每个角色会承担特定的职责。表 2.17 风险权责矩阵表是执行项目风险管理流程活动的具体角色和职责的举例,我们可以通过如下内容体会在项目风险管理过程中流程活动和具体的角色职责是如何相互映射的。

第 2 章 经典的项目管理方法论

表 2.17 风险权责矩阵表

步骤顺序	角色	职责
		周期性或临时发起
1	项目经理	评估已触发的风险应对计划或措施的有效性,是否能够有效应对风险 如果风险很可能会变成问题或已经达到需要采取应对措施的程度,在与相关方达成一致的情况下及时启动风险应对行动 获取相关方的认可,关闭那些不再对项目存在可能影响的风险清单
	相关方	识别新的风险或次生风险
2	项目经理	根据既定的风险类别对新的风险或次生风险进行归类
3	项目经理	重新评估已识别风险的可能变化情况,并做妥善的记录 重新对风险进行评级,并做优先级的调整
		风险步骤启动后数天内
4	项目经理	针对新识别的风险更新风险应对计划和风险应对措施 如果需要更新风险管理计划,再获取相关方的认可或进行风险管理计划及其他相关管理计划的更新

以上的流程角色可以由企业或组织内部具体的人员来担任,在流程设计文档中可以通过相关信息表来记录具体担当角色的人员姓名和来自的部门。另外,为了清晰定义流程活动或步骤的具体更新要求,我们可以通过流程活动状态更新说明表来具体定义,具体样例见表 2.18。

表 2.18 流程活动状态更新说明表

步骤(活动)顺序	可能涉及的更新
1	对于需要关闭的风险,获取相关方的许可,并更新: 风险处理状态 评估历史 对风险进行持续识别: 加入新识别风险的相关信息

续表 2.18

步骤（活动）顺序	可能涉及的更新
2	对新识别风险进行归类，更新风险描述，移除重复的风险，并更新： 风险处理状态 评估历史
3	根据风险的评估信息，并更新： 风险优先级 评估历史
4	对风险应对行动做总结，并更新所有相关的风险信息，包括风险应对计划和项目管理计划等

最后，为了确保风险管理流程和相应的产出物能被有效地执行和校验，企业或组织通常还需要建立风险管理制度，即为项目组提供可以用来检验风险管理流程实施有效性的检验标准。当然，有效性验证标准或规则需要视具体的项目情况来制定。为使大家对风险管理制度的内容有一个更加感性的认识，现举一些常规的制度规则如下：

（1）所有的项目风险需要被完整地定义清楚；

（2）对于任何风险的状态变化进行清晰的记录和沟通；

（3）周期性地对所有的风险和风险应对计划或措施的有效性进行验证；

（4）在项目状态报告或周期性报告中展现完整的风险状态信息；

（5）所有转变为问题的风险需要被清晰地记录下来；

（6）检查所有风险应对计划或措施被有效执行并妥善记录；

（7）对风险管理计划的变更审批有清晰的记录；

（8）对风险登记册中的风险状态变更有清晰的记录。

2.11 项目之采购管理方法详解

项目采购管理是指项目执行组织为了满足项目的需要而从外部获取必要的产品、服务或成果的过程。采购一般都是通过竞争性的招标来实现的。甲方组织通过拟订采购管理计划来确定招标需要,并编制招标文件和评标标准。招标信息可以发布到公示的网站上,潜在的乙方供应商通过购买招标文件并按照要求编制投标文件,进行投标。甲方和中标的乙方签订合同,通过对合同进行管理来确保双方合理履行合同的义务,必要时通过诉诸法律来解决纠纷和遗留的问题。

因此,为项目选择合适的供应商是项目采购管理中非常重要的一环。选择合适的供应商,并且对供应商在执行合同的过程中进行有效的绩效管控,对于整体项目的成功起着至关重要的作用。

供应商一般可以分成如下三类:

(1)人力资源提供者:简单地为项目提供人力,并参与项目交付工作。

(2)下包:负责完成项目中的一个或多个工作包的实施,如负责独立完成某个软件系统或模块的开发工作。

(3)厂商:提供业界标准的产品或服务。

另外,从供应商来源的角度分,供应商可能是来自负责承建项目的供应商企业内部,也可能是来自项目执行组织的内部,还可能是除此之外的外部独立的公司,即第三方供应商。

每个项目执行组织的采购管理方式和流程可能不同,流程的复杂程度取决于企业规模的大小。为了使大家对采购管理流程有一个感性的认识,现列举一个标准的项目采购管理流程图,如图2.7所示。该流程图还特别标注了具体活动所对应的《PMBOK®指南》中的采购过程或阶段,以方便大家理解和比较。当然,项目执行组织可以根据具体项目的实际情况对项目采购流程图中的活动进行裁剪。

在图2.7项目采购管理流程中,选择供应商和评估供应商质量所对应的活动评价标准显得非常重要,但是往往项目执行组织缺乏这方面的有效的组织过程资产。本书将提供针对如上两个关键活动的实际参考模板。

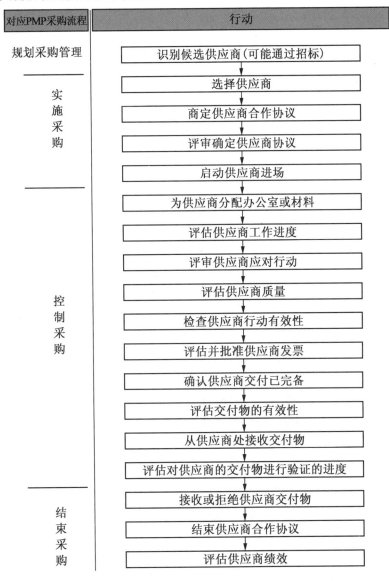

图2.7 项目采购管理流程图

对供应商进行最终选择前需要准备好清晰的供应商选择流程和评估标准。针对选择供应商的流程活动,项目执行组织可以参考表 2.19 的通用供应商选择办法,并根据企业自身具体情况建立切合的供应商选择流程和办法。

表 2.19 供应商选择办法

内容	描述
初步选择办法	
选择流程	为潜在的供应商公告招标流程
选择标准	描述供应商可以进入候选供应商列表的最低要求
候选供应商	初步确定的候选供应商列表
最终选择办法	
选择流程	为初步确定的候选供应商公告评估流程
供应商评估标准	用来评估每个供应商交付所需提供的产品或服务的能力
产品/服务评估标准	用来评估每个供应商所交付的产品或服务的技术评测指标
评估结果	根据评估标准对每个供应商建议的产品或服务进行评估,并梳理出评估结果。对每个供应商强弱项的评估结论和量化打分结果
推荐供应商	描述最终选择的供应商名称,供应商将会交付的产品或服务的细节,以及选择的原因等

针对评估供应商质量的流程活动,项目执行组织可以在项目的交付过程中,将供应商交付产品或服务的质量,以及供应商绩效考核的结果反馈给采购部门,为采购部门在未来识别和选择供应商时提供真实而有效的输入。与供应商过往的合作记录和供应商的绩效信息应该被妥善地记录,对供应商交付质量做公平和公正的评价。我们可以通过表 2.20 对供应商进行有效的评估和管理。

表 2.20 供应商交付质量评估办法

内容	描述
交付物质量	描述已交付的交付物的质量
文档质量	描述已交付的文档的质量
及时性	记录交付物能否根据计划按时交付,如果出现交付延期,有无提供合适的通知来确保只会对计划造成很小的影响
性价比	记录对已交付的交付物的投资收益的评测,如果合适提供计算公式
人员的技能和经验	根据技能评估表描述记录人员的强项和弱项,识别其对交付物的影响
灵活性和响应	描述供应商是否能够提供多种不同的解决方案,响应是否及时到位
沟通	供应商有无使用合适的方式来对提供的产品或服务进行沟通
项目管理	从项目管理的角度记录供应商的强项和弱项,需不需要额外的辅助,有没有及时清晰地反映项目的当前状态
综合管理	记录供应商在总体上的强项和弱项,有利于进一步修订供应商选择标准

第 3 章　敏捷项目管理方法论

3.1　敏捷概论

3.1.1　敏捷导入

经典实践的项目管理方法论的范围管理和进度管理越来越被敏捷实践所取代。敏捷项目管理有别于经典的基于 PMBOK 或 PRINCE2 的项目管理模式,敏捷项目更加强调商业价值的尽早交付,项目团队的自组织或自管理,不断适应客户动态的需求变化,持续的优化项目产品和交付流程。所以敏捷强调价值、团队和适应性。

敏捷的思想来自 20 世纪 30 年代著名管理学大师休哈特的计划—执行—学习—行动(PDSA)的质量管理方针,此方针为我们耳熟能详的戴明环(PDCA,P—计划、D—执行、C—检查、A—行动)由来的依据,可见敏捷是一种非常典型的质量管理思想,它和经典项目实践有着同宗同种的来源。因为 PMP 的基本思想也是凡事先计划再做再检查和修正,不断 PD-CA 的过程,也是戴明环的落地实践。推动敏捷思想落地的组织是在 2001 年成立的敏捷联盟,它构建了敏捷宣言和敏捷原则等理论体系,敏捷宣言和敏捷原则共同打造了敏捷文化。

1. 敏捷宣言

我们比较熟知的敏捷宣言一共四条,敏捷宣言的解读如下:

敏捷宣言第一条:个体和互动高于流程和工具。

敏捷强调自管理,通过每天的站会、阶段冲刺(迭代)的评审会和冲刺(迭代)完成后的回顾会等形式,优化之前无效的流程和减少由于等待而浪费时间和资源的可能性。这些都充分体现敏捷强调沟通协作等特点。

敏捷宣言第二条：可工作软件高于详尽的文档。

敏捷强调持续交付和尽早的用户体验，文档够用就好。所谓够用就好就是无论有没有文档，所交付的产品质量都一样，那就不需要撰写那份详尽的文档。杜绝瀑布式反馈周期过长和直到拖到项目收尾时才交付最终产品所带来的不必要的风险积压。敏捷希望最好的需求、架构和设计应出自团队与客户的不断互动。团队成员应该是跨职能的，即每个人可以兼具需求分析、架构设计、开发和测试等能力。这样在文档不尽详细的情况下，可以通过自我的不断学习和技能突破来交付可工作的软件。

敏捷宣言第三条：客户合作高于合同谈判。

敏捷强调客户对产品开发工作的全程参与，通过紧密地与客户合作及时发现最有价值的产品特性，并优先开发，在需求交付方面与客户达成协同和共赢的局面。有价值的需求也是客户实现商业价值的根本保证，所以要与客户合作持续交付最有价值的内容，而不是对立的通过合同条款来约束所谓的买卖双方。

敏捷宣言第四条：响应变化高于遵循计划。

敏捷强调动态适应业务战略或市场需求的变化，允许在合理的成本控制下针对具体冲刺或迭代的内容改变。敏捷原则承认利用变更可以为客户创造更多的竞争优势，即尽早实现客户的市场或商业价值。针对这一条，敏捷比经典项目管理更加大胆。未来市场上的商业需求更加多变，更加强调每个用户个体需求的多样性，比如 C2F（客户的个性化需求直接和工厂的制造对接）的模式将会更加普遍，这正是敏捷项目管理的用武之地。敏捷需要有计划，但是不完全拘泥于计划，这一点是值得其他理论体系学习的。另外，在敏捷迭代开发过程中如果想临时添加额外待开发的任务，一般选择把优先级比较低的等量任务从本次迭代中移除，做到工作量的同等置换。因为团队在某次迭代的开发速率是一定的，速率就是团队整体的开发效率，每次迭代能够开发多少工作量是由团队自主决定的，这也体现了自组织团队的特点。

2. 敏捷原则

敏捷遵循的原则共十二条,我们提炼出关键的要点如下:

(1)我们最重要的目标,是通过持续不断地及早交付有价值的软件使客户满意。

关键要点:交付价值。

(2)欣然面对需求变化,即使在开发后期也一样。善于掌控变化,帮助客户获得竞争优势。

关键要点:拥抱变化。

(3)经常地交付可工作的软件,相隔几星期或一两个月,倾向于采取较短的周期。

关键要点:持续交付。

(4)业务人员和开发人员必须相互合作,项目中的每一天都不例外。

关键要点:合作。

(5)激发个体的斗志,以他们为核心搭建项目。提供他们所需的环境和支持,相信他们能够达成目标。

关键要点:人本思想。

(6)不论团队内外,传递信息效果最好、效率最高的方式是面对面的交谈。

关键要点:面对面沟通。

(7)可工作的软件是进度的首要度量标准。

关键要点:可工作软件。

(8)敏捷过程倡导可持续开发。责任人、开发人员和用户要能够共同维持其步调稳定延续。

关键要点:节奏。

(9)对技术精益求精,对设计不断完善,将提高敏捷能力。

关键要点:精益。

(10)以简洁为本,极力减少不必要的工作量。

关键要点:简洁。

(11)最好的架构、需求和设计出自于自组织的团队。

关键要点:自组织。

(12)团队定期地反思如何能提高成效,并依此调整团队的行为。

关键要点:自省。

3.1.2 敏捷方法论框架

1. Scrum

凡是遵循敏捷宣言和敏捷原则的敏捷方法会被敏捷联盟所接纳,并逐步成为普世的敏捷方法论。其中最为著名的就是一个称为 Scrum 的方法论,该方法论是由敏捷大师 Ken Schwaber 和 Jeff Sutherland 共同创造发明的。Scrum 一词来源于英式橄榄球运动中并列争球的动作,强调团队的全力以赴,以解决复杂难题,并创造性地交付尽可能高价值的产品。Scrum 同样适用于之前提到的敏捷宣言和基本原则,Scrum 作为一个成熟的框架体系也同样拥有自己的核心价值观,比如承诺、专注、开放、尊重和勇气等。这些价值观本质上体现了一种敏捷文化。

Scrum 是目前主流的敏捷技术,有超过 50% 的市场份额。敏捷方法论框架不是具体的工程技术,可以适用于很多行业,不仅仅是 IT 领域。

Scrum 是来自敏捷实践的经验之谈,采用一种迭代增量的方式来优化项目管理对未来的预测和管理风险。Scrum 由三大支柱组成,即透明(Transparency)、检验/检查(Inspection)和适应(Adaptation)。

透明性体现在通过产品待办(Product Backlog)、冲刺待办(Sprint Backlog)、燃尽图(Burn-down Chart)、燃起图(Burn-up Chart)来透明化项目状态,并且项目的障碍、风险和进展情况对所有的利益相关者透明。透明还体现在关键环节对关键相关方是显而易见的,比如大家对产品订单、用户故事工作就绪的准备(DOR)和工作已完成的定义(DOD)有统一的理解。以下是关于 DOR 和 DOD 的详细举例。DOR 为 Definition of Ready(直译为定义就绪,即需求内容已经准备好),而 DOD 为 Definition of Done(直译为定义完成,更多地关联某个环节工作已经完成)。DOR 可以认为是发起本轮冲刺的准入标准,DOR 可以认为是确定完成本轮冲刺的准出标准。

DOR 关联在每次冲刺开发前针对需求梳理所设置的质量验收标准。DOR 通常只需要针对产品待办事项列表中高优先级的需求进行,通常是准备能够满足两个冲刺的需求内容即可。DOD 关联冲刺开发后准备上线前所应具备的完成标准,也是产品负责人针对团队的冲刺增量的产出进行验收的最低验收标准。

为了增进大家对 DOR 和 DOD 的进一步理解,下面详细举例说明:

DOR(冲刺计划会的前置条件)的样例:
(1)产品需求文档(PRD)及界面原型已经准备就绪,并提前同步给团队全员。
(2)产品待办或用户故事得到澄清。
(3)用户故事符合 INVEST 原则。INVEST 是六个英文单词的缩写。关于 INVEST 原则的介绍详见本书 3.2.4 小节。
(4)用户故事已经做了初步的估算(用户故事的故事点估算已经得到),用户故事之间的依赖关系均和依赖方对接完成,且有确定性的建议处理结果。
(5)已经评估每个用户故事的技术可行性方案,针对复杂用户需求已经提前给出概要设计方案。
(6)已经在需求梳理会上识别大需求,并进行合理拆分。
(7)用户故事的验收条件已经给出。已经针对用户故事的验收测试场景达成共识,即基于什么条件(Given),做什么操作后(When),应该得出什么预期结果(Then)。

DOD(冲刺需求的完成定义)的样例:
(1)产品待办(Product Backlog)或产品需求文档(PRD)及界面原型已经准备就绪,并提前同步给相关团队全员。
(2)已经完成内部的代码评审(Code Review),即所有新增代码得到人工评审。
(3)所有完成的用户故事都有对应的测试用例。
(4)内建质量(Build Quality In),开发人员需要充分做单元测试,或基于持续集成软件,在开发人员每天提交增量代码时触发自动化的单元测试和回归测试。确保测试通过后再转给测试团队进行组件测试和系统测试。

（5）已经完成针对用户界面和用户交互场景在内的所有功能性需求的开发和测试。

（6）针对每个用户故事，已经全面执行针对具体功能的非功能性需求（包括系统可用性、性能、容量和安全性）的测试。

（7）所有完成的用户故事得到产品负责人（PO）的验证。

更深入地理解就是 DOR 和 DOD 的概念贯穿于敏捷开发的不同阶段，通常上一阶段的 DOD 事实上就是下一阶段的 DOR。比如开发完成的 DOD 就是测试开始的 DOR，测试完成的 DOD 就是软件发布开始的 DOR。

当产品待办列表项或增量被描述为"已完成"时，每个人都必须理解"已完成"意味着什么。虽然在不同 Scrum 团队之间或许会存在显著差异，但是每个团队成员必须对完成工作意味着什么有相同的理解以便确保透明化。这一定义也同时被用来指导开发团队了解在冲刺计划会议时能够选择多少产品待办列表项。每个冲刺的目标在于交付符合 Scrum 团队当前"完成"的定义的潜在可交付功能增量。比如开发团队在每个冲刺所交付的产品功能增量是可用的，所以产品负责人可以选择立即发布。

监视/检查是对冲刺的目标达成情况以及执行的过程进行监控，发现可能的管理偏差。可以通过每日站会和冲刺评审会等场景来检查项目绩效和可能的偏离程度。

适应性就是针对偏差进行适应性调整。可以基于必要的检查点，发现逐步完善的机会，对产品开发流程和产品特性不断地优化和改进提高，比如可以在迭代回顾会上发现更多的改进机会。

Scrum 由三种角色组成，他们是产品负责人、Scrum Master 和开发团队。

产品负责人是负责管理产品待办事项的唯一负责人。主要工作包括定义项目愿景、排列客户需求或产品待办的优先级、设定产品验收标准，并对产品的成功负责。

Scrum Master 身为敏捷教练，以仆人式领导方式，尽最大可能维护团队日常的标准规范，并清除团队可能遇到的障碍。仆人式领导方式可以简单理解为支持型的领导风格，必要时采取教练（Coach）、指导（Mentor）、激励（Motivation），激发团队的潜能，即 Scrum Master 是一个使能者（Facilitator）。

第 3 章　敏捷项目管理方法论

开发团队创造产品增量，他们是自组织、自管理和跨职能的。自组织团队可以自行选择如何以最好的方式来完成工作，比如团队决定多少用户故事或开发任务可以纳入本轮冲刺中，以及完成工作可能应用的具体技术或方法是什么。跨职能的团队拥有完成工作所需的全部技能，每个团队成员可以充实不同类型的工作，比如架构概要或详细设计、开发、测试和部署等工作，他们作为一个团队具备完成所需产品的所有能力。

敏捷项目管理把原先以项目经理为中心的管控模式转变为通过有足够能力和充分"授权"的团队来实现既定的项目目标。从命令式的管理，逐渐加入以人为本的元素，强调项目团队成员的自组织，逐步建立相互协作、彼此尊重、勇于承担责任和开放互信、以互赢的方式创建协作的团队文化氛围。

Scrum 有四种会议，分别是冲刺计划会议（Sprint Planning）、站立会（Standup）、冲刺评审会（Review）和冲刺回顾会（Retrospective）。

冲刺计划会议一般分为两部分：第一部分是产品负责人和开发团队，产品负责人负责解释用户故事，初步估算待开发功能的相对工作量，并和团队一起选择本冲刺待完成的用户故事。第二部分是 Scrum Master 和开发团队，把功能拆分为具体的任务，并估算具体每个任务的具体工时，把任务指派给相应的开发人员去完成。

站立会（也叫 Scrum 日会）一般为 15 分钟，通常每个人在会上会回答三个问题："昨天做了什么？""今天将做什么？""障碍是什么？"障碍和问题一般不在会上当场解决问题，可以根据紧急程度安排在另一个恰当的时间找相关方开会讨论和解决。

冲刺评审会是由 Scrum 团队的所有成员参加，开发团队演示可能交付的产品特性给利益相关方和项目发起人。演示的反馈由产品负责人记录，转换为新的待办事项，并纳入未来的冲刺开发。

冲刺回顾会是回顾本轮冲刺的内容，讨论哪些做得好的，哪些还可以做得更好的，以及哪些做得不好等议题。冲刺回顾会是敏捷项目管理的逐步完善思想的具体体现。比如团队需要重新设定关键岗位的职责或进一步优化敏捷流程的讨论都可以作为冲刺回顾会的议题。

Scrum 关于不同角色和会议所在位置的框架图如图 3.1 所示。

Scrum 是目前最为流行的敏捷开发方法论，Scrum 是以冲刺短迭代的形式交付客户价值，价值的体现应该关联具体的验收标准的达成，敏捷在交付过程中符合精益思想，应该考虑内建质量的精益原则,每次迭代都产生基于产品增量的价值交付。

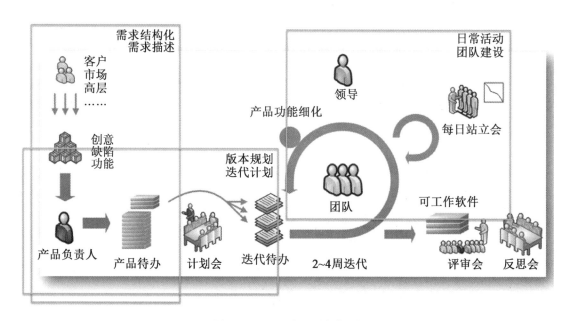

图 3.1　Scrum 方法论框架图

为了对 Scrum 有更加深入的理解,现列出与 Scrum 相关的四个基本概念进行比较分析。这四个概念分别为冲刺目标(Spring Goal)、验收标准(Acceptance Criteria)、定义完成(Definition of Done,DOD)和产品增量(Product Increment)。我们且从以下五个维度来比较这四个基本概念。

维度一:存在层级维度

冲刺目标、定义完成和产品增量基本属于每个冲刺需要确定的。冲刺目标在冲刺或迭代层级,每个冲刺设定冲刺目标,冲刺周期一般设为 2~4 周。定义完成也是在冲刺层级看冲刺目标是否真正完成,是否符合组织或制度规范。验收标准针对的是具体功能的维度,即针对产品某个功能的验收标准。

维度二：价值交付维度

产品增量是真实地体现价值实现的内容,冲刺目标为本轮冲刺的交付价值交付设定目标。验收标准提供价值验收的尺度,定义完成确保符合精益思想的价值交付。

维度三：是否 Scrum 独创维度

产品增量是 Scrum 的核心输出之一,冲刺目标与项目或迭代目标类似,验收标准的概念在传统项目管理也通用。定义完成来自丰田的精益思想(LEAN)。

维度四：彼此关联维度

验收标准属于定义完成的子集。定义完成除了用户故事符合验收标准之外,还需要合规和符合迭代准出标准。冲刺目标往往通过迭代增量来达成。

维度五：是否需要沟通维度

冲刺目标、验收标准和定义完成三个概念都需要通过 Scrum 团队通过面对面沟通后共同确认。而产品增量是开发团队承诺后交付的产物而已,不需要再经历群体决策的过程。

对 Scrum 所涉及的基本概念进行进一步的比较分析见表 3.1。

表 3.1 Scrum 基本概念的比较维度

	SG(冲刺目标)	AC(验收标准)	DOD(定义完成)	PI(产品增量)
1. 存在层级维度	冲刺层级	功能或任务	冲刺层级	冲刺层级
2. 价值交付维度	冲刺实现价值的交付目标	单个功能实现后的价值	迭代的准出标准,比如所有迭代内的功能通过系统测试和用户可接受测试	价值落地
3. 是否 Scrum 独创维度	是(其他方法叫迭代)	否	否	是
4. 彼此关联维度		关联 DOD		关联 SG
5. 是否需要沟通维度	是	是	是	否

2. 极限编程(XP)

敏捷大师 Kent Beck 和 Ward Cunningham 发明了另一种敏捷工程技术,即极限编程(XP)。极限编程的英文对应是 Extreme Programming,简称 XP。之所以叫 XP 而不是 EP,因为 EP 很容易和其他概念混淆,比如 EP 是大碟的意思,在音乐界用的。另外,Ex 读音与 X 类似,故简称为 XP。

在 XP 中创造性地提出用户故事(User Story)、测试驱动开发(TDD)、持续集成(CI)、结对编程(Pair Programming)和迭代(Iteration)等概念,可以认为 XP 对 Scrum 框架进行了必要的技术细节补充。目前应用 Scrum + XP 的企业比较多,正是因为两个理论有互补性的特点造成的。

XP 在选择适应敏捷宣言和基本原则的同时,也发明了符合自己特质的原则,比如沟通、简单、反馈、尊重和勇气等。其中尊重和勇气的原则与 Scrum 相同。沟通强调用户和程序员频繁合作,必要时采取隐喻,即比喻或打比方的方法找到双方都能够理解的切合点进行高效沟通。在 XP 中反馈很重要,比如持续集成和结对编程都形成了很好的反馈环路,因为它们都可能造成每天发生多次反馈。持续集成强调每天在程序控制系统的主干上提交(Check-in),而结对编程会每天时刻由一个开发人员对另一个开发人员提供即时反馈。

另外,极限编程还崇尚如下标准做法:

(1)整个团队(The Whole Team):由复合型人才组成,每个团队成员都一专多能,符合自管理团队的特点;

(2)简单设计(Simple Design):以用户为中心的设计方法;

(3)共享代码所有权(Collective Code Ownership):代码为团队共同所有,一个开发人员可以加强或改进任何其所在团队中的其他人的代码;

(4)代码重构(Refactoring):在保持原有功能不变的情况下,不断有勇气执行代码逻辑优化。

3. 看板方法(Kanban)

敏捷大师 Marcus Hammarberg 和 Joakim Sunden 在其著作《看板方法》中对看板的应用原

理有很深入的论述。以物理或电子白板为标志的看板方法更加具体地把敏捷的文化氛围体现在日常的可视化管理过程中。通常大家认可的看板应用的基本原则如下：

(1) 可视化的管控。

看板展现了项目每个阶段或一个开发冲刺所承诺的工作的完成情况，有利于项目团队成员及相关方及时了解项目进展速度，尤其是项目进行中的工作完成状态。并且在项目管理之初就给团队设定显示化规则，有利于团队明确正确的要求是什么并能积极遵守。显示化的规则包括每天站立会开始和结束的时间要求、代码规范的要求和在制品的限制要求等。

(2) 限制在制品的数量。

敏捷强调团队成员需要保持有节奏的工作状态，不鼓励加班完成任务，要限制在制品（Work in Progress）的数量，即进行中的工作。为了达成这一目标，每个阶段或开发冲刺所承诺的工作量由团队成员自行决定，而不是由产品经理或高层领导强制分派的。因为如果有大量的工作涌入，超出团队整体的处理速率，只能表示任务的积压和延迟，这不是工作努力的表征。敏捷强调如何把工作做得灵活，而不是显示如何做得努力。

(3) 问题反馈与解决分离。

敏捷团队会选择在白板前每天用15分钟站立开会，之所以站着开会，就是不希望把会议开得太长。会上团队成员可以抛出问题，但是不要在会上试图直接解决问题，避免浪费与问题不相干成员的时间。问题所涉及的人员可以在会后留下来协调解决，敏捷教练会介入问题的解决。在敏捷执行过程中，敏捷教练以仆人式的领导方式支持团队成员解决所遇到的各种障碍，并及时更新看板上的燃尽图或燃起图的状态。未来的管理更加强调倒金字塔的方式，即团队成员在上，管理者在下的仆人式领导方式。敏捷项目管理理念的流行无疑加速了这个进程。

(4) 有效的管理流动。

传统的管理是通过有效制度和流程的落地，以及绩效指标的度量来具体实现的。而敏捷更加强调管理的价值流动。丰田的零库存（JIT）就体现了这种价值流动的效果。敏捷组织可以通过看板、燃尽图和控制图等可视化管理工具及时发现团队工作中可能的浪费和阻塞等异常情况的发生，管理者或敏捷教练需要及时介入，以基于客户价值实现为原则积极支持到问题的解决，确保可工作软件或日常运营（运维）工作在符合客户验收条件情况下的及时交付。

4. 精益软件开发(LSD)

精益软件开发即 Lean Software Development(LSD),是由敏捷大师 Tom Poppendieck 和 Mary Poppendieck 引入敏捷家族。它的本质思想来源于丰田生产系统(TPS)。精益思想的本质是为了实现产品价值,价值的实现通常需要有三个支撑,它们是对人的尊重,即文化支撑;产品开发流,即价值流程图支撑;小而不间断的改进,即不断完善(Kaizen)支撑。以上的价值支撑模型在业界取了一个非常好听的名字,即精益思想之屋。

精益也有其原则,它们是消除浪费、强化学习、尽可能晚做决策、尽可能快交付、授权团队、内建质量(Build Quality In)和全盘检视(目光长远)。内建质量是戴明提出的名言之一。越早发现缺陷,修复它们的成本越低。内建质量也体现在确保完成胜过所谓完美的计划,也就是要确保每轮迭代的工作任务都可以完成,而不是只停留在完美的计划上。

在精益中最关键的原则就是消除浪费,我们可以通过价值流图分析的方法找出浪费的具体问题。价值流图可以用于分析信息或者材料的流动,从初始到结束,用来识别浪费的环节。增加价值的环节或活动通常称为"增值",不增加价值的环节或活动(比如等待)通常称为"非增值"。项目希望最大限度上减少非增值环节或活动,即减少非增值时间。

WIDETOM 模型可以协助分析不同种类的浪费的可能,具体的维度包括 W——等待(Waiting),I——库存(Inventory),D——缺陷(Defect),E——额外流程(Extra Processing),T——运输(Transportation),O——过度生产(Over-production),M——动态/运动(Motion)。各个浪费类型的英文名称和解释,以及关于各种浪费的详细举例见表3.2。

表 3.2　精益 Lean 浪费维度表

浪费维度	维度描述	具体举例
W—等待	由于等待审核或审批而延误	等待文件审批
I—库存	工作开始,但是还没有完成	等待开发完成
D—缺陷	有缺陷的代码或文档的修复	软件 BUG 修复
E—额外流程	不能增加价值的额外工作	不必要的审批,无用的文档
T—运输	多个任务在不同项目间来回切换	人员被同时指定给多个项目
O—过度生产	实际上不需要的特性	有镀金嫌疑的特性或功能
M—动态/运动(迁移)	需要沟通的努力,以及不同团队的工作交接	分布式团队的工作交接 项目转运维的交接

3.1.3　敏捷书海拾珍

在敏捷的世界有很多大师的著作,分别从不同的侧面阐述敏捷之妙,现总结一些精妙的论点,以飨读者。

敏捷项目管理的第一本关键参考书为《用户故事与敏捷方法》,该书是由敏捷大师 Mike Cohn 所著。一些关键内容论述如下:

1. 需求分析的演变

在需求分析方面,敏捷开发方法相对于经典项目管理有其显著的改变,从冗长的需求文件(即需求规格说明书)演变成短小精悍的用户故事。用户故事的目的是以更快的速度、更少的消耗应对现实世界需求的快速变化。用户故事的描述只要足够就好,细节描述可以通过与客户或用户进一步讨论确认。每个用户故事可以以用户故事卡片的形式写到开发团队的任务看板上。用户故事卡片的背面会记录该用户故事的验收条件和可以确定故事完成的所谓定义或标准。

2. 用户故事的要点

用户故事的基本格式是"作为(角色),我想要(功能),以此实现(商业价值)"。角色即为使用这个待开发系统的业务角色,功能是该角色的具体需求,商业价值是最根本或深层次的需要。每个用户故事要限制其大小,理想的情况是所写的故事能够让一两个程序员花2~5天的时间完成代码和测试。通常通过故事所对应故事点的多少来衡量完成每个故事的可能工作量。故事点是一个相对估计的方法,表明一个故事相对于其他故事的大小和复杂度。不同项目团队的故事点的单位设定不尽相同,不具备彼此工作量的比较意义。开发团队根据自身的速率(即每次迭代完成故事点的多少)来衡量把多少个用户故事纳入本次迭代。

3. 用户角色的建模

通过经典项目管理中涉及的头脑风暴和名义小组会议等形式列出初始的用户角色,通过亲和图对所有用户角色进行二次分类,最终确定待开发系统的用户角色。通过应用敏捷项目管理的虚拟人物和极端人物的方法来编出可能遗漏的用户故事。

4. 故事详细的获取

用户故事一般是用业务语言写成的句子,通常最好由业务用户或客户来写。如果用户不愿意写的话,开发团队可以通过访谈、问卷调查、观察和故事编写工作坊等形式来开展实施。故事编写工作坊是快速捕捞故事最有效的方法,建议在开始每个迭代计划之前举办。通过工作坊画出待开发系统内部高层级之间的交互关系,并构建可能的系统原型。需求一旦被合理的捕获,产品经理和开发团队可以对一些大的史诗故事进行进一步裂解,通常分解为可在一次迭代中就可以完成的用户故事,并且根据表征商业价值的不同对用户故事进行优先级排序。最后,通过用户故事地图、发布计划和迭代计划等方法把用户故事纳入不同的发布或迭代中。

敏捷项目管理的第二本关键参考书为《看板实战》,该书是敏捷大师 Marcus Hammarberg

所著。一些关键内容论述如下:

1. 看板的定义

看板(Kanban)来自丰田生产制造业的最佳实践,它是一种基于精益思想的软件开发方法。Kanban 中的 Kan 在日语中是"可视"的意思,Ban 是"卡片"的意思。通常应用电子或物理白板来具体实现,通过即时贴的形式来表征不同阶段的任务完成情况。

2. 看板的原则

看板有三个简单的原则,即可视化的管控、限制在制品的数量和有效的管理流动。

(1)可视化的管控。

看板展现了项目每个阶段或一个开发冲刺所承诺的工作的完成情况,有利于项目团队成员及相关方及时了解项目进展速度,尤其是项目进行中的工作完成状态。

(2)限制在制品的数量。

敏捷强调团队成员需要保持有节奏的工作状态,不鼓励加班完成任务,要限制在制品的数量,即在进行中的工作量的上限。这种工作要求是由理论支撑的,它符合利特尔定律(法则)。约翰·利特尔博士从数学上证明,同时做的事情越多,每件事情花费的时间就越长。

(3)有效的管理流动。

敏捷强调管理的价值流动。通过看板、燃尽图和控制图等可视化管理工具及时发现团队工作中可能的浪费和阻塞等异常情况的发生,管理者或敏捷教练需要及时介入以基于客户价值实现为原则积极支持到问题的解决。

3. 看板的魅力

有些敏捷团队把香蕉皮订在受阻的即时贴上,如果问题长时间没有解决,香蕉皮会变黑,散发着难闻的味道,召唤成员的行动。我们把这种味道称为敏捷味道。当然,如果把真正的臭虫(Bug)钉在白板上也许更是一种独特的"味道"。对决定暂时还不作为讨论的即时贴,还可以进一步移到称为"停车场"的专有区域。针对看板上需要紧急关注的任务,可以在看板墙上增加一个特别通道来存放"紧急条目",不计入在制品限制。但是,紧急或例外的数量要被有效限制,比如每周最多允许有两个这样的条目。另外,我们持续通过看板方法去除那些没有增加价值的工作或活动来缩短产品的交付日期。

4. 看板的度量

可视化的度量可以及时发现管理的异常情况,比如周期时间(循环时间)、前置时间和吞吐量等指标。周期时间(循环时间)是指用户故事(或开发任务)从开始到完成的持续时间。前置时间是供应链管理中的一个术语,是指从采购方开始下单订购到供应商交货所间隔的时间,通常以天或小时计算。在敏捷开发过程中的前置时间指的是产出的单个开发任务从纳入需求到交付的整个流程所需的时间。吞吐量即每次迭代可完成的待开发任务的比率,可以确定特定项目是否在减少在制品、拆分故事或持续部署取得明显的效果。我们可以通过控制图和累计流量图等形式来跟踪指标可能的异常情况。

敏捷项目管理的第三本关键参考书为《敏捷估计与规划》,该书是敏捷大师 Mike Cohn 所著。一些关键内容论述如下:

1. 优秀的计划

项目计划或规划是应对项目不确定性的良好办法。敏捷同样需要先规划再执行,只是敏捷把规划工作分解到每个迭代过程中去执行,即只规划本次迭代的周期和任务。制订优秀敏捷迭代计划是必需的,但并不建议提供完美计划,因为一个足够优秀的计划与完美计划的差异可能抵不上为之而付出的代价,即追求成本效益的最佳选择。这充分体现"足够"就好的敏捷理念。

2. 层级的变化

计划在不同层次上做出的,从上到下的层级一般分为战略、产品路线图、发布、迭代和每日计划。开发团队一般只关注发布计划、迭代计划和每日计划。每日计划可以在每日站立会上进行快速确定。比如在站立会上公布今天要做什么事情和可能的困难等。敏捷承认计划的不确定性,在每次或几次迭代后需要重新修订发布计划。计划是根据功能做的,需估计待完成的功能的具体规模,然后根据规模的估计值算出可能的完成时间,这种做法与经典项目管理类似。

3. 估算的魅力

在敏捷迭代规划会上首先拆解为用户故事,由团队成员共同对用户故事进行估算,估算的单位为故事点或理想日。故事点是一个相对的度量单位,理想日是说在一天中没有任何干扰(没有会议,没有电子邮件,没有电话),开发人员全身心投入工作所完成的工作量度量。具体估算的方法可以通过专家判断、类比估算、裂解(分解)、宽频德尔菲和计划扑克等方法。其中专家判断、类比估算和裂解(分解)等方法在经典项目管理中也有涉及。

3.1.4 敏捷概念集锦

在敏捷项目管理的知识词典中有一些专有名词给人一种异乎寻常的"二次元"感觉。抑或是老子所说的:"玄之又玄,众妙之门。"以下是一些关键知识点的总结:

(1)客户和开发人员的彼此共鸣,以及开发人员和测试人员的同理心或共鸣有利于在一个敏捷项目中增强团队信任。可以通过移情图来识别对方的感受。

(2)技术债务:由于团队为了短期的项目利益故意做了欠佳的(不优化的)技术决策而导致的,或是团队为了获得短期利益故意做了会招致长远债务的决策。

(3)DRY:Don't Repeat Yourself(不要重复自己)。在设计和代码层面消除重复复制的可能,比如不要在程序的不同位置出现相同的代码。要应用面向对象语言的封装技术,减少批量代码修改的错误可能。

(4)生鱼片:代表一次迭代或冲刺所需完成的完整工作。

(5)任务板:为如何管理工作提供方便性,对还剩多少工作一目了然,是一种类型的信息发射源。

(6)故事点:表示开发一个用户故事的相对工作量。每一个故事点表示一个固定的开发工作量值。当进行敏捷团队估算时,必须考虑复杂度、工作量、风险和依存关系。

(7)阀值(门槛):在KANO模型中表示产品要成功就必须具备的那些基本功能需求。

(8)裂解:工作分解,将一个用户故事或功能特性分解为更小的、更容易估计的部分,等同于经典项目管理中的分解工具。

(9)生产力:在一个特定时间内团队能够开发的特性或特性数量。

(10)团队速率或速度:敏捷团队在每次开发迭代中可能完成的故事点数。如果团队已经开发了一个产品的版本,需要考虑在下一个迭代中开发下一个版本。同时,团队还需要投入精力来维护第一个版本的产品,那么对下一个迭代的速率计算需要考虑整体能力减去维护工作所投入的处理能力。

(11)结对编程:属于极限编程(XP)思想,两个人共同负责一个指定内容的编程,其中一个人编程,另外一个思考指导或进行代码评审,以单元测试。

(12)产品盒:也叫设计盒子,介绍产品的具体特性和运营需求。例如,十年前流行的金山毒霸软件的产品盒。

(13)用户故事:在软件开发和项目管理过程中用日常语言或商务用语写成的句子,体现用户角色的具体需求,以及可以实现的价值或真实需要。

例如,作为一个{角色},我想要{潜在的需求},以此实现{商业价值}。

用户故事一般秉承3C原则如下:

①一份书面的故事描述,用来做计划和作为提示(Card)。

②有关故事的对话,用于具体化故事细节,体现精益的"延迟决策"的思想(Conversation)。

③验收标准通常在发布计划和用户故事定义时被确定,即定义完成(Confirmation)。

项目团队需要和客户或产品经理频繁讨论什么是"完成",以及完成的定义的各种情况,比如:

第3章 敏捷项目管理方法论

已编码：所有的代码都编写完成；

已测试：所有的单元测试、集成测试和用户验收测试都已经完成；

已设计或重构：代码已经根据团队的需求完成了重构。

(14) 特性：客户定义的价值功能的细分部分，通常是指商业流程活动的步骤或核心功能，比如一个酒店预订网站的历史订单管理的部分。

(15) 主题：指一组相关的用户故事，通过组合合并成一个整体去促进估算和发布计划。

(16) 亲和估算：预测工作量的一个方法，可预测用户故事的相对工作量，尤其在大型产品待办事项中作用巨大。基本的亲和估算模式涉及从小到大范围里测量用户故事。这个范围可以是斐波那契数列或者 T-shirt 尺码，常常贴在大型会议室墙上。然后参与者在估算时可将他们的用户故事贴到这面墙上。这种估算常在无声中进行，常伴有若干次迭代。

(17) 渗透沟通：听到的信息在团队房间区域流动，这是集中式团队带来的好处之一。有助于确保在敏捷项目团队内部问题、思想和信息分享的自然流动。

(18) MVP 或 MMF：一个最小可行性或可市场化的软件特性或者产品特征。"最小"的意思是简单和小，并且不复杂。"可市场化的"的意思是拥有部分价值，无论是产生收益或者节约成本，都可进行市场化或者销售。和客户确认 MVP 的好方法可以通过反馈技术，比如模拟、演示等。

(19) 额外收益/新收入：指向新客户销售产品特性或服务期间实现的额外的或新收益。

(20) 计划的层级：计划在不同层次上做出的，从上到下的层级一般分为战略、产品组合（资产）、产品、发布、迭代和当前日。开发团队一般只关注发布计划、迭代计划和每日计划。发布计划有助于确保客户或敏捷团队了解产品的前景、验收标准和高层次的产品发布计划。项目停车场和用户故事地图（故事卡片布局）用来总结发布计划。迭代计划是选择本次迭代的用户故事，并把用户故事分解成具体任务的过程。每日计划可以在每日站立会上进行快速确定。站立会的具体时间安排由敏捷团队决定。

(21) 敏捷燃尽图：敏捷项目的燃尽图是一个用来展示迭代进度的信息发射源。它记录两项序列：剩余的实际工作和剩余的理想/预估的工作。图的纵坐标表示工作量，以故事点表示，横坐标是迭代持续时长，以日期表示。理想/预估的工作序列是一条向下倾斜的直线，由最初纵坐标待完成的故事点开始向下交汇到横坐标的某一日期点，表示所有工作的最终完成。实际工作序列需要每日更新，通过折线来连接实际剩余的故事点数，实际工作的变化幅度取决于敏捷团队的速率（生产率）和任务的复杂性。实际工作序列常常是易变的，并非一条笔直的直线，它随着项目开发团队实际干涉开发流程而不断消长。

（22）DEEP 模型：产品订单梳理的原则，Detailed（适当的详细程度）、Estimated（被估算的）、Emergent（涌现的）和 Prioritied（排了优先级的）。

（23）敏捷章程：敏捷项目也存在项目章程的说法，敏捷章程通常记录在白板上。敏捷章程中不仅要对项目经理授权，也会加入针对团队的授权，并明确团队的权利和义务等内容。项目章程是重要的管理文件，需要所有相关方的参与。专家建议章程的内容应不超过一页，又要包括关键信息，所以创建项目章程是非常具有挑战性的。最重要的三个关键信息是前景、任务和成功标准。前景回答为什么做这个项目，任务是项目达到预期前景所要做的什么内容，成功标准是管理的指标，定义项目如何才是成功完成。

（24）MoSCoW 技术来自动态系统开发方法（DSDM）的敏捷方法论，是基于价值的分析技术，它通常用来对用户故事进行优先排序和创造用户故事地图。用户故事地图是客户价值优先级排序的工具，提供一个关于功能何时交付的产品路线图。

MoSCoW 指的是 M—must have 必须有；S—should have 应该有；C—could have 可能有；W—won't have this time 这次不会有。必须有的是对开发很重要的产品特性，一般占全部工作的 60%。应该有的是对开发不是很重要但有重要商业价值的产品特性，一般占全部工作的 20%。可能有的是能增加一些商业价值的产品特性，一般占全部工作的 20%。在迭代开发过程中如果想临时更改待开发的用户故事，一般选择更换可能有的工作。

（25）待办：也称产品待办事项，它是一列所有需要在迭代中开发的产品特性的综合清单。待办是需要不断变化，以适应客户需求。因为随着项目发展，客户逐渐理解产品的特定需要，所以待办事项中的项目特性更明确。

（26）用户故事地图：客户价值优先级排序的工具，提供一个关于功能何时交付的产品路线图。本质上等同于传统项目管理所说的项目管理计划的概念，它将用户故事/产品特性作为独立的"组件"元素，以地图的形式按逻辑主题分层次排列在物理或电子白板上。

（27）增量交付：敏捷开发的基石是"增量交付"。增量交付是指为及时反馈和接纳，频繁向客户交付持续改善的工作产品。为演示和反馈，往往在每一个冲刺或迭代的末期交付产品。频繁反馈可使客户评价产品并提出新的需求。在敏捷流程中，接受变动/更新/改善的需求，以确保客户得到有价值和质量的产品。一个冲刺或迭代往往历时 2~4 周，交付一个新的并逐步完善的产品。

（28）敏捷情商：高敏捷情商的意思是自我意识，控制自己的情绪并能注意到其他团队成员的情绪，高敏捷情商使团队成员之间有效协作。

（29）敏捷软技能：敏捷中有效执行和实践的关键软技能包括敏捷情商、技术合作、适应型领导力、协商、冲突解决和仆人式领导力。适应型领导也称仆人式领导，根据团队的不同阶段采取不同的领导风格。

（30）猪和鸡：直接参与 Scrum 团队为猪，不直接参与的相关方为鸡。在 Scrum 中猪的角色包括 Scrum Master、Product Owner 和 Team。

（31）利特尔法则：在敏捷开发中，利特尔法则是关于开发产品的前置时间与在制品关系的简单数学公式。平均吞吐量 = 在制品 / 前置时间。

（32）累积流量图：采取一种精益思想，追踪和预测敏捷项目的重要工具，可以洞察前置时间、周期时间（循环时间）、在制品和瓶颈，能够发现问题。

（33）迭代回顾会：引发反思，话题包括从成功和失败中学习的内容。

（34）风险 – 价值图：可以帮助处理用户故事的优先级排序，高价值和高风险的用户故事优先级最高。

（35）迭代评审会：相关方唯一参与的平台，产品经理可以邀请关键相关方参与针对迭代开发出来的增量产品特性进行评审。

（36）参与式决策模型可以有效鼓励团队成员参与过程决策，从而增强项目绩效和团队凝聚力。参与式决策模型一般包括简单投票、拇指法则、决策分级、五个指头投票等。

①简单投票：让团队以手势的方式表达"同意"或"反对"。决策简单，但是省略一些细节。

②拇指法则：用拇指向上、向下或一侧的方法进行决策。拇指指向一侧的人表示中立态度，一般不能发表观点。这种方法适用在大部分人没有明确观点的情况，决策同样快捷。

③决策分级：参与者可以选择赞同、同意但持保留意见、犹豫不决、不赞成但同意实施、否决等多种态度。

④五个指头投票（也有一种说法是举 5 个手指头表示完全支持，不出手指表示坚决反对）：

不伸出手指头：绝对支持；

伸出 1 个手指头:表示支持这个选项;

伸出 2 个手指头:表示支持但有很少的保留意见;

伸出 3 个手指头:表示我有一个观点,需要讨论;

伸出 4 个手指头:表示我反对,并且我想解决这个问题;

伸出 5 个手指头:表示停止,我反对这个决策。

(37) 时间盒子:设定任务实际完成需要的时间估算值,比如设定迭代周期为 4 周,站立会为 15 分钟。

(38) 基于风险的试验:风险管理的一个技能,通常被看作一项任务。一个以风险为基础的试验是一项用于在不确定领域获取知识以降低风险的任务。

(39) 分布式团队的沟通:一支高绩效敏捷团队是渗透沟通和面谈式互动的理想组合。对于分布式团队,有效沟通的最佳形式包括团队内部网站、虚拟团队空间、电邮视频会议。由于地理分离,特别是世界范围的,团队要考虑语言、文化和时区不同。

(40) 守破离。

守破离的解读案例一:

守:遵循既定的 Scrum 组织架构、站立会、看板方法;

破:在守的基础上有所创新和突破;

离:不断探索最佳实践,身体力行,并帮助他人。

守破离的解读案例二:

守:相关方参与,计划;

破:估算方法和决策方式,比如把背靠背的 Delphi 估算变成宽频 Delphi,通过扑克牌的方式进行群体估算,把项目绩效报告会变成迭代评审和回顾会;

离:整合管理,命令式的领导。应该改为支持型或服务型的领导。

(41) 敏捷合同:针对一个迭代的交付所签的合同类型一般选择工料合同,即计件类的合同。

(42) 产品路线图:帮助战略性规划和重要里程碑的沟通。通常由产品负责人负责,它是产品需求的高层次概述,特性或主题的优先级划分等,创建产品路线图需遵循四个步骤:

①确认高层级需求;

②将需求分为具体特性或主题;

③应用计划扑克或者亲和估算评估相对工作量；
④评估冲刺持续时间，以及粗略发布时间。

(43) 漏网缺陷：一个软件缺陷，没有被开发或测试团队发现，但是后来被终端用户发现。

(44) 信息流和价值流：在看板方法中的任务版中同时有两种产品交付流程：一种是从右向左的信息流，即信息的拉动。另一种是从左向右的价值流，即价值的逐步体现。

(45) 典型的信息发射器：燃尽图、任务板（看板）、燃起图、缺陷图表。燃尽图显示一个项目中剩余工作的估算。燃起图则显示项目已经交付的东西。

(46) 线框图：创建产品模型的一种常用的方法，是"低保真度原型"的一种展示形式，可以很快速并且低成本地去获取反馈。线框图是简单的、没有颜色、有屏幕骨架，通常为黑白色并伴有注释描述。具体描述不同的软件界面以及这些界面之间的调用关系。线框图可以帮助敏捷团队，作为促进客户反馈的原型，确保每个人对产品的一致性理解。

(47) 条带燃尽图：一种特别的燃尽图，在横坐标通过增加上下延伸的条带（柱状物）来可视化特定迭代或冲刺范围中增加或移除的工作。

(48) 敏捷建模：轻量级地去捕捉设计，文档刚刚好而不是追求细节上的完美。在白板上画出来，然后通过拍照记录下来。敏捷的模型包括用例图形、数据模型和屏幕设计。也可以通过熟识的类图或 ER 图，提供一个整体解决方案演变的起点。敏捷建模的最佳实践促成相关方的积极参与、有效的需求构想和测试驱动设计。不管创建的是什么模型，目标都是为了交付价值而不是无关的文档。所以，要保持轻量级、快速移动以适应变化。

(49) 授权团队：一支自组织、跨职能和几乎不受外部影响进行自我管理的团队，朝着共同目标独立工作，理解为什么要做决策。授权团队进行自主管理，了解如何通过最少的管理参与解决问题，是敏捷方法论的基石。该类型的团队拥有产品的所有权，并规定最小管理监督点。

(50) 验收标准的定义时机：验收标准通常是在发布计划过程中，与用户故事定义一起串联定义的。但是，一旦用户故事被放到迭代中，那么验收标准可以在迭代计划中定义。其中固定的规则是，验收标准必须在开发开始前定义。验收标准会有三个关键词：Given（在什么样的条件下）、When（做了什么操作）和 Then（得到了什么结果）。

(51) 代办项梳理会：用来不断补充产品代办订单，讨论可能纳入代办订单的新的用户故事和实现方法。迭代规划会是把已经纳入本次迭代的用户故事分解为任务，并估算具体的故事点或人天数。代办项梳理会在规划产品之初，或迭代过程中任何有需要的时候发生。

（52）高绩效团队：拥有跨职能团队，多面手专家。具体特性包括参与式领导力、有效的决策、开放和清晰的沟通、价值多样性、相互信任、管理冲突、清楚目标、明确角色和职责、协调关系和积极的氛围。

（53）停车场图表是一个敏捷文档，用来对用户故事按主题进行分类和管理，往往包括确定主题的名称、用户故事的数量及其包含的故事点，以及展现故事点完成百分比的进度图表。

（54）敏捷游戏：也称创新游戏，有助于团队理解复杂的问题，讨论潜在的解决方案，并达成快速共识。具体敏捷游戏包括畅想未来、修建产品树、帆船和购买特性等。

（55）Kaizen（Change for the better）：持续改善，属于精益思想。原则之一是大成果来自小改变。

（56）用户画像：也称为虚拟人物，用细节描述阐释用户信息，包括用户名称、地址、年龄、收入、喜好、厌恶和痛点等。它是快速识别项目相关方兴趣点的工具，现在的大数据就在给我们每个人画像。

（57）极端人物：该方法来编出可能遗漏的用户故事。比如小偷是如何使用偷来的手机的，小偷对于手机产品就是极端人物。

（58）有效领导：体现领导力，做正确的事情。提倡服务型领导，聚焦在为团队成员提供需要，移除障碍，并且执行一些支持性工作进而最大化团队生产力。一个领导者一般扮演四种角色，即保护、保障、保持和保姆。

①保护是保护团队不被打扰，集中注意力在项目任务上，因为不断切换任务在精益思想上是一种浪费。集中办公就是一种保护团队不被打扰或中断的方式。

②保障是移除障碍，清除团队中可能会引起工作延期或者不增加价值的障碍。

③保持是持续地寻求机会来沟通项目愿景，进而达到对团队的有效激励，使团队成员始终按照愿景目标进行积极工作。

④保姆是为团队提供支持，为保持一个高效生产力的团队提供必要的资源，包括工具、培训和其他福利。

（59）累计流量图是敏捷的度量工具，用来衡量一个敏捷团队的健康状况。通过该工具可以追踪进度、识别瓶颈、洞察问题和预测完工日期。

(60)渗透沟通有助于解决敏捷项目团队内部问题,思想和信息分享的自然流动。

3.1.5 敏捷理念的独特性

以下是敏捷思想相对于经典管理或传统开发的独特性:

(1)传统项目强调其符合公司愿景和战略,敏捷项目更加强调产品愿景。

(2)传统开发可能会有设计缺陷,敏捷则用一个优雅的名字叫"技术债务",来试图诠释这种缺陷的根本原因。

(3)传统开发经常因不善的接口或类的封装而导致重复的代码,敏捷则用 DRY 的概念来强调不要重复自己。

(4)传统开发用人时或人天估计工作量,敏捷则用故事点和理想日来进行工作效能的度量。

(5)经典项目分为不同阶段,敏捷则表示为不同迭代。比如迭代 0 可以包括团队章程的制定和团队的授权。迭代 H 称为加强迭代,即表示在此迭代中没有新的功能被开发,而是已有功能要测试,或上线部署。

(6)经典项目用分解工具来创建 WBS,敏捷则把分解称为裂解。

(7)经典项目的工作分解结构,在敏捷中会被呈现为史诗故事、主题、特性、用户故事、产品未完项和风险调整未完项等不同形式。

(8)经典项目管理应用控制图来捕捉绩效异常,如成本绩效指数(CPI)和进度绩效指数(SPI)等的绩效预测。敏捷则将看板方法、燃尽图和累计流量图作为可视化的信息源。

(9)经典项目强调员工的工作效率,敏捷则把团队在每个迭代中可能表现出的工作处理能力统称为速率。

(10)经典项目可以要求针对某个任务的双人操作。敏捷则有结对编程,即两个人共同负责一个指定内容的编程,其中一个人编程,另外一个思考指导或进行代码评审,以及单元测试。

(11)经典项目一般遵循瀑布式开发,即开发完成后再测试。敏捷讲究测试驱动开发(TDD)。TDD 的四个步骤:①编写测试用例代码;②核对和确认测试;③编写产品代码,接着采用测试；④重构产品代码。TDD 主要针对单元测试的场景，测试脚本和开发代码通常都由开发人员完成。

3.1.6 敏捷规划的层次性

敏捷开发方法论 Scrum 提到 3~9 个人的小团队的开发，其实敏捷不仅适合小团队，更加适合大型研发团队。例如，某企业自从 2009 年以来引入敏捷后，在其研发中心已经采用基于 SAFe 的规模化敏捷框架。

既然是规模化敏捷，其立足点会站在企业整体的研发管控层面，采取自上而下的管控。谈到整体的管控，就离不开基于战略、商业论证（投资回报）、组织级的项目组合治理、项目集管理、项目管理、产品愿景和路线图等诸多宏观概念。敏捷的迭代开发是发生在项目管理下的，从这个层面上我们似乎找到了经典项目管理和敏捷项目管理相结合的契机。即敏捷项目管理以 Scrum 框架实现迭代交付，即迭代管理，比如在一定时间盒子内（通常是 2 周）的增量交付和技术实现（比如结对编程和测试驱动开发等）。而迭代之上的发布管理、配置管理、沟通管理和相关方管理等都可以基于现有的经典项目管理理论体系来完成。即通过经典项目管理的内容来实现迭代管理之上的协调管控和项目治理工作，从而实现敏捷迭代开发的灵活性和经典项目治理的严谨性的有机结合。除此之外，规模化敏捷还提出敏捷发布火车的概念，从更高层面来解读如何实现规范化的价值交付。敏捷发布火车指一个长期存在的敏捷团队的集合，该团队可以是虚拟团队（50~125 个人，有时更多或更少）。这些人聚集在一起的唯一目的是通过构建解决方案向最终用户提供收益，从而实现价值交付。

另外，规模化敏捷也在项目管理生命周期对项目管理的过程组进行继承和改造。项目一般分为启动、规划、执行、监控和收尾过程组。敏捷交付框架将其转变为构想、推演、探索、适应和收尾五个阶段。构想关联项目愿景、产品路线图和商业论证（投资回报）；推演更加强调价值高于基准约束，动态适应市场的不确定性；探索和适应通过探针（试错）方法和自管理（自适应）团队在执行中注重交付内容调整，不断地迭代前行；收尾则通过迭代评审会和回顾会来做到持续的改进提高。

总之，规模化敏捷试图解决研发团队从上到下的一揽子问题，而经典项目管理的理论体系在其中扮演着承上启下的作用。

第3章 敏捷项目管理方法论

3.2 敏捷实践探秘

目前,互联网公司的软件产品研发通常是通过敏捷实践的方法落地的。最近几年敏捷项目管理很是流行,但很多组织选择作壁上观,究其原因可能觉得敏捷项目管理很神秘,或者认为它是一种对经典项目管理的颠覆,不敢轻易尝试。有些组织也进行了不太成功的尝试。目前大多数组织都在观望,抑或是在组织级的管理变革面前无所适从。

以下是很多敏捷的先哲和成功实践者的只言片语,道出可能的个中奥秘。希望本着"一叶知秋"的精神来探泰山之一叶。

(1)德鲁克说:"在21世纪,企业管理者最重要的工作是提升内部知识工作者的生产率,让知识工作者能够自我管理、自主学习并不断创新。"

(2)敏捷方法论就是在实现德鲁克之说,通过打造自组织或自管理团队来不断激发员工的善意。

(3)敏捷注重把传统对流程的管理转移到对流动的关注。看板、燃尽图和控制图是通过信息源的方式对流动的可视化管理。

(4)敏捷利用精益度量体系对需要开发的系统及时进行分析回顾,不断应用对信息源的标准化处理方式,形成一个完整高效的反馈闭环。

(5)敏捷通过限制待制品的数量,控制工作的节奏,以SMART的方式持续地交付可工作的产品(软件),并寻求持续的改进机会。

(6)敏捷项目管理门派林立,比如Scrum、极限编程(XP)、看板方法、精益(Lean)和水晶(Crystal)等。当前比较流行的敏捷开发方法(Scrum和XP)和开发运维一体化方法(DevOps)都是经过验证的成熟方法论,二者理论体系有共通的地方。其中基本的最佳实践包括迭代交付、结对编程、持续集成、代码重构、(验收)测试驱动开发、自动化测试、自动化运维工具(包括容器和微服务等)。

(7)敏捷方法论看板方法是科技企业执行渐进变革的成功之道,因其并不刻意改变当前组织的岗位职责,并鼓励组织成员的自我管理和善意协作。

(8)敏捷项目有三大成功目标。第一个是价值目标:构建可发布的产品。第二个是质量目标:构建可靠的适应性强的产品,为将来产品能够延展提供服务。第三个是约束目标:符合项目的既定范围、时间和成本的约束条件。

3.2.1 敏捷看板的奥秘

敏捷项目中最容易落地的敏捷工件是电子或物理看板了,因为此方法是传统的可视化管理的变种,并且不需要改变现有管理团队的层级架构。换句话来讲,看板方法在保持现有组织架构不变的情况下加强了团队的可视化管理,这是很多管理者乐于看到的。

看板即是电子或物理看板(即可挂在墙上的大白板),看板展现了项目每个阶段或一个开发冲刺所承诺的工作的完成情况,有利于项目团队成员及相关方及时了解项目进展速度,尤其是项目进行中的工作完成状态。

电子看板和物理看板在信息展示上各有千秋,可以彼此作为优势互补,敏捷团队可以根据自己的需要进行灵活选择。

它们各自的好处如下:

电子看板有利于分布式(跨区域)团队,因为它处处可以访问;数据不会轻易丢失;自动可生成燃尽图和累计流量图等度量绩效数据和图表;保存详尽的工作过程记录,包括团队详细研讨和互动信息等。

物理看板通常版面比较大;看板前面的场地有利于成为团队自然聚合的理想地,用来共同讨论问题;容易创建,只需要一张物理白板或一面墙;易于根据每日站立会的讨论场景,对看板上的具体内容进行及时、直观和动态的变更和位置调整。

3.2.2 敏捷用户故事,需求世界的小探针

应用敏捷项目管理的项目需求始于用户故事的收集和整理,用户故事不同于传统项目管理的需求规格说明书,它以更快的速度、更少的消耗应对现实世界需求的快速变化。

用户故事是从用户的角度来描述用户渴望得到的功能。每个故事必须清晰,且能展示价值。一般应用用户故事卡片来具体体现这种价值,用户故事具体描述对用户、系统或软件购买者有价值的功能。故事可以通过卡片的形式被分发、排列、整理或贴在白板上。

通常用户故事的格式如下：

作为一个{角色}，我想要 {潜在的需求}，从而实现{商业价值}。

比如，作为一个医院的监管部门领导，我想要一套用药监控的指标体系，对医生用药情况进行跟踪监控，从而实现对医院非常态化用药现象的及时发现、提示、预警、纠错和规范，以期达到把大处方等问题解决在萌芽状态。

用户故事不能等同于我们通常所熟知的 UML 语言中用例的概念。用户故事比用例规模小，不包括用例那么多细节。用户故事只在开发用户故事的当前迭代有用，而用例常常用作项目的永久性的工件。

那么应该如何弥补用户故事关于需求细节的缺失问题？答案是更多的沟通和确认。为了确保用户故事的有效性，敏捷一般秉承 3C 原则如下：

（1）一份书面的故事描述，用来做计划和作为提示（Card）。
（2）有关故事的对话，用于具体化故事细节（Conversation）。
（3）测试，用于表达和编档故事细节，且可用于确定故事何时完成（Confirmation）。

以上沟通和确认的动作一般发生在开发（测试）人员和产品经理（客户）之间，通过对话的方式明确故事细节，并进一步确认故事的验收条件。验收测试条件或测试方法应该在每次开发迭代中尽早编写，编写的内容可以体现在故事卡背面。

理想的情况是，故事卡由客户团队编写，按照故事对客户的价值来安排故事的优先级顺序。所写的用户故事能够在一次敏捷开发的迭代中完成，如果不能就需要考虑进行进一步分解。最好把一个用户故事控制 1 个开发人员在 2~5 天内能够完成的工作量。

在每一轮开发迭代时需要估计开发团队的速率，速率代表团队可以完成的工作量，通常以故事点数来计量。故事点数是一个相对度量方法，可以在拟订迭代计划时转成具体的人天数。

需要注意的一个原则是，放入每一轮迭代中待完成的故事所估计的故事点数总和不能超过事先开发团队所估计的团队工作速率。这个原则与看板方法中提到的限制在制品数量的原则是一致的。

3.2.3 敏捷用户故事的 INVEST 原则

极限编程(XP)倡导者 Bill Wake 描述用户故事有如下 6 个属性,简称 INVEST 原则,可以作为拟定用户故事的现实参考。

1. 独立的(Independent)

独立性和传统软件工程的松耦合的概念有异曲同工之妙。强调用户故事之间不要有太多的依赖,因为有依赖的不同故事可能优先级不同,这就会给故事的工作量估计,以及故事在开发迭代的排期造成困扰。

2. 可协商的(Negotiable)

故事是可以协商的,故事卡是用户功能的简单描述,细节需要在客户与开发团队的讨论中产生。

3. 有价值的(Valuable)

故事是以客户或用户的视角来书写,通常是业务语言而非技术语言。在故事中自然体现这个功能具体给用户带来的价值是什么。

4. 可估算的(Estimate)

每个故事都对应估计的故事点数,即工作量应该是可以度量的。开发人员可以根据所在业务领域的知识和相关技术经验来估计每个用户故事可能对应的故事点数。基于每个用户故事的故事点数的估算,确保纳入每次迭代的故事的总故事点数不会超过开发团队的速率,即处理能力。

5. 小的(Small)

每个故事可以小到在一次开发迭代中就可以完成。合适的故事大小最终取决于团队的速率,以及所使用的技术。我们可以考虑把一些大的史诗故事通过某些规则分解为更小的可在一个迭代中就可以完成的小的故事。

6. 可测量的（Testable）

故事必须是可测量的，这和每个故事必须对应验收条件是息息相关的。可度量的验收指标是不可少的，比如系统的可用性为99.99%，或者是在99%的情况下，打开一个页面的时间不能超过2秒等。

3.2.4 敏捷项目管理的估算与项目规划

无论一个软件开发项目的规模和重要性如何，项目工作量的估算和规划对它的成功都是至关重要的。因为这属于项目投资回报（ROI）的范畴，不合理或不精准的估算或项目规划预示着项目在最初就埋下了失败的种子，这样的项目先天就有缺陷，很难通过后天弥补。因为项目总会存在最小的生命周期和最小的完工成本，违背客观规律的项目最终必然导致失败。

著名的软件工程大师Boehm认为传统的瀑布式开发，在可行性分析阶段进度估算的偏差应为-60%～+160%。美国项目管理协会认为项目的粗略数量级估算偏差为-25%～+75%。那现存项目是怎样的呢？根据著名的统计分析组织得出的结论，一般项目花费的时间会超出最初进度规划的100%。这究竟是为什么呢？

我们在传统的瀑布式开发模式下通常使用代码行或功能点作为估算的方法。这是某些已经通过软件开发成熟度模型（CMM）评估的组织通常使用的方法。这些方法有一些天然的缺陷，它们不易于计算，而且需要详尽的需求分析和架构设计作为前提条件才能得以实现。这显然不太适合当今互联网产品快速迭代的需要，我们必须采取其他方法来适应敏捷项目管理的估算，用户故事和故事点的估算方法就应运而生了。

用户故事是从用户的角度来描述用户渴望得到的功能。每个故事必须清晰，且能展示价值。而故事点是用于表达用户故事和功能的总体规划度量单位。故事点的特点就是容易计算，并且可以尽早计算。究其原因就是故事点是基于近期迭代需要完成工作的估算方法。敏捷开发不要求一开始就知道项目的终点，它强调在某个特定的时期，即某个迭代应该达到什么样的成果，并尽可能接近项目的终点目标。

敏捷强调规划的层级结构,通常以规划洋葱的方式命名。洋葱的皮是分层的,规划也需要分层次。一般自上而下分为战略、资产、产品、发布、迭代和当前日。也就是敏捷团队不仅要低头走路,还要抬头看天。一般敏捷团队更多关注发布、迭代和当前日这三个层次。敏捷发布规划、迭代规划和每日例会就是这三个层次的具体体现。而产品负责人或产品经理必须把握所开发的产品符合组织的战略,并能够应用到组织的过程资产。敏捷认为一次性就做出适应战略的发布规划是不可能的,也是没有必要的。为了迎合战略和市场的调整需要,项目的发布规划应该在每次迭代结束后进行更新,最少在几次迭代后必须更新。这种不断迭代的思想和戴明提出的 PDCA 思想是一致的。敏捷项目管理就是通过不断迭代规划和故事点的估算来确保项目不会偏离组织战略的需要。

3.2.5 用户故事估计小窍门

用户故事是通过故事点方式来估计其工作量的。每个故事点可以是一个理想日,理想日是说在一天中没有任何干扰(没有会议,没有电子邮件,没有电话),开发人员全身心投入工作的情况。其实,故事点作为工作复杂度的度量单位,还可以有很多种计量方法,比如可以设定一个典型用户故事的工作量为一个故事点,其他用户故事的工作量和这个典型故事的工作量进行比较得出自己可能的故事点。因此,可以认为故事点是一个模糊单位(NUT, Nebulous Units of Time)。

用户故事的工作量估算是由团队集体完成的。这有两个原因:第一,在启动估算的时候,还不确定团队中由谁负责完成这个用户故事;第二,团队估计更相对科学和准确。

以下是基本的估算方法:

1. 计划扑克或扑克牌游戏估算

团队应用带有斐波那契数列的扑克牌来进行估算,此数列的特点是在数列中的部分数是位于它前面的两个数之和,比如在数列中数 8 是数 5 和数 3 之和。在数列中并非所有数都符合这个规律。数值为 1 可以认为是一个故事点。在估算时,每个团队成员都有一套这样的扑克牌,在主持人引导下,团队成员可以基于每个用户故事一起出牌亮出自己的估算结果。在所有估算结果中,识别出估算工作量最小的和最大的团队成员,分别请他们讲解各自的估算理由。然后进入下一轮的估算,直到50%以上的人达成基本一致的意见后再开始估算下一个用户故事。

2. 卡片方式估算(宽频Delphi)

客户参与该估算过程,团队成员每人有一些用来记录估算值的空卡片。客户随机抽取一个用户故事,读给开发人员听。开发人员根据需要尽可能多发问,客户要尽其所能解答。直到没有任何其他疑问,每个开发人员需要在卡上写下一个估算值。大家都写好估算值后,所有人翻开他们的卡片或拿起来展示给所有人看。估算值最高的和最低的需要解释估算依据。再进行下一轮的估算,直到意见基本一致,最好估算的轮数不要超过三轮,不用过于要求精确。

估算的目的之一是知道整个项目的工作量,所以还需要将故事点换算成时间或人天。在每次做冲刺或迭代计划时,会把故事点细化为具体的任务项,任务项会分给某个团队成员。每个任务项就会带有具体的人时或人天,以及计划开始和完成时间的要求。团队成员对具体的任务项的完成时间达成必要的承诺。

3.2.6 "凌波八步"迭代产品开发

下面介绍一个"小而美"的迭代产品开发是如何分步骤落地实施的,即所谓的"凌波八步"。

第一步:明确公司愿景。
企业可以制定符合其公司级的愿景(产品愿景)和核心产品研发的路线图。通过战略树立正确的做事方向,通过产品路线图来阶段达成组织的愿景,通过文化来保驾护航。这就是秉承德鲁克的战略、产品路线图、文化和愿景之间的关系。
第二步:定义产品经理。
针对具体产品,指定客户或来自公司业务部门的人员成为产品经理。
第三步:定义用户角色。
通过头脑风暴法、名义小组会议、亲和图、虚拟人物和极端人物、用户画像、系统交互图等方法明确使用产品或系统的用户角色。

第四步：编写用户故事。

产品经理和团队成员共同拟定所有可能的用户故事，每个用户故事的描述基本包括三部分，它们是用户角色、实现功能和所预期的价值。需要考虑涉及非功能性需求的技术故事，比如系统必须能够支持1 000个并发用户的同时访问，保持全年99.99%的系统可用性。这些用户故事的描述与系统的验收息息相关。测试人员可以进一步与产品经理讨论和确定每个用户故事的测试验收条件。验收条件关联《PMBOK®指南》所说的验收标准。

第五步：估算故事点数。

团队成员可以通过宽频德尔菲(Delphi)和计划扑克等方法来估算每个用户故事的工作量。工作量的单位可以是故事点或理想日。产品经理和团队成员基于每个故事的价值和花费成本一起排列所有用户故事的优先级。

第六步：拟订发布计划。

召开发布计划会，确定发布的频次，以及每次发布所包含的迭代次数和迭代长度。估算开发团队的速率，即工作效能，可以用每次迭代能够完成多少个故事点来表示速率。将具体用户故事分配到指定的迭代中，通过用户故事地图的方式展示发布、迭代和用户故事之间的关系。用户故事地图有点类似于PMP中的项目管理计划，即通过设置不同的发布计划和迭代计划，把用户故事根据轻重缓急来分批实现。

第七步：迭代开发测试。

召开需求梳理会(拟订需求准入条件)和迭代规划会(计划纳入本次迭代的用户故事)。在迭代规划会上进一步把用户故事细化为开发任务，随后启动本轮迭代开发。开发人员在开发的过程中可以应用结对编程、代码评审、持续集成、自动化测试等极限编程(XP)敏捷实践。在开发过程中，通过每日站立会、看板、燃尽图和累计流量图等方法对开发任务的完成情况进行可视化管理。产品经理和测试人员进一步论证和补充每个用户故事的验收条件，并把验收条件与每个用户故事进行关联。通常会把验收条件写到看板上每个故事卡片的背后。另外，组织可以应用(验收)测试驱动开发(ATTD)的方式来指导开发人员的代码编写工作。

第八步：迭代评审回顾。

每次迭代开发结束后，需召开迭代评审会，对本次迭代所完成的开发任务进行验收。产品经理可以召集更多关键相关方来对开发工作进行评审验收，关联《PMBOK®指南》的确认范围过程。研发团队还要自行召开迭代回顾会，发现本轮迭代的改进机会，有效地应用到下轮迭代中进行持续改进。迭代回顾会关联PMP的结束项目或阶段过程，即行政收尾的经验教训总结。

3.3 产品研发方法详解

当然,在实际的产品研发过程中可能不是完全按照常规的项目管理方法论来执行的。下面通过对产品研发项目的相关要素的讲解来尝试理解现代产品研发和标准项目管理方法论的异同,以及二者之间如何有效地融合以创造出应有的价值。《PMBOK®指南》(第七版)非常强调项目交付产品的价值,故本节是《PMBOK®指南》(第七版)针对产品管理的部分辅助案例解读。

3.3.1 什么是产品经理

1. 产品经理的定义

产品经理是在企业中专门负责产品管理并对产品负责的人。也就是说,产品经理需要根据公司的战略要求,协调各方资源,推动这个产品实现既定的目标。一款优秀的产品背后必然会有一个或多个优秀的产品经理,但不优秀的产品背后却也未必一定是产品经理不优秀。由于企业环境和产品类型的差异,产品经理的工作职责和范围不尽相同,多数初创企业对产品经理的职责划分不清,对于产品经理的期望和要求不尽相同,本书暂且针对互联网或软件行业产品经理加以探究。

2. 产品经理的职责

产品经理的职责包括调查并倾听客户的需求,根据客户的需求对产品功能进行定义、规划和设计。在产品生命周期的各个阶段,协调研发、设计、营销和运营等相关部门,确定各项产品决策,保证研发工作的顺利开展,确保产品策略的顺利达成。另外,产品经理还要认真搜集用户对于已上线产品的反馈,产品的故障或缺陷,新需求或当下需求的变更,同类竞争产品资料及最新动态,以及研究产品的未来发展趋势等。

3. 产品经理的角色难点

在产品研发生命周期中,产品经理是领头人,是协调员,是鼓动者,但他并不是部门负责人。产品经理虽然对产品开发本身有很大的权利,可以对产品生命周期中的各阶段的工作进行干预,但从行政上讲,并不像一般职能经理那样有自己的下属。他还要运用很多资源来做事,因此如何扮演好这个角色也是需要相当技巧的——这一点与项目经理的角色十分类似。

3.3.2 产品经理与项目经理

为了进一步区分产品经理与项目经理的异同,我们且对两个职责进行比较分析如下。

1. 产品经理与项目经理的相同点

首先,从名称上项目经理(Project Manager)与产品经理(Product Manager)简称都是 PM;二者都充当项目管理角色,与开发人员和设计人员等执行类的岗位不同,其职能管理职责多,技术职责少;在很多初创的互联网公司,产品经理也同时充当着项目经理的角色;都需要具备管理者的基本能力,如领导能力、沟通能力、协调能力、时间管理能力、冲突管理能力、计划制订能力和风险监管能力等。所以项目管理经验对一个优秀的产品经理非常重要,产品经理最好具备项目经理的相关资格证书。

另外,产品经理与项目经理角色之间是既互相协作,又互相制衡的关系。互相协作是因为在项目交付这个角度上,产品经理和项目经理需要协作;互相制衡是产品经理考虑的产品交代角度的诸多问题,往往会给项目管理带来一定的进度、成本和质量的压力。项目经理现实的目标导向又会与产品经理前瞻性和突破性的需求导向产生冲突。很多由项目经理转型的产品经理,会过于注重具体目标的制定与实现,而忽略了产品应有的创新与突破,这一点也是各位致力于成为产品经理的同仁应该格外注意的地方。

2. 产品经理与项目经理的差异点

产品经理与项目经理的差异点见表 3.1。

表3.1 产品经理与项目经理的差异点

评估维度	产品经理	项目经理
产品与项目本身的差异	产品是指能够提供给市场，被人们使用和消费，并能满足人们某种需求的任何东西，包括有形的物品、无形的服务、组织、观念或它们的组合。产品的目标是解决一件事，或者说满足一些用户的通用需求。产品的生命周期类似于人的成长，从需求搜集（产品构思），到成长（产品的版本迭代），到退市（产品下线）的过程；一个产品的生命周期可能包含很多个项目的生命周期	项目的目标是在规定的时间内，利用有限的资源，高质量地完成某个特定客户或用户的需求。项目的生命周期包括项目的启动、规划、执行、监控和收尾。当项目验收并交付最终产品或服务给客户或用户，项目的生命周期就宣告结束
完成状态	产品不存在完成的说法，因为产品是不断更新的，直到被新产品替代，旧产品退市，生命周期才结束	项目只进行一次，具有临时性，有明确的开始和结束时间，无论周期多长，项目验收结项后，项目生命周期就完成了
工作职能	评估产品机会和定义产品功能，创造出符合市场的需求和给公司带来利润的产品，注重产品质量和后期收益	实现产品需求和项目管理，把事情做得完美，达到符合既定进度、质量和成本要求的项目目标
工作职责	收集用户需求，负责产品功能的定义、规划和设计，确保团队顺利开展工作，保证高质量产品的按时完成和成功发布。还需要协调产品所有运作环节和经营活动，进行竞争产品分析，研究产品发展趋势，推动产品推广运营。概括为如下七个方面： （1）明确产品的目标用户群及其特征 （2）获取、评估和管理用户需求 （3）完成产品需求文档、产品原型和流程图 （4）精通用户体验、交互设计和信息架构技能 （5）项目管理、需求变更管理和需求验收 （6）产品运营数据的分析和总结 （7）提供运营、市场和销售等支撑	首要职责是在预算范围内按时优质地领导项目小组完成全部项目目标，并使客户满意。项目经理负责制定项目阶段性目标以及项目的总体控制计划。项目目标一旦确定，项目经理就需要将总目标分解，划分出主要工作内容和工作量，明确项目阶段性成果的实现标志等。项目经理还需要管理项目实施方案的决策、成员的奖惩、资源的调配、进度的妥善安排以及合同的变更审批等工作

续表 3.1

评估维度	产品经理	项目经理
主导时间	主要主导产品功能和原型前的部分	主要主导产品功能和原型后的部分
技能偏向	偏向于业务创新、数据分析、用户体验和交互设计	偏向于功能实现、技术研发和风险管控
能力模型	除了具备特定业务领域的技能和通用管理方面的能力外,还需具备如下能力: (1)市场分析能力,即对行业情报、竞争对手动态和用户变化进行掌握和分析。确定产品的市场地位,掌握竞争格局,预测市场变化,确定战略和战术 (2)专业设计能力,即依据用户使用场景揣摩用户心理,使用工具和技巧,设计出满足甚至超出用户预期的功能特性 (3)商务沟通能力,即理解合作方的利益点及自己可提供的资源,通过一定的谈判技巧,形成共赢的成交方案 (4)数据分析能力,即通过设计数据指标体系,进行数据的收集和分析,挖掘潜在规律和问题,以优化产品和支撑决策 (5)市场营销能力,即根据目标用户、产品特点及品牌塑造需要,辅助营销及公关策略的制定和执行 (6)市场/用户的调研与分析能力,即主动通过各种渠道了解用户反馈,掌握定性、定量调研方法,并汇总用户反馈意见,持续指导产品优化	除了具备特定业务领域的技能和通用管理方面的能力外,还需具备如下能力: (1)知识能力,即项目经理对项目管理的知识了解多少 (2)实践能力,即项目经理能够应用所掌握的项目管理知识做什么、完成什么 (3)个人能力,即项目经理在执行项目相关活动时的行为方式。最主要的是人际关系技能,包括领导力、影响力、应变能力、团队建设、激励能力、沟通能力、决策能力、谈判能力、建立信任能力、冲突管理能力、教练技术、政治文化意识等 (4)技术能力,即开发技术能力、系统集成软件行业的能力、协调资源整合的能力

3.3.3 项目经理转型为产品经理的挑战

好的产品经理首先是成功的项目经理,充足的项目管理经验和能力可以让产品经理在产品团队中更好地处理人际关系,把握项目执行过程中的计划、风险和进度。产品经理所应具备的能力中很重要的一部分是项目管理的能力。在互联网大潮下,项目经理转型为产品经理也是一个普遍趋势。本书作者通过亲身的实践和观察,梳理出项目经理转型为产品经理可能会面临的一些挑战。

1. 对产品前瞻性的洞察

产品经理一定要有很强的事物洞察力和前瞻性,这不仅仅是一个简单的想法或观念,前瞻性体现在这个想法能带来较大的市场价值,并能衍生出好的产品。产品的成功一定是结合了社会环境和机遇等多种因素在里面,所以产品经理需要洞察工作中的问题与机遇,做到顺势而为。如果产品经理不能预测出未来市场变化,就会错失良机,要么被同行打败,要么被用户抛弃,项目经理转型为产品经理应格外注意这一点。

2. 对市场的认知

紧密围绕市场调查、市场细分、目标市场和市场定位,通盘考虑产品、价格、渠道、促销、公关和服务这些因素也是产品管理的一项很重要的工作。从产品定位、用户定位、价格和竞争对手入手,了解各自的强项和弱项,找到机会在哪里、威胁在哪里,并进行分析,制定未来的战略。这些素质不是通过看市场宣传和日常汇报就能够获得的,它需要很多的信息反馈分析,也要靠一定的经验和感觉。

3. 对用户体验的把握

产品经理是自己产品的父母,需要对自己孩子的"长相"负责。虽然说现在的互联网公司分工明确,有交互设计、视觉设计,但是成熟的产品经理必须有良好的审美及对于设计的理解能力。产品经理的审美,并不要求他能够策划出用什么颜色好看,或者是按钮放在什么位置更顺手。但需要他有着对美的追求及对美的认同,对于好的设计需要有鉴赏的能力。

4. 对事务优先级的控制

产品经理的工作是相当琐碎的,大至一个产品战略的决策,小至一个像素的偏差,同时要处理各种各样的关系和进度,所以如何进行有效的时间管理,在一天之内高效地做事就显得尤为重要。

5. 具备较强的抗压能力

作为一个产品的负责人,产品经理的压力是很大的。尽管在某些公司,产品的成败不一定和产品经理的收益挂钩,但如果因为某些原因没有安排好时间,造成产品无法如期交付,产品经理还是有"罪魁祸首"的感觉,这些都是压力所在。

6. 主动做事与合作能力

产品经理需要有独立解决问题的能力和动力,要把产品看作自己的孩子,怀着强烈热情和激情去做事。与项目管理的过程相似,产品管理也需要明确目标、工期、范围和质量的要求,同样承载部门领导或客户的压力,碰到问题时同样可以寻求到组织内部或外部的各种资源。

3.3.4 如何评估产品机会

产品经理的前瞻性及洞察能力表现在对产品机会的捕捉和评测上。产品的需求来源有很多,可能是市场用户的反馈,可能是高层的意见,可能是产品团队的点子,也有可能是专业顾问人士的分析。在这些参差不齐的需求池里总是掺杂着当前市场前景并不乐观的需求和看似合理的却并不成立的伪需求。这时就需要一个人来进行统一的分析和审核,识别出真正的需求点,也就是常说的业务痛点。同时,还要对纷繁复杂的需求进行一定的取舍。互联网产品更新速度普遍比较快,市场需求每天发生变化,所以就更需要做减法,关注产品的核心需求。评估产品机会是在产品的概念化阶段完成的,交付产物为"商业需求文档(BRD)"

和"市场需求文档(MRD)"。

一般来讲,对需求的取舍可以参考一些理论依据,比如著名的KANO需求管理模型图,如图3.2所示。

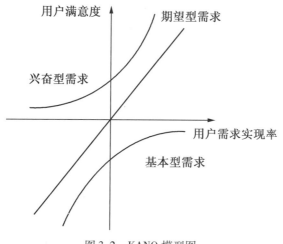

图3.2　KANO模型图

KANO模型是日本质量管理大师、东京理工大学教授狩野纪昭(Noriaki Kano)受赫兹伯格的双因素理论的启发提出的用于分析质量与用户满意度的工具。KANO模型定义了三种类型的需求:基本型、期望型和兴奋型,并揭示了三种类型需求的实现程度与用户满意度的关系。

1. 基本型需求

在图3.2中最下面一条曲线代表"基本型需求",用户认为产品必须具备这个属性或者功能。当用户的需求实现率低,即不满足用户此类需求的时候,用户非常不满意,对产品无法接受;当此类需求实现率高,即满足了用户此类需求的时候,用户会认为理所应当。此类需求只能消除用户不满意的负面情绪而不能带来正面的满意度的提高。

2. 兴奋型需求

在图3.2中最上面的曲线代表"兴奋型需求",也就是产品里的全新功能,以前从未见过,或是一种新的机制、服务或新政策等。没有的时候,用户也想不到,有了以后,会给用户带来惊喜，用户忠诚度得到极大提高，这往往也会成为产品的竞争性元素，也就是所谓的卖点。比如某业界知名的移动营销整合平台的"一键导入"功能。功能可以让设计师们一键将文件上传至软件编辑器，自动生成相应的 HTML5 页面，省去了一个个图层的导出、上传和重新排版的问题，节省了大约 90% 的制作时间。这类功能满足了用户兴奋型需求，属于亮点功能，产品一旦拥有此功能，用户满意度将会以指数级上升。一般企业的创新部门或技术研发中心，花大量精力去实现一个亮点功能的成本是相当高的。产品研发企业需要时刻关注兴奋型需求的投资回报的现实问题。

3. 期望型需求

处于图表中间的斜线代表"期望型需求"，期望型需求也叫"期望功能"。对于这类需求，用户是"nice to have"的。首先，这个产品或服务是相对比较优秀的，但不是"必须"的。在用户调研中，用户反馈较多的也是此类需求，他们可能无法描述清楚，但却是他们希望得到的，这个也反映了用户调研的局限性，因为基础功能用户会觉得你肯定有，产品经理自己也心知肚明，亮点功能对于一般用户也很难想到。所以通过用户调研得来的这些需求通常是期望型需求。这类需求在产品中实现得越多，用户就越满意，当没有这些需求的时候，用户就不满意。

总之，基础需求或功能一般需要产品经理的领域知识来弥补，而兴奋型需求或亮点就需要靠对用户需求、场景和人性的理解了，也就是我们经常所说的"没有需求创造需求"，探究到了用户深层的需求，然后创造一个解决方案。基础需求或功能只能消除不满，不能带来满意。兴奋型需求或亮点的重要性在于，有了亮点才有口碑，没有亮点的产品只会有人用，而不会造成口碑传播的轰动效应和用户的爆发性增长。另外，一个需求所属的类别随着生态系统的变化和行业的发展会逐渐演变，一般从亮点到期望再到基本。在互联网飞速变革的时代更是如此，亮点功能层出不穷，一个月前的亮点如今已没有人再提起，产品经理在评估产品机会时要做到与时俱进。

3.3.5 如何定义要开发的产品

当评估某项产品或功能是可开发的，此时就需要将这个概念化阶段提出的需求或者功能点转换为界面 UI 设计、开发、其他产品部门成员或公司领导能看得懂的模型,可以使用原型工具(如 Axure)制作线框图,复杂的流程需要使用流程图来辅助呈现,通常可以使用 Visio、Edraw、XMind 或其他流程工具制作。

在完成原型设计后,请相关需求提出方或目标用户对原型进行可用性的评估,如果能得到积极反馈,也就验证了流程的合理性与可操作性。这个阶段产品的交付产物是 PRD(Product Requirement Document,产品需求文档),顾名思义是阐述产品需求的一种文档,其核心是将需求描述清楚。通过 PRD 可以看出一个产品经理对产品理解的逻辑思维、在相关领域的认知和专业的深度,以及对产品全局的认识。一份好的 PRD 能让开发、测试和运营等各个环节的成员清楚地了解产品需求的背景和详细要求,以及每个需求点未来的优化方向,也能让其他人从该文档中看到产品的价值和意义。当所有角色认可了 PRD 中的内容后,这份文档将作为后续开发、测试和需求验证的依据。一份好的 PRD 文档能够极大减少因需求理解不到位而造成的偏差,也能极大降低产品经理在项目实施过程中反复沟通的成本。

一份完整的 PRD 应该具备以下要素。

1. 文档的命名和编号

每个产品都是经过若干个迭代才完成的,每个迭代的功能都不一样,所以需要定义清楚产品名称和迭代版本,修改了几次。比较完整的命名为:某产品的需求 PRD_V ×.×(注:×.× 为具体的版本号),以便于理解、沟通和存档。

2. 文档的版本历史

文档的版本历史包括编号、文档版本、章节、修改原因、日期和修改人。编号只是为了记录修改的顺序;文档版本显示的当前修改的内容属于文档的第几个版本;章节是具体到修改内容属于的功能模块,以便于阅读人及时找到修改后的内容;修改原因即具体说明为什么要修改该需求;日期是指需求文档修改的时间;修改人是指需求内容的修改者。

3. 目录

帮助读者了解文档结构,文档完成后直接更新模版中的目录即可,缜密的逻辑和清晰流畅的文档结构是一个产品经理应具备的基本功底。

4. 引言

引言包括产品概述及目标、产品路线图、预期读者、成功的定义和判断标准、参考资料和名词说明等。

产品概述及目标:解释说明该产品研发的目的、背景以及核心功能。

产品 Roadmap:产品规划的蓝图及每个关键阶段的核心任务,是对产品未来发展趋势的一种预估,而并非一次性规划好所有的阶段目标。清晰地呈现产品的 Roadmap 可以帮助产品经理把握产品的全貌,更好地控制研发过程。

预期读者:文档的使用对象。

成功的定义和判断标准:旨在说明产品的目标。

参考资料:PRD 的参考资料。

名词说明:对文档中会出现的比较新的可能会给读者带来困惑的名称进行解释。

5. 需求概述

需求概述通常包括需求概览、用户类与特征、运行环境、设计和实现上的限制、项目计划和产品风险等。

需求概览:通常分两部分:一是业务流程图,对产品整个业务流程的发生过程做图形化的展示,是对产品整体功能流程的阐释;二是需求清单,对本次要开发的需求任务做分类,给出简明扼要的需求描述并标注优先级。

用户类与特征:产品的最终用户,确定产品的最终使用者,并对使用者的角色和操作行为做出说明。

运行环境:该产品上线后的使用环境,比如支持的浏览器及其版本,操作系统和数据库的要求等,测试人员在看到环境要求后会重点测试,而最终上线产品时需要把最佳的运营环境告知给用户。

设计和实现上的限制:比如控件的开发环境、接口的调用方式等。

项目计划:对于 PRD 中要开发的内容,给出关键里程碑,比如需求评审通过的时间、开发的完成时间和上线时间等。

产品风险：描述产品可能存在的风险，比如性能瓶颈，没有解决的问题和用户不当使用的风险等。

6. 功能需求

功能需求一般是由功能详情和业务流程活动说明两大部分组成的。功能详情是所有产品功能的描述和规划。

（1）功能详情一般包括以下内容：

①简要说明：介绍此功能的用途，包括其来源或背景，能够解决哪些问题。

②场景描述：产品在哪种情况下会被用户使用，就是用户场景模拟。

③业务规则：每款产品在开发时都有相应的业务规则，将这些规则清晰地描述出来，让开发、测试人员能够直观地明白该规则，且没有产生歧义。业务规则必须是完整的、准确的和易懂的。业务规则的描述上如果涉及页面交互或者页面的修改，建议给出页面的草图或者页面截图在图上说明要修改的内容。另外，建议对页面的输入框、下拉框的内容格式、长度、控件之间的关联性做出说明，什么时候可见或不可见，灰掉或点亮的条件在文档中都给出说明，方便阅读者理解业务规则。

④界面原型：如前所述，涉及页面交互的部分，产品经理需要设计页面原型。原型设计通常需要产品经理和UI设计师一起来完成。建议的做法是，产品经理可设计一个页面框架，将该页面要呈现的字段及其特征以及页面要使用的场景向交互设计师解释清楚。之后，交互和视觉设计师完成产品的原型设计。

⑤前置条件：该需求实现依赖的前提条件。比如，使用音乐时，要先有音乐文件。

⑥后置条件：操作后引发的后续处理。

（2）业务流程活动：对业务说明的过程需描写业务流程活动中每个功能流程的各种走向，对分支的介绍是非常重要的，开发和测试遇到的各类问题均与对分支的定义不明有关。一个合格的PRD不仅要描述主流程，同时对分支流程所出现的各类问题都要做详细阐述并给出解决办法。

最大化地思考所有的业务问题是编制PRD时必须遵守的原则，虽然PRD不可能百分之百覆盖所有的可能。另外，在描写功能需求时不能出现"可能""或者"等模棱两可的词，一定是明确、唯一的描述。列出所有可以选择的达到该产品目标的方案要点(主要思路),给各方案适当的评价,并推荐最优方案(在功能需求中描述的)。若某一功能可能会有扩展和进一步的迭代计划,可以一并写出,帮助开发做出合适的底层架构。

7. 成本效益分析

产品的成本衡量一般包括三个方面:效益预测、产品技术成本和其他成本支出。

效益预测是指所提供的功能在未来能产生的效益,可通过对比以往的产品或竞品来做预估,像互联网产品的几个常见的指标就是页面浏览量 PV、访客量 UV、每日活跃用户 DAU 和其他的财务指标。产品技术成本是指研发设计以及上线后的运营需要的资源需求,包括人力和软硬件(带宽、服务器、机房)支出。其他的成本还包括支持成本,比如上线后的运营资源投入、市场推广投入,以及客户服务运营的投入等。

8. BETA 测试需求

很多产品在正式上线前都有 BETA 版本或者内测版本,或者叫灰度版本,目的是测试产品的一些核心功能或者性能,这个阶段要实现的目标或衡量标准也需要在 PRD 文档中体现。

9. 非功能性需求

一般情况下非功能性需求包括以下几个部分:产品营销需求、运营需求、财务需求、法务需求、使用帮助、问题反馈等。这些信息构成了产品上线的完整内容,也很好地体现了产品经理的综合素质。

10. 运营计划

运营计划包括产品上线后如何运营,目标受众是什么,建议的推广策略、问题反馈途径、风险监控、亮点宣传,以及与运营人员的协作方式。并不是开发完产品就能画句号的,让产品用起来、用得好,有口碑更为重要,产品人员最好能参与到运营计划的制订中。

11. 需求变更

产品团队成员需要正确地看待需求变更,并要控制好变更,需求不是一成不变的,在产品研发过程中需求变更是正常的。有着丰富项目管理经验的产品经理会更好地制定项目变更计划,并对变更进行有效的管理。

PRD 中的内容展开实施前必须要经过各个部门的评审,评审会的质量也会在很大程度上影响到产品方案的落地。PRD 的评审需要注意关键人物必须到场,比如负责研发的领导,关键人物的缺席会导致评审不能充分通过项目参与人的认可;产品实现过程中,大家经常为某一个点争论不休,继而需要产品经理反复沟通,修改既有的产品方案或返工,很可能就是 PRD 评审环节对实现的细节没有想清楚,这就必须重新确定方案。在评审过程中,大家意见都已经统一,但是实现环节总会遇到各种问题与局限,这个时候产品经理切忌轻易修改最初制定的方案,因为新讨论的方案更容易忽略某些关键因素,出现问题的可能性更大。

一个合格的产品经理需要持续学习行业知识,了解用户的操作,多与用户沟通,倾听他们的痛点与痒点,这个过程能帮助产品经理识别真正的需求所在,从而解决问题。随着对行业和用户的理解及把控的逐步深刻,PRD 阐述的内容将越来越全面、越来越有深度,会成为其他人的学习资料,并产生深远的影响。

3.3.6 如何进行产品研发项目管理

1. 产品研发项目管理的基本原则

(1)研发项目的选择和评价。

产品研发项目的筛选就是综合考虑企业内外部环境的影响,根据企业现有的技术、资金和科研人员的实力,运用一定的评价模型及标准,在备选的研发项目中找出最优的项目和项目组合。产品研发的选择与评价一般遵循以下原则:

①战略一致性原则。企业研发项目都是为了企业战略利益服务的,因此研发项目的选择要以企业制定的研发战略为依据,最终附依于企业总战略。

②全面评价原则。实践表明,在技术上能够获得成功的项目,依然有相当大的一部分因经济上的原因(如财务原因)而失败。主要原因在于人们往往较多地从技术方面考虑研发项目的可行性,而对经济上的合理性和管理制度上的完善性分析得较少。

③先进性与可行性统一原则。研发项目选择必然要求先进性,但技术的先进性还必须与可行性相结合。因此要从企业的现实情况出发,充分做好可行性论证。

(2)研发项目的分组。

产品研发项目的合理组合有利于研发项目组合经理或项目经理工作的展开和企业资源的有效配置。研发项目分组一般遵循以下原则:

①项目优先级。同组项目应具有相同的优先级,优先级指明了研发项目获取资源的先后顺序,以及需要完成的先后顺序。

②产品类别。同一大类的产品分在一个研发组中有利于资源共享以及技术信息的交流。

③技术或资源需求。将技术或资源需求相近的研发项目分在一个项目组中,有利于技术成果的分享和资源在项目间的合理配置。

④项目管理的生命周期。同组的项目应具有相类似的生命周期。尽管不同的项目处于生命周期的不同阶段,由于相似的生命周期,所以仍具有统一制订计划与实施的基础。

(3)研发项目人力资源的有效配置。

在现实情况中,某种新产品研发项目一通过立项,准备上马实施时,选择哪个研发项目小组负责其具体实施,就需要对该研发项目小组的资源有效性进行配置。可以根据这些项目小组的历史情况来评定哪个项目小组最具有效性,并对有效性进行排序。在这之后就可以根据项目任务的复杂程度、急迫程度来分配资源。这样做可以最大限度地发挥企业的研发能量,充分利用企业的研发资源。

2. 产品研发项目的管理难点

产品研发是一种软科学,实行项目管理也存在不少难点,尤其是在产品研发的管理上。经过对行业内多家公司的产品研发项目管理方法及流程的仔细分析,以下几方面可能是项目管理最主要的难点:

(1)考核目标设置困难。

因产品设计属于一种复杂性劳动,真正可用于考核的目标很难设定,其产出物往往是一个联合体,是一种联合的不易分解出谁的贡献大小的产品,即目标的实现是大家共同合作的成果,这种合作中很难确定你应做多少、他应做多少,因此可度量的绩效指标也就很难确定。

(2)项目目标无法权变。

项目管理执行过程中目标的改变是困难的,因为这样做会导致组织管理的混乱。事实上目标一旦确定就不能轻易改变,也正是如此使得组织运作缺乏弹性,无法通过权变来适应变化多端的外部环境。

(3)管理的时效问题。

项目管理是讲时效的,产品研发过于强调上线的周期,因时间仓促,在新产品设计中就容易产生较多疏漏。这样就导致许多内容无法得到充分落实和验证,本来还有许多应该完善改进的地方未得到有效改善,产品就投入市场,后续会带来更多问题。

(4)管理的效果问题。

项目管理的负责人非常重要,因技术研发特性,要挑选既懂管理又懂技术的人才比较难,因项目管理负责人的权力及威望不足,号召力不够,有时也存在项目推动力不够的情况,项目完成质量差。在实行项目管理过程中另一个重要因素就是要考虑项目成本,但成本的投入因各种因素往往达不到既定目标,这些都是项目执行未达到既定效果的通常原因。

3. 产品研发项目的管理优化措施

(1)目标管理法。

在产品研发项目管理中实行目标管理法,应做到以下几点:

①制定适度目标。

适度目标是我们所要追寻的最终目标。企业制定适度目标主要应从以下几点来把握:

a. 目标制定要变"自上而下"为"自下而上"。

b. 适度目标要从过往经验中寻找。

c. 对资源要做认真评估。

d. 要注意目标的 SMART 原则。SMART 的定义详见本书第 2 章 1.2 节。

②制定好各项目阶段的子目标及执行重点。

③制定科学的考评体系。

④及时奖惩。

（2）应用成熟的项目管理方法论。

根据既往的经验,成熟的项目管理方法论是企业项目成功的必要保证。通过加强项目管理方法论和成功案例的普及,形成企业内在核心竞争力是当今企业非常重要的着力点,未来成熟的项目管理方法论在中国必有相当广阔的应用前景和推广价值。

项目管理方法论通常是指企业或组织进行项目管理过程中可以参照使用的方法,既然是方法就一定会有可以参照的流程活动,具体执行流程活动的角色和职责,以及可以参照的模板和工具。业界称得上项目管理方法论的有 PRINCE2(Project In Controlled Environment)。PRINCE2 项目管理方法论不仅介绍了具体的项目交付标准,同时也介绍了建议的参与项目管理的组织层级结构,如企业或项目群管理层、项目管理委员会、项目经理和项目小组经理等层级或角色。基本可以认为 PRINCE2 是业界基于组织级项目管理的最佳实践。

（3）应用通用的管理办法。

可以借鉴的通用管理方法举例如下:

①决策分析方法。

一个企业老板开会时问企业目前存在什么问题?

100 多人抢话筒;

老板又问:说说原因?

一半人立马消失;

老板再问:谁有解决方案?

不到 20 人举手;

有谁想动手试一下?

结果只剩下 5 个人。

挑毛病、找原因、给方法、担责任;

做哪个含金量高?

做哪些事才能成为企业的栋梁？

发现问题是水平，解决问题才是管理者的能力！

"管理者的绩效取决于如何学习特有的思考方式，以便有效地解决问题。"管理学大师明茨伯格如是说。解决问题的前提是做好决策，管理者需要做好有效决策，决策包含了五个不同的阶段：界定问题，分析问题，制定可行的替代方案，寻找最佳的解决方案，把决策转化为有效的行动。

阶段一：界定问题。

管理者在做日常决策分析时的首要任务是找出真正的问题是什么，即界定问题。现实人生中没有任何问题所呈现的面貌可以直接拿来做决定，因为问题所显露的症状未必是真实的，或者截然不同的问题产生相同的症状。比较通用的界定问题的方法有两种：第一种方法先假定一切条件都不变，然后问：未来将发生什么状况？第二种方法是回顾过去，然后问：当初出现这个问题的时候，如果采取了什么行动，或不曾采取什么行动，将会对目前的状况产生什么影响？以合理的趋势判断来逐步认清正确的问题到底是什么。

阶段二：分析问题。

在找到正确的问题后，需要将问题分类，并寻找具体事实。如果没有预先将问题分类，将严重危害最后的决策品质，因为有效的问题分类会成为对未来解决问题时该由什么人做什么事情提供的必要输入。问题的分类原则必须预先经过企业内部的讨论，并且考虑企业的整体目标，确保企业在决策时不会影响到整体的利益。在完成问题分类后，才能开始寻找事实。在获取事实的过程中，管理者必须自问，我需要哪些信息才能做决定，还欠缺哪些信息，由此判断决策的风险有多大。

阶段三：制定可行的替代方案。

针对每个问题需要制定出各种选择方案，避免陷入"二者择其一"的窘境。替代方案不见得能够保证具体决策的正确，但至少能够防止在未经深思熟虑的情况下做出错误决策。管理者需要具备科学家的精神，即无论多么熟悉观察到的现象，还是会把其他可能的解释都纳入考虑的范畴内。

阶段四：寻找最佳的解决方案。

针对每个问题需要制定出各种选择案，在选择方案时要通过四个标准去权衡：第一个是风险，管理者必须根据预期的收获，来权衡每个行动的风险。第二个是投入的精力所达到的经济效益，即方案的投资回报是什么？不要用牛刀来杀鸡，或试图螳臂当车。第三个是考虑时机，通过敏锐的洞察力来做出适时的判断和方案推广，即顺势而为，并要考虑企业文化等事业环境因素的影响。第四个是资源的限制，选对合适的执行方案的人选，了解方案执行者的意愿和能力，确定他们可能做什么和不能做什么。对于没有能力执行方案的人需要进行必要的培训和验证培训的效果，以保证方案落地的有效性。

阶段五：把决策转化为有效的行动。

任何解决方案都必须做到有效实施，在实施决策过程中管理者需要通过精准的沟通使具体执行决策的人员了解行动的具体办法，并监控决策执行的过程，必要的时候共同商讨重大的执行偏差和异常情况。除此之外，管理者需要帮助具体决策执行人员有效地达成行动的目标，发挥更好的工作绩效，从而使员工从工作中得到成就感。

②六顶帽子分析法。

六顶帽子是管理思维的工具以及有效沟通的操作框架。该工具能够帮助我们充分研究在日常管理中每一种情况和问题，创造超常规的解决方案。管理者可以把这种思想应用在每一次会议或每一次讨论过程中。六顶帽子分别代表六种基本思维功能，分别用不同颜色来做比喻。

白帽子：白色是中立而客观的，代表着事实和资讯。

黄帽子：黄色是乐观的颜色，代表与逻辑相符合的正面观点，识别事物的积极因素的功能。

黑帽子：黑色是阴沉的颜色，意味着警示与批判，发现事物的消极因素的功能。

红帽子：红色是情感的颜色，代表感觉、直觉和预感，形成观点和感觉的功能。

绿帽子：绿色是春天的颜色，是创意的颜色，提出解决问题的方法和思路的功能。

蓝帽子：蓝色是天空的颜色，控制着事物的整个过程，指挥并管理整个思维进程。

由于团队的成员常常在同一时刻戴着不同颜色的帽子,因此导致思想混乱、相互争吵和错误的决策。六项帽子分析法将思考的不同方面分开,依次对问题的不同侧面给予足够的重视和充分的考虑。就像彩色打印机,先将各种颜色分解成基本色,然后将每种基本色彩打印在相同的纸上,就会得到彩色的打印结果。同理,我们对思维模式进行分解,然后按照每一种思维模式对同一事物进行思考,最终得到全方位的"彩色"思考。管理者需要投入精力去训练团队成员在日常工作中具备"六项帽子"所提倡的思考方式,思考步骤举例如下。

步骤一:陈述问题事实(白帽子);

步骤二:提出如何解决问题的建议(绿帽子);

步骤三:评估建议的优缺点,列举优点(黄帽子)和缺点(黑帽子);

步骤四:对各项选择方案进行直觉判断(红帽子);

步骤五:总结陈述,得出方案(蓝帽子)。

③最佳习惯养成办法。

训练团队成员具备七个最佳习惯,具体习惯内容包括积极主动、以终为始、要事第一、双赢思维、知彼解己、综合综效和不断更新等。这七个习惯是促进个人成功的必要素质修养,一个成功的个人要全力以赴确立目标,要事第一并不断修炼从而最终实现个人成功。与此同时,要通过建立合作共赢以及同理心进行有效沟通。

习惯一:积极主动。

积极主动顾名思义就是采取主动并为自己的行为负责,人有能力也有责任创造有利的外在环境。凡事从积极的角度去思考,而不是找各种借口抱怨事情的不公。保持积极主动的心态可以从日常沟通中多用正面的词语开始,如"我行""我可以"等词语来多肯定自己的行为,锻造正面的思维模式,把任何假想的"不能"变成现实的"可能"。作为有效能人士,我们为自己的行为及一生所做的选择负责,致力于实现有能力控制的事情,而不是被动地忧虑那些没法控制或难以控制的事情。

习惯二:以终为始。

以终为始是实现自我管理的原则。确保自己的行为与目标保持一致,并不受其他人或外界环境的影响。只有确立了符合价值观的人生目标,才能凝聚意志力,全力以赴且持之以恒地付诸实现,才有可能获得内心最大的满足。更加具体地讲,以终为始是在告诉大家要明白自己到底想要什么,然后知道努力的方向。很多人在日常生活中可能还不知道自己想努力的方向,他们更加注重别人的评价,有些是为父母而活,有些是为朋友而活,而更多的是为名利而活,这些活法是被动的,甚至是可悲的。在你不断追逐各种世俗过后,可能迷失了原本应该快乐的自己。我们需要重新起航来梳理自己的价值观、人生使命和个人愿景,找到自己在这一生中真正想要的,并为此而不惜奋斗终生。难在一贯,贵在坚持,以终为始的人生才会勾勒出更加绚丽的风景。

习惯三:要事第一。

要事第一是属于时间管理的范畴,即要学会有效地安排自己的工作日程,提高工作的计划性,减少异常或突发事件的发生。从长远来看,需要逐步把自己工作中80%的事物归类为"重要而不紧急"的情况,这样才会井然有序。时间管理的详细论述详见本书第2章2.6节。

习惯四:双赢思维。

双赢思维是一种寻求互惠互利的思考方式,在可能的前提下寻求双方或多方共赢。在日常的工作和生活中要学会换位思考,体查对方的需要和切身关注。在与对方发生冲突时,首先注意寻求办法解除对方的情绪,再建设性地解决实际问题。即我们在冲突管理中采取的冲突风格应该是协作,而不是竞争、规避或妥协。达到冲突双方均希望满足的利益,并寻求相互受益的结果。

习惯五:知彼解己

知彼解己是指首先寻求了解对方,然后再争取让对方了解自己。知彼解己是建立在有效聆听基础上的,聆听别人并且读懂自己内心的声音。人人都希望被了解,也急于表达,但却常常疏于倾听。很多时候我们无法有效聆听是由于我们一味认为自己是对的,不愿意接受对方的观点。老子说"复归于婴儿",即在沟通时心无杂念,卸下心防并开诚布公,这样双方对彼此的了解也就更加流畅和自然,则可大幅提升沟通的效率和效果。此外,在倾听别人谈话时要做到解对方的弦外之音。倾听的四个层次是需要我们做到的,它们是:

a. 听懂对方的话;

b. 听懂对方的话里之话,即背后的故事;

c. 听懂对方的情绪情感、需要和动机;

d. 听懂对方的早期经历、人格特质、能力、品质、防御机制和思维模式等。

习惯六:综合综效。

具备协作精神,做到 1 加 1 大于 2 的效果。具备合作精神,大家齐心协力比自己各自奋斗能够取得更多的成果。在日常沟通和协作的过程中需要尊重彼此的差异,并且能够取长补短,这样才能够达到协作增效的目的。同时,在合作的过程中要有积极的心态,个人的积极参与决定着集体的成败,我们越是努力地付出就越能够得到别人的认可,就越能够促进整个集体的健康成长和长足发展。

习惯七:不断更新。

不断更新是如何在四个基本生活层面(生理,社会/情感,心智及心灵)中不断更新自己。这个习惯是自我不断要求成长和改进的基石,同时也提升了其他六个习惯的实施效率。不论是组织还是个人都需要不断更新,换言之,组织需要不断创新,而个人需要不断成长。孔子说"吾日三省吾身",现代心理学也讲究人要不断觉察自己,一个好的做法是每天不断写"自我肯定"的日志,即记录每天对自己的觉察并不断分享给别人,通过反复练习来不断修正自己固有的思维模式,创造全新和正面的思维模式。

管理大师明茨伯格在《管理至简》一书中指出:"不经历失败的管理者,无法企及成功。管理者如何根植于管理实践,将管理的思维以一种简单、健康的方式交织成有机的整体,这是一门艺术。精通这门艺术的管理者,必然成功。"

我们看到绝大多数艺术家都是经过不断磨炼才达到人生的顶峰的,比如著名京剧表演艺术家梅兰芳在成名之前其练功就做到冬练三九、夏练三伏。管理作为一门艺术,执行管理的管理者就需要重视自己的修炼,在日常管理过程中不断地反思、记录、归纳和整理,以达到更高的管理层次和思想境界。

人生最值得的投资就是磨炼自己,工作本身并不能带来经济上的安全感,具备良好的思考、学习、创造与适应能力,才能立于不败之地。拥有财富,并不代表经济独立,拥有创造财富的能力才真正可靠。

 第 4 章　PMP 项目管理备考指南

4.1　最新 PMP 考纲解读

美国项目管理协会（PMI）在全世界众多国家为项目经理提供专业认证，其中一项最为流行的就是针对单个项目的项目管理专业人士资格认证（PMP®）。PMP 的认证考试符合国际公认的 ISO17024 标准认证。ISO 是国际标准化组织，该组织开发出很多耳熟能详的认证标准，比如 ISO9000 是质量认证标准、ISO14000 是环境认证标准、ISO20000 是 IT 服务管理成熟度认证标准，而 ISO17024 则与项目管理认证标准有关。

目前 PMP 考试启用最新考试大纲，最新大纲宗旨是纳入更多的当下项目管理行业新趋势，尤其是以敏捷型生命周期研发方法为代表的敏捷开发方法论，详见本书第 3 章的内容。未来的世界属于 VUCA 的时代，即未来的世界是易变的（Volatility）、不确定的（Uncertainty）、复杂的（Complexity）和模糊的（Ambiguity）。在这个易变和充满不确定的世界里，市场的热点瞬息万变，组织为了时刻保持竞争优势需要不断调整自己的战略方向，这样为了实现战略的项目目标也会不停地发生改变。所以，面对多变的项目场景，唯有通过短迭代的价值交付和不断试错的探针方法等实践才是比较可行的。短迭代和探针都属于敏捷实践，敏捷实践还强调面对面的沟通和仆人式的领导等软技能的要求。为了应对未来的管理实践要求，项目管理领域所涉及的范围逐渐从只重视流程和工具转变为更加重视人才的服务意识、能力建设、人所在组织的文化打造、市场战略，以及商业分析技能的培养。PMP 考试的考察范围变为针对如下三方面（表 4.1）。

第 4 章　PMP 项目管理备考指南

表 4.1　PMP 考试覆盖领域说明表

领域（Domain）	考试权重/%	涉及的关键内容举例
人（People）	42	自组织团队、仆人式领导、无指责文化
过程（Process）	50	涉及《PMBOK®指南》(第六版)的 49 个过程
商业环境（Business Environment）	8	商业分析、商业论证、效益管理计划
总计（Total）	100	

在当今复杂多变的项目管理环境中，项目管理从业者在各种各样的项目环境中工作会采用不同的项目方法。PMP 认证试图覆盖业界所有有效的项目管理方法，PMP 考试范围覆盖了以预测型生命周期（即瀑布式开发模式）为代表的项目管理方法，也考察敏捷或混合型项目管理方法。需要注意的是，预测型、敏捷和混合型方法的考查将贯穿表 4.1 所列的三大领域中，而不是单独出现在某一项领域中。

表 4.2 是针对具体领域的详细说明。在以下表中的页码为《PMBOK®指南》（第六版）的页码。

表 4.2　PMP 认证考试大纲汇总表

领域 1	人——42%（People—42%）
任务 1（Task 1） 关联《PMBOK®指南》（第六版）第 9 章 9.5 管理团队过程的工具：冲突管理（P348~349）	管理冲突 • 说明冲突来源和阶段 • 分析冲突发生的背景 • 评估/建议/协调适当的冲突解决方案 Manage conflict • Interpret the source and stage of the conflict • Analyze the context for the conflict • Evaluate/recommend/reconcile the appropriate conflict resolution solution

续表4.2

领域1	人——42%（People—42%）
任务2（Task 2） 关联《PMBOK®指南》（第六版）第9章9.1规划资源管理过程的输出：团队章程（P319~320）,9.4建设团队过程的工具：人际关系与团队技能（P341），9.5管理团队过程的工具：影响力、领导力（P350）和情商（P349）、自组织团队（P310）和第3章3.4领导力风格和权力类型（P63-65）	领导团队 ● 设定清晰的愿景和使命 ● 支持多元化和包容性（如行为模式、思维过程） ● 重视仆人式领导力（如在团队中实行仆人式领导原则） ● 确定适当的领导力风格（如命令型、协作型） ● 激励、鼓励并影响团队成员/相关方（如团队契约、社会契约、奖励制度） ● 分析团队成员和相关方的影响 ● 区分领导各种团队成员和相关方的不同方法 Lead a team ● Set a clear vision and mission ● Support diversity and inclusion (e.g. behavior types, thought process) ● Value servant leadership (e.g. relate the tenets of servant leadership to the team) ● Determine an appropriate leadership style (e.g. directive, collaborative) ● Inspire, motivate, and influence team members/stakeholders (e.g. team contract, social contract, reward system) ● Analyze team members and stakeholders' influence ● Distinguish various options to lead various team members and stakeholders
任务3（Task 3） 关联《PMBOK®指南》（第六版）第9章9.4建设团队过程的输出：团队绩效评价（P343）	支持团队绩效 ● 根据关键绩效指标评估团队成员绩效 ● 支持和认可团队成员发展和成长 ● 确定适当的反馈途径 ● 验证绩效的提高 Support team performance ● Appraise team member performance against key performance indicators ● Support and recognize team member growth and development ● Determine appropriate feedback approach ● Verify performance improvements

续表4.2

领域1	人——42%（People—42%）
任务4（Task 4） 关联《PMBOK®指南》（第六版）第9章（P310），9.1规划资源管理过程的输出：资源管理计划（P318~319）中的责任分配矩阵（P317）	授权团队成员和相关方 • 围绕团队优势进行组织 • 支持团队的任务职责 • 评估任务职责的说明 • 决定并授予不同级别的决策权 Empower team members and stakeholders • Organize around team strengths • Support team task accountability • Evaluate demonstration of task accountability • Determine and bestow level(s) of decision-making authority
任务5（Task 5） 关联《PMBOK®指南》（第六版）第9章9.1规划资源管理的输出资源管理计划（P318）和9.4建设团队过程的工具：培训（P342）	确保团队成员/相关方得到充分培训 • 确定培训所需的能力和要素 • 根据培训需求确定培训方案 • 为培训分配资源 • 衡量培训效果 Ensure team members/stakeholders are adequately trained • Determine required competencies and elements of training • Determine training options based on training needs • Allocate resources for training • Measure training outcomes

续表4.2

领域1	人——42%（People—42%）
任务6（Task 6） 关联《PMBOK®指南》(第六版)第9章9.3获取资源过程(P328~335)、9.4建设团队(P336~344)和第4章4.4管理项目知识过程的工具知识管理(P102~103)	建立团队 ● 评估相关方的技能 ● 推断项目资源需求 ● 持续评估和更新团队技能以满足项目需求 ● 维护团队和知识转移（传递） Build a team ● Appraise stakeholder skills ● Deduce project resource requirements ● Continuously assess and refresh team skills to meet project needs ● Maintain team and knowledge transfer
任务7（Task 7） 关联《PMBOK®指南》(第六版)第9章项目资源管理的趋势和新兴实践(P310)和9.4建设团队过程(P336)	处理并移除团队面临的困难、障碍和阻碍 ● 确定团队的重要妨碍、障碍和阻碍 ● 为团队的妨碍、障碍和阻碍排定优先级 ● 使用人际往来实施解决方案，以移除团队的妨碍、障碍和阻碍 ● 持续评估，以确保团队的妨碍、障碍和阻碍得到处理 Address and remove impediments, obstacles, and blockers for the team ● Determine critical impediments, obstacles, and blockers for the team ● Prioritize critical impediments, obstacles, and blockers for the team ● Use network to implement solutions to remove impediments, obstacles, and blockers for the team ● Re-assess continually to ensure impediments, obstacles, and blockers for the team are being addressed

续表 4.2

领域 1	人——42%（People—42%）
任务 8（Task 8） 关联《PMBOK®指南》(第六版)第 9 章 9.3 获取资源过程(P328~335)、9.4 建设团队(P336~344) 和第 13 章 13.1 识别相关方过程(P507)	协商项目协议 • 分析协议的协商边界 • 评估优先级并确定最终目标 • 验证项目协议的目标是否达成 • 参与协议协商 • 确定协商策略 Negotiate project agreements • Analyze the bounds of the negotiations for agreement • Assess priorities and determine ultimate objective(s) • Verify objective(s) of the project agreement is met • Participate in agreement negotiations • Determine a negotiation strategy
任务 9（Task 9） 关联《PMBOK®指南》(第六版)第 13 章 13.2 规划相关方参与过程(P516~522) 和管理相关方参与过程(P523~529)	与相关方合作 • 评估相关方的参与需求 • 优化相关方需求、期望和项目目标的一致性 • 建立信任并影响相关方以达成项目目标 Collaborate with stakeholders • Evaluate engagement needs for stakeholders • Optimize alignment between stakeholder needs, expectations, and project objectives • Build trust and influence stakeholders to accomplish project objectives

续表 4.2

领域 1	人——42%（People—42%）
任务 10（Task 10） 关联《PMBOK®指南》（第六版）13 章 13.3 管理相关方参与过程的工具：人际关系与团队技能（P527）和 4.2 制定项目管理计划过程的工具：会议（P86）	建立共识 • 分析形势并找出误解的根本原因（RCA） • 调查所有必要的各方，以达成共识 • 支持各方同意的成果 • 调查潜在的误解 Build shared understanding • Break down situation to identify the root cause of a misunderstanding • Survey all necessary parties to reach consensus • Support outcome of parties' agreement • Investigate potential misunderstandings
任务 11（Task 11） 关联《PMBOK®指南》（第六版）第 9 章 9.4 建设团队过程的工具：虚拟团队（P340）	参与并支持虚拟团队 • 检查虚拟团队成员的需求（如环境、地理、文化、全球性等） • 研究虚拟团队成员参与的备选方案（如沟通工具和集中办公） • 实施虚拟团队成员参与的方法 • 持续评估虚拟团队成员参与的有效性 Engage and support virtual teams • Examine virtual team member needs（e.g. environment, geography, culture, global, etc.） • Investigate alternatives（e.g. communication tools, colocation）for virtual team member engagement • Implement options for virtual team member engagement • Continually evaluate effectiveness of virtual team member engagement

第 4 章　PMP 项目管理备考指南

续表 4.2

领域 1	人——42%（People—42%）
任务 12（Task 12） 关联《PMBOK®指南》(第六版）第 9 章 9.1 规划资源管理过程的输出：团队章程（P319）和第 13 章 13.3 管理相关方参与过程的工具：基本规则（P528）	定义团队基本规则 • 与团队和外部相关方交流组织的原则 • 建立促使遵守基本规则的环境 • 管理和纠正违反基本规则的行为 Define team ground rules • Communicate organizational principles with team and external stakeholders • Establish an environment that fosters adherence to the ground rules • Manage and rectify ground rule violations
任务 13（Task 13） 关联《PMBOK®指南》(第六版）第 4 章 4.3 指导与管理项目工作过程（P90～97）和第 13 章 13.3 管理相关方参与过程（P523～529）	指导有关相关方 • 分配指导的时间 • 识别并使用可指导的机会 Mentor relevant stakeholders • Allocate the time to mentoring • Recognize and act on mentoring opportunities
任务 14（Task 14） 关联《PMBOK®指南》(第六版）第 10 章 10.1 规划沟通管理过程,10.2 管理沟通过程和 10.3 监督沟通过程的工具人际关系与团队技能（P375～392）	运用情商提高团队绩效 • 通过使用个性指数来评估行为 • 分析个性指数,适应关键项目相关方的情感需要 Promote team performance through the application of emotional intelligence • Assess behavior through the use of personality indicators • Analyze personality indicators and adjust to the emotional needs of key project stakeholders

续表 4.2

领域 2	过程——50%（Process—50%）
任务 1（Task 1） 关联《PMBOK®指南》（第六版）第 4 章 4.1 制定项目章程的输入：商业文件和阶段关口的概念（P21）	以交付商业价值所需的紧迫性执行项目 • 评估增量交付价值的机会 • 自始至终检查项目的商业价值 • 支持团队根据需要细分项目任务，以找到最小可用产品 Execute project with the urgency required to deliver business value • Assess opportunities to deliver value incrementally • Examine the business value throughout the project • Support the team to subdivide project tasks as necessary to find the minimum viable product
任务 2（Task 2） 关联《PMBOK®指南》（第六版）第 10 章 10.1 规划沟通管理过程（P366~378）和 10.2 管理沟通过程（P379~388）	管理沟通 • 分析所有相关方的沟通需求 • 确定所有相关方的沟通方法、渠道、频率和详细程度 • 对项目信息和更新进行有效沟通 • 确认沟通被理解并收到反馈（积极倾听） Manage communications • Analyze communication needs of all stakeholders • Determine communication methods, channels, frequency, and level of detail for all stakeholders • Communicate project information and updates effectively • Confirm communication is understood and feedback is received

续表4.2

领域2	过程——50%（Process—50%）
任务3（Task 3） 关联《PMBOK®指南》（第六版）第11章 11.1 规划风险管理过程（P401~408），11.2 识别风险（P409~418），11.3 实施定性风险分析过程（P419~427）和 11.7 监督风险过程（P453~458）	评估和管理风险 • 确定风险管理方法 • 迭代评估风险和确定风险优先级 Assess and manage risks • Determine risk management options • Iteratively assess and prioritize risks
任务4（Task 4） 关联《PMBOK®指南》（第六版）第13章 13.1 识别相关方过程（P507~515），13.2 规划相关方参与过程（P516~522），13.3 管理相关方参与过程（P523~529）和 13.4 监督相关方参与过程（P530~536）	调动相关方参与 • 分析相关方（如权力利益方格、支配权、影响力） • 相关方分类 • 根据相关方分类调动相关方参与 • 制定、实施并验证相关方参与的策略 Engage stakeholders • Analyze stakeholders (e.g. power interest grid, influence, impact) • Categorize stakeholders • Engage stakeholders by category • Develop, execute, and validate a strategy for stakeholder engagement

续表 4.2

领域 2	过程——50%（Process—50%）
任务 5（Task 5） 关联《PMBOK®指南》（第六版）第 7 章 项目成本管理（P231~270）和第 9 章 项目资源管理（P307~358）	规划和管理预算与资源 • 根据项目范围和以往项目的经验教训来估计所需预算 • 预测未来的预算挑战 • 监控预算偏差，并根据需要配合治理过程做出调整 • 规划和管理资源 Plan and manage budget and resources • Estimate budgetary needs based on the scope of the project and lessons learned from past projects • Anticipate future budget challenges • Monitor budget variations and work with governance process to adjust as necessary • Plan and manage resources
任务 6（Task 6） 关联《PMBOK®指南》（第六版）第 6 章 6.5 制定进度计划的工具敏捷发布规划（P216）和 6.6 控制进度的工具数据分析迭代燃尽图（P226）	规划和管理进度 • 评估项目任务（里程碑、依赖关系、故事点） • 利用标杆对照和历史数据 • 基于方法论准备制定进度 • 基于方法论衡量持续进展 • 基于方法论，按需要修改进度 • 协调其他项目和运营 Plan and manage schedule • Estimate project tasks（milestones, dependencies, story points） • Utilize benchmarks and historical data • Prepare schedule based on methodology • Measure ongoing progress based on methodology • Modify schedule, as needed, based on methodology • Coordinate with other projects and other operations

续表 4.2

领域 2	过程——50%（Process—50%）
任务 7（Task 7） 关联《PMBOK®指南》（第六版）第 8 章 项目质量管理（P271~306）	规划和管理产品/可交付成果的质量 • 确定项目可交付成果的质量标准 • 根据质量差距推荐改进方案 • 持续调查项目可交付成果的质量 Plan and manage quality of products/deliverables • Determine quality standard required for project deliverables • Recommend options for improvement based on quality gaps • Continually survey project deliverable quality
任务 8（Task 8） 关联《PMBOK®指南》（第六版）第 5 章 5.2 收集需求过程的工具联合应用开发（JAD）和用户故事（P145）和 5.3 创建 WBS 过程的工具分解（P158）	规划和管理范围 • 确定需求及其优先级 • 范围分解（如 WBS，待办事项列表） • 监控和确认范围 Plan and manage scope • Determine and prioritize requirements • Break down scope（e.g. WBS, backlog） • Monitor and validate scope

续表 4.2

领域 2	过程——50%（Process—50%）
任务 9（Task 9） 关联《PMBOK®指南》（第六版）第 4 章 4.2 制定项目管理计划过程（P82～89）	整合项目计划活动 • 合并项目/阶段计划 • 评估合并的项目计划之间的依赖关系、差距和持续商业价值 • 分析收集的数据 • 收集并分析数据以做出明智的项目决策 • 确定关键信息需求 Integrate project planning activities • Consolidate the project/phase plans • Assess consolidated project plans for dependencies, gaps, and continued business value • Analyze the data collected • Collect and analyze data to make informed project decisions • Determine critical information requirements
任务 10（Task 10） 关联《PMBOK®指南》（第六版）第 4 章 4.6 实施整体变更控制过程（P113～120）	管理项目变更 • 预测并接受变更需要（如遵循变更管理实践） • 确定应对变更的策略 • 根据方法论执行变更管理策略 • 确定变更响应措施以推动项目前进 Manage project changes • Anticipate and embrace the need for change (e. g. follow change management practices) • Determine strategy to handle change • Execute change management strategy according to the methodology • Determine a change response to move the project forward

第4章　PMP项目管理备考指南

续表4.2

领域2	过程——50%（Process—50%）
任务11（Task 11） 关联《PMBOK®指南》（第六版）第12章 项目采购管理（P459~502）	规划和管理采购 ● 定义资源要求和需求 ● 沟通资源需求 ● 管理供应商/合同 ● 规划和管理采购策略 ● 制定交付方案 Plan and manage procurement ● Define resource requirements and needs ● Communicate resource requirements ● Manage suppliers/contracts ● Plan and manage procurement strategy ● Develop a delivery solution
任务12 Task 12 关联《PMBOK®指南》（第六版）第4章 4.2 制定项目管理计划过程的输出配置管理计划（P88、118）	管理项目工件 ● 确定管理项目工件的需求（内容、时间、地点、人员等） ● 确认项目信息是最新的（即版本控制），且所有相关方均可访问 ● 持续评估项目工件管理的有效性 Manage project artifacts ● Determine the requirements (what, when, where, who, etc.) for managing the project artifacts ● Validate that the project information is kept up to date (i.e. version control) and accessible to all stakeholders ● Continually assess the effectiveness of the management of the project artifacts

PMP 项目管理方法论与敏捷实践

续表 4.2

领域 2	过程——50%（Process—50%）
任务 13（Task 13） 关联《PMBOK®指南》（第六版）第 4 章 项目整合管理 裁剪时需要考虑的因素（P74）和第 1 章项目和开发生命周期（P19）	确定适当的项目方法论/方法和实践 ● 评估项目需求、复杂性和数量级 ● 推荐项目执行策略（如订立合同、财务） ● 推荐一种项目方法论/方法（即预测、敏捷、混合） ● 在整个项目生命周期中使用迭代、增量的实践（如经验教训、相关方参与、风险） Determine appropriate project methodology/methods and practices ● Assess project needs, complexity, and magnitude ● Recommend project execution strategy (e.g. contracting, finance) ● Recommend a project methodology/approach (i. e. predictive, agile, hybrid) ● Use iterative, incremental practices throughout the project life cycle (e.g. lessons learned, stakeholder engagement, risk)
任务 14 Task 14 关联《PMBOK®指南》（第六版）第 2 章 项目运行环境 项目治理（P44）	制定项目治理结构 ● 确定适当的项目治理（如复制组织的治理） ● 定义上报路径和临界值 Establish project governance structure ● Determine appropriate governance for a project (e.g. replicate organizational governance) ● Define escalation paths and thresholds
任务 15（Task 15） 关联《PMBOK®指南》（第六版）第 4 章 4.3 指导与管理项目工作过程的输出问题日志（P96）	管理项目问题 ● 识别风险何时转变为问题 ● 用最优的行动解决问题，以取得项目成功 ● 与相关方合作找出解决问题的方法 Manage project issues ● Recognize when a risk becomes an issue ● Attack the issue with the optimal action to achieve project success ● Collaborate with relevant stakeholders on the approach to resolve the issues

续表 4.2

领域 2	过程——50%（Process—50%）
任务 16（Task 16） 关联《PMBOK®指南》（第六版）第 4 章 4.4 管理项目知识过程（P98~105）	确保知识转移,保持项目的连续性 ● 与团队讨论项目职责 ● 概述对工作环境的期望 ● 确定知识转移的方法 Ensure knowledge transfer for project continuity ● Discuss project responsibilities within team ● Outline expectations for working environment ● Confirm approach for knowledge transfers
任务 17（Task 17） 关联《PMBOK®指南》（第六版）第 4 章 4.1 制定项目章程过程（P75~81）和 4.7 结束项目或阶段过程（P121~128）	规划和管理项目/阶段的收尾或移交 ● 确定成功关闭项目或阶段的标准 ● 确认移交准备情况(如运营团队或下一阶段) ● 结束项目或阶段的收尾活动(如最终教训总结、回顾、采购、财务、资源) Plan and manage project/phase closure or transitions ● Determine criteria to successfully close the project or phase ● Validate readiness for transition (e.g. to operations team or next phase) ● Conclude activities to close out project or phase (e.g. final lessons learned, retrospective, procurement, financials, resources)

续表 4.2

领域 3	商业环境——8%（Business Environment—8%）
任务 1（Task 1） 关联《PMBOK®指南》(第六版)第 2 章 项目运行环境 项目治理(P44)	规划和管理项目的合规性 • 确认项目合规性要求(如保护措施、健康与安全、监管合规性) • 对合规类别进行分类 • 确定在合规性方面的潜在威胁 • 使用方法来支持合规性 • 分析不合规的后果 • 确定必要的方法和行动来满足合规性(如风险、法律) • 衡量项目合规性的程度 Plan and manage project compliance • Confirm project compliance requirements (e.g. security, health and safety, regulatory compliance) • Classify compliance categories • Determine potential threats to compliance • Use methods to support compliance • Analyze the consequences of noncompliance • Determine necessary approach and action to address compliance needs (e.g. risk, legal) • Measure the extent to which the project is in compliance

续表 4.2

领域 3	商业环境——8%（Business Environment—8%）
任务 2（Task 2） 关联《PMBOK®指南》（第六版）第 1 章 引论 项目效益管理计划（P33）	评估并交付项目收益和价值 • 调查已确定的收益 • 记录所有权协议，以持续实现收益 • 验证测量系统是否到位，以跟踪收益 • 评估交付方案以展示价值 • 评估相关方的价值获取过程 Evaluate and deliver project benefits and value • Investigate that benefits are identified • Document agreement on ownership for ongoing benefit realization • Verify measurement system is in place to track benefits • Evaluate delivery options to demonstrate value • Appraise stakeholders of value gain progress
任务 3（Task 3） 关联《PMBOK®指南》（第六版）第 4 章 4.1 制定项目章程的输入：商业论证（P29、77）	评估和处理外部商业环境变化对范围的影响 • 调查外部商业环境的变化（如法规、技术、地缘政治、市场） • 基于外部商业环境，评估对项目范围/待办事项的影响，并对其进行优先排序 • 为范围/待办事项变化推荐方案（如进度、成本变化） • 持续审查外部商业环境变化对项目范围/待办事项的影响 Evaluate and address external business environment changes for impact on scope • Survey changes to external business environment (e.g. regulations, technology, geopolitical, market) • Assess and prioritize impact on project scope/backlog based on changes in external business environment • Recommend options for scope/backlog changes (e.g. schedule, cost changes) • Continually review external business environment for impacts on project scope/backlog

PMP 项目管理方法论与敏捷实践

续表 4.2

领域 3	商业环境——8%（Business Environment—8%）
任务 4（Task 4） 关联《PMBOK®指南》（第六版）第 1 章 引论 项目驱动变革（P6）	支持组织变革 ● 评估组织文化 ● 评估组织变革对项目的影响，并确定所需的行动 ● 评估项目对组织的影响，并确定所需的行动 Support organizational change ● Assess organizational culture ● Evaluate impact of organizational change to project and determine required actions ● Evaluate impact of the project to the organization and determine required actions

综上所述，在当今复杂多变的项目管理环境中，项目管理从业者在各种各样的项目环境中工作，一定需要适应不同的项目管理方法，而 PMP 考试的范围也在与时俱进，时刻引领我们不断锐意进取，刻意练习……

4.2 观 PMP 新考纲识全新考点覆盖范围

PMP 学员可能会对全新的考纲变化感到非常茫然或不知所措。我们所熟悉的十大知识领域和五大过程组将会融入未来 PMP 考试计分的三大领域（即人员 42%、流程 50%、商业环境 8%）。传统的 ITTO 也会逐步演变为针对项目管理的八大绩效域的解读，所谓八大绩效域是指：团队、相关方、生命周期、规划、把握不定性和模糊性、交付、绩效和项目工作等。

其实所谓推陈出新，《PMBOK®指南》（第六版）仍然是《PMBOK®指南》（第七版）学习的指定参考书。而且第六版的关键内容与最新的 PMP 考试大纲也是交相呼应的。

最新 PMP 考试大纲所提出的三大领域中的第一个领域："人员部分"主要考查人际关系与团队技能，也就是我们平时所说的软技能，在《PMBOK®指南》（第六版）中一共提到超过

第4章 PMP项目管理备考指南

16种软技能,它们是"积极倾听、沟通风格评估、冲突管理、文化意识、制定决策、情商、引导影响力、领力、会议管理、激励、谈判、人际交往、名义小组技术、观察/交谈、政治意识和团队建设",涉及《PMBOK®指南》(第六版)第9章资源管理、第10章沟通管理和第13章相关方管理的主要内容。

最新PMP考试大纲所提的第二个领域:"流程部分"基本上是按照《PMBOK®指南》(第六版)的十大知识领域保持一致。只是把原先分布在启动、规划、执行、监控、变更和收尾等过程组的内容化整为零,以PMP考试大纲的"任务"的形式来体现。另外,敏捷方法论(包括Scrum敏捷落地)作为流程学习的外延知识也是需要特别关注的。

最新PMP考试大纲所提的第三个领域:"商业环境"应该是我们最需关注的全新领域,重要的是理解商业环境对项目的影响,掌握商业论证(经济可行性分析报告)、效益管理计划、组织治理和项目治理等内容。

以下是最新PMP考试大纲所涉及的三大领域所关联的《PMBOK®指南》(第六版)的内容映射关系(图4.1),也是学习《PMBOK®指南》(第七版)的重要参考内容。

图4.1 《PMBOK®指南》(第六版)关联PMP考纲的全景图

4.3 《PMBOK® 指南》(第七版)要点解读

1.《PMBOK® 指南》改版动因

(1)《PMBOK® 指南》从第四版以来基于 ITTO 的过程模式已经不能适应时下项目管理所需。

(2)在 VUCA 时代下,市场和业务需求多变,美国项目管理协会(PMI)要找到一个适应时下环境的项目管理体系。VUCA 为易变、不确定、复杂和模糊四个词组的英文缩写。

(3)所谓不破不立,《PMBOK® 指南》第七版相对于第六版是一种颠覆式创新,是对项目管理方法的全新突破和实践探索。

2.《PMBOK® 指南》(第七版)的关键变化

(1)从过程 ITTO 的方式到以系统的角度交付价值。PMI 所提出的这个系统与 IT 服务管理最佳实践 ITIL 所说的服务价值交付系统(SVS)的概念有着异曲同工的作用。所谓系统可以理解为框架体系,以体系化的方式交付价值。

(2)从生成的可交付成果(Deliverable Package/Output)转变为对最终产品的价值交付(Outcome),更多强调项目所交付产品的市场适应力,即是否能够产生最终的价值收益。

(3)加强对如下《PMBOK® 指南》(第六版)前 3 章所涉及的关键概念的诠释,如下概念已经纳入《PMBOK® 指南》(第七版)的价值交付系统中,这些概念包括组织治理系统、与项目相关的职能(比如质量、采购和安全审计等)、项目环境(外部商业环境以及内部项目所在组织的运营环境,包括合规性等)和产品管理考虑要素与 PPPP(Portfolio, Porgram, Project, Product)之间的关系。

(4)从五大过程组和十大知识领域,转变为十二个项目管理原则和八大绩效域。十二个项目管理原则基本涵盖 VUCA、项目的特性和项目经理软实力等内容,这与敏捷实践的十二个原则强调的类似。八大绩效域主要针对原先《PMBOK® 指南》(第六版)的项目管理过程、工具和方法的分解和拓展。《PMBOK® 指南》(第七版)不再以 ITTO 来呈现,而是以八大绩效域来呈现,并引入更多的模型、方法和工作产品等概念。

(5)《PMBOK®指南》(第七版)的十二个原则如下:
①管理职责:成为勤勉的、懂得尊重和关怀他人的管理者。
②团队:有担当和懂尊重的团队文化。
③干系人:积极促进干系人参与项目工作,并充分了解他们的利益和需求(第六版中使用的相关方在第七版中又变回了原来的叫法)。
④价值:专注于价值(《PMBOK®指南》第七版特别强调价值的交付)。
⑤全局性思维:识别并响应系统性的相互影响。
⑥领导力:激励、影响、指导和学习。
⑦裁剪:根据不同项目环境裁剪项目交付方法以制定出最适合的交付方法。
⑧质量:将质量管理监控融入各个流程与结果中去。
⑨复杂性:用知识、经验和不断学习来解决复杂性。
⑩机遇与威胁:应对机遇与威胁。
⑪适应性和灵活性:具有适应性和灵活性。
⑫变更管理:通过变更管理减小变革阻力等以实现预期的收益。

(6)《PMBOK®指南》(第七版)八大绩效域如下:

八大绩效域分别为:团队(Team)、干系人(Stakeholders)、生命周期(Life Cycle)、规划(Planning)、把握不确定性和模糊性(Navigating Uncertainty & Ambiguity)、交付(Delivery)、绩效(Performance)和项目工作(Project Work)。由此突出在项目交付应关注的广泛活动或功能领域。项目管理团队需要关注最终产品的价值交付与团队、相关方包括它们之间的相互关联和彼此影响,需要考虑影响规划、交付、项目绩效及其他项目工作的状况。这些绩效域在整个项目生命周期中是相互依存、相互重叠和相互影响的。

3.《PMBOK®指南》(第七版)框架新亮点

(1)项目由人实施,也是为人实施(人本思想)。
Projects are performed by people and for people.
(2)价值链(精益思想)。
Value Chain.

(3)韧性(应对突发事件的能力,关联风险管理)。
Resiliency.

(4)系统视角(以体系框架的方式交付价值)。
Systems view.

(5)交互式的数字平台(整合数字化实践,助力于数字化转型)。
Standards Plus.

4. 针对《PMBOK®指南》(第七版)参考书籍名录

在PMI官网已经发布10本参考书,包括《PMBOK®指南》(第六版)、《敏捷实践指南》和《项目管理计划、进度和控制的系统方法》,这三本书已经翻译为中文版。另外7本英文书,PMI会持续推进其中文版本的翻译工作。全部10本书的英文书名如下:

(1) *Agile Practice Guide*《敏捷实践指南》

(2) *A Guide to the Project Management Body of Knowledge (PMBOK® Guide)*, 6th Edition.《项目管理知识体系指南(PMBOK®指南)》(第六版)

(3) *Project Management: A Systems Approach to Planning, Scheduling, and Controlling*, 12th Edition.《项目管理计划、进度和控制的系统方法》第12版

(4) *Effective Project Management: Traditional, Agile, Extreme*, 8th Edition.

(5) *Fundamentals of Technology Project Management*, 2nd Edition.

(6) *Project Managers Portable Handbook*, 3rd Edition.

(7) *Information Technology Project Management*, 7th Edition.

(8) *Essential Scrum: A Practical Guide to the Most Popular Agile Process*.

(9) *Project Management: The Managerial Process*, 8th Edition.

(10) *The Project Management Tool Kit: 100 Tips and Techniques for Getting the Job Done Right*, 3rd Edition.

10本参考书列表的官方网址如下:

https://www.pmi.org/certifications/project-management-pmp/earn-the-pmp/pmpexam-preparation/pmp-reference-list.

5. 针对PMP考试动态报道

（1）PMP考试会加入更多敏捷实践，考查对人的领导力的部分比重会加大；
（2）考试题目会从原先的200道缩减到180道，考试时间从240分钟调整到230分钟；
（3）不算分的题从原先的25道变成现在的5道；
（4）除了之前的四选一的单选题之外，还会加入多选题；
（5）PMP考生需要在算分的175道中做对106道才可通过PMP考试。

4.4 《PMBOK®指南》（第七版）与时俱进与教学相长

通过《PMBOK®指南》（第七版）所列的10本辅导书，可以看出《PMBOK®指南》（第七版）所考核的知识宽度更宽，时间跨度更长（涉足品全生命周期，而非现有的项目生命周期）。教材去掉十大知识领域、五大过程组的整体框架结构，这不是变"薄"了，而是拥有了更"厚积的知识量"，在颠覆环境下依然能高效带领团队实现项目目标的项目经理将更有权威。针对《PMBOK®指南》（第七版）的授课，需要介绍除单个项目管理的知识外，还需要有产品管理、组织级项目管理、敏捷管理、项目组合管理、项目集管理、哲学、领导力、心理学等方面的知识。

新版《PMBOK®指南》教材在对事和对人这个天平上，明显地朝对人方向倾斜，明确了对人的管理，在项目管理中更加具有重要的意义。如何组建并带领团队、如何把控不确定性和模糊性、如何实现交付和绩效等。这些与人直接相关的内容被提升到了空前的高度。通过科学调动项目团队的每一个人（沟通、冲突、团建、影响力、谈判、激励、决策、引导），让这些人共同推动项目去实现目标，项目管理变成了一个真正意义上的团队运动。以上这些激发团队潜能的软技能不是书本上简单的描述就能够掌握的，需要项目经理在项目经验中不断地提炼、萃取和总结。

新版《PMBOK®指南》教材更加强调适应性变化，不再是以前的从规划到执行到控制这么一个单纯的流程，面对当今项目管理的复杂性（过程）、市场多变的机会和威胁（战略）、项目的适应性和弹性（重构）、业务的不断变更（需求）。在这些变化面前，项目管理越来越难程式化、标准化和模板化，对组织对团队的适应性要求提升到了一个史无前例的高度。因此，需要有大局观、懂敏捷管理、懂裁剪的项目经理来带领团队实现组织的战略和产品的价值目标。敏捷项目管理的知识将是 PMP 授课的必选项，敏捷宣言和价值观必将融入日常的项目管理过程中。

新版《PMBOK®指南》教材将 PgMP、PfMP 的部分核心概念前置了。时代在进步，技术在革新。项目管理同样如此，单个项目管理已经不适应当下企业的管理模式和运营模式，一个项目经理手下多项目的情况已然是普遍现象，带领团队实现项目目标依然是项目经理的职责，只不过不是简简单单的一个项目，而是多个项目。所以需要在授课过程中将项目集、项目组合和运营恰当地结合起来，让学员们在学习过程中，也能够感受到未来自己将面临的挑战和需要补充的技能知识。

综上所述，我们可以预见《PMBOK®指南》(第七版)所需讲授的内容相对于以前会更加广泛。宣选的范围不仅仅是项目管理的软技能——领导力，抑或是硬实力——技术管理，还包括敏捷项目管理，组织级项目管理和组织治理等内容。在新版授课的过程中，建议案例可以丰富多样，最好涉足多个行业领域，比如 IT、金融、医疗、通信和制造等多个热门行业。结合具体案例和沙盘的形式穿插在 PMP 的授课过程中，使学员们更加容易有身临其境的亲切感，在学习知识的同时，也在享受项目管理的乐趣，从而真正体会到成为项目经理是非常有荣誉而又骄傲的事。

4.5　PMP 考试答题技巧

（1）在解答 PMP 题目时，需要做到准确定位，分析每道题目的场景属于哪一个过程组及哪个过程，考输入、输出、工具还是绩效域/模型。

（2）最好一眼看到答案，或最少在四个选项中能够瞬间排除两个答案，学会用排除法。即每道题应该立刻排除两个明显不对的答案，在另两个答案中一击即中。

（3）要把握好做题的节奏，最好是 1 分钟之内解决一道题，如果遇到实在不会做的题目，学会暂时放弃的策略，请坚决越过，之后有时间再作答。

（4）相信第一感觉，一般复查题目时不要轻易地改变最初的选择，改错的概率比改对的概率高很多。

(5) 留意那些"绝对化的"答案,例如:总是,绝不,必须,完全。它们通常是错误答案。

(6) 凡是搁置和等待的选项都不要选。

(7) 寻找那些"有余地的"答案,例如:经常,有时,也许,通常,或许。它们更有可能是正确答案。

(8) 当题目中有"接下来项目经理(PM)要做什么",如果答案里有两个都是对的,选与提问场景或题干描述最接近的那个选项。

(9) 不要纠结于语法,正确的选项语法不一定正确。

(10) 一般遇到选项中有陌生词汇,通常都不是正确答案。

(11) 如果题目或题干中的情景较长且涉及多个知识点,通常应该把注意力放在最后出现的知识点上面,因为这个知识点离题目的问题最近。

(12) 通常简单的题,正确答案会是 D 选项,因为你选 D,其他三个选项你已经进行比较过了。一般较难的题,正确答案会是 A 选项,因为你一般不敢选 A。

(13) 一般精准对应题干的,优先选,如果能够兼顾全面就更好了。如果不行,选你认为精准的。不能确定是否精准,选全面的,即选范围大的。

(14) 一切工作都需要按照计划或流程实施,如果计划不合适,需要提交变更请求来修正计划;如果四个选项都不完美,挑选离题干描述场景最近的一个。

(15) 如果遇到变更和风险结合的题目,需要明确到底是考风险还是考变更,一般情况下优先考虑变更,尤其是题干里明确提出是变更的。

(16) 领会美国项目管理协会(PMI)的西方价值观和精神,要时刻记住 PMI 所描绘的项目管理环境是非常理想化的,并且角色设定是身处美国并经过 PMI 认证的项目经理。所以,如遇到与个人经验冲突,要从 PMI 的角度考虑问题和答题。

(17) 遇到有偏差需要解决,优先考虑使用变更,提出变更请求或实施变更之后,首选更新变更日志,然后是经验教训登记册;如果是遇到问题,解决后先更新问题日志,后更新经验教训登记册。

(18) 违反职业道德的任何选项都不能选,职业道德强调要诚实、正直、尊重、公平、公正。

(19) PMP 考试是一次灵魂净化之旅,现把 PMP 所推送的价值观总结如下:

项目管理理念的荣耻观

以内部立项为荣,以废章乱法为耻;

以制订计划为荣,以擅自行动为耻;

以过程监控为荣,以只求结果为耻;

以变更控制为荣,以范围蔓延为耻;

以指导整合为荣,以亲自捉刀为耻;

以维护组织为荣,以危害组织为耻;

以遵纪守法为荣,以审计失败为耻;

以人际交往为荣,以情商过低为耻。

亚马逊创始人贝索斯在普林斯顿大学毕业典礼上讲了这句话:聪明是一种天赋,而善良是一种选择,选择比天赋更重要,是选择塑造了我们的人生。把善良的心用在项目管理日常实践的事上,也就是王阳明所说的"知行合一"和"致良知"。

(20)针对PMP考试作答的成语判断依据如下:

①未雨绸缪。计划为重,事为重(确保项目成功)人为先(人本思想)。

②生于忧患。风险为要,长存项目忧患意识。

③防微杜渐。过程失控(控制图),纠正措施与缺陷补救。

④资源整合。(工作)估算(风险)应对,影响并调动专家SME。

⑤恰到好处。坚守中正,杜绝范围蔓延与镀金。

⑥循规蹈矩。过程组合,49个管理过程来相聚。

⑦锲而不舍。不忘初心,砥砺前行终将荣耀。

⑧积微成著。项目文件,聚沙成塔(问题日志和风险登记册等)。

⑨公开透明。分享文化,可视化管理和促进相关方积极参与项目。

⑩同舟共济。双赢思维,多方满意走向成功。

⑪各司其职。角色职责,强调团队建设和服务型领导。

(21)针对PMP考试作答的法则如下:

①相关性法则。考题关联对应的项目管理工具、技术、技能和知识等。

②焦点法则。确定每道题是考哪个过程、工具或输出的内容,结合关键字找答案。

③陌生词法则。《PMBOK®指南》中没有出现的词。

④熟悉选项法则。比如更新风险登记册、查看沟通管理计划、实施整体变更控制、总结

教训、发布项目章程、发起收尾流程。

⑤主动法则。比如推辞、暂停、搁置和下次再说等不选。选建设性汇报,坏消息也要汇报,但是要有解决方案;不要轻易麻烦发起人;制定替代性解决方案。

⑥必选选项法则。比如开启动(开踢)会达成共识;收尾流程的最后一步是遣送员工回职能部门。

⑦永远不选的选项法则。比如没有项目章程就做项目;变更没有批,就执行;问题没有调查原因就采取解决方案;客户没有提供完工报告就发起收尾流程。

⑧流程法则。判断题干所处流程场景,比如项目立项之初,在启动过程组。涉及风险管理的题目,一般要先识别风险,再做定性/定量风险分析,再规划风险应对。

⑨全面法则。如果某个题目、某个选项的内容包含另一个选择的内容,换句话说,就是某个选项的内容比另一个选项的内容全面。一般来说,选项内容全面的选项一般是正确的答案。

⑩最后一句法则。做题时先快速看一遍答案,再读题干是个不错的办法,特别是在遇到题干比较长的题目时,不妨先从题目的最后一句看起。往往题目有大段的情景介绍,而最后问的却是一个很直接的问题,和前面的情景毫不相关。这样就可以省下一些读题、理解的时间,根据具体问题,直接选择答案。

⑪不钻牛角尖法则。考题中很少有太隐晦的圈套或太深的陷阱,所以不要钻牛角尖,代入太多的自己做项目所谓的最佳实践,或脑补了太多的无关场景。

⑫关注常规选项法则。有的题目选项可能是"以上答案都对",或者"以上答案都不对",或者"信息提供不充分"等,这些选项要引起关注,可能是正确答案。

请依据以上套路和法则去答题,并结合通用的考试答题技巧,总结一套适合你的PMP应考指南。

4.6 PMP考试逻辑思维

PMP考试是否能够顺利通过,取决于对项目管理思维是否有正确和深刻的认知。以下罗列一些基本的项目管理思维,能够起到一定的正本清源的作用。

(1)在学习《PMBOK®指南》过程中要考虑外延的辅助知识,比如你所在行业的应用领域知识、标准和规章制度,通用的采购管理(涉及大公司的集采部门)、质量管理体系(QMS)、风险管理（MoR，Management of Risk）和财务管理（CFA）等知识，以及人际关系技能等。

（2）公司一般有采购、项目管理办公室、质量管理和业务运营等职能部门，这些部门会参与到项目活动中，所以考试中的项目管理环境一般是一个跨职能的矩阵型组织。无特殊说明，考试题目的场景所处的组织形式是矩阵型组织，通常是强矩阵。强矩阵的特点是有全职的项目经理，项目经理的直接领导是项目总监以上的职务，而不是汇报给职能经理。项目经理可以完全控制项目的预算。在组织中同时有职能部门，比如质控部门、采购部门，这些部门为项目经理提供必要的人力资源来完成特定的项目工作。

（3）任何组织都有历史资料（历史过程记录，经验教训知识库），组织过程资产，项目章程，工作分解结构（WBS）和项目管理计划等模板。

（4）项目经理一般都处在多项目共同开展的环境中，有项目管理办公室进行多项目管控，协调资源冲突，必要时会发起项目审计。

（5）项目经理必须被授权（由项目章程授权，项目章程没有不行）。任何项目开始之前必须有项目章程对项目经理进行授权，项目管理是项目经理的核心职责。

（6）项目管理是目标或结果导向，但是要注重过程控制。项目经理需要在项目全生命周期随时总结经验教训。

（7）项目管理计划中的每个子计划不一定都是正式的，因此在项目管理中每个子计划也不一定单独审批。

（8）项目管理计划的形成是渐进明细的。项目管理计划一旦审批通过，要按照计划去执行。项目经理要主动的维护计划，任何与计划的执行偏离通常与项目管理绩效相挂钩。

（9）工作绩效报告汇编整理后汇报领导使用，用来指导决策。

（10）在项目管理的过程中考虑事业环境因素和组织过程资产对项目的影响。事业环境因素通常有限制和制约作用，组织过程资产需要被裁剪和善加利用。

（11）项目的假设和制约因素常常被看成风险的来源，项目经理需要始终围绕项目目标分析制约因素的影响。

（12）创建工作分解结构（WBS）应该遵循100%原则（既不多做，也不少做；下层汇总的工作包和上层的工作包保持一致，确保没有工作包的遗漏）。

（13）防止"镀金"和"蔓延"（做且只做范围基准规定的内容）。镀金是为了迎合客户主动多做的工作。蔓延是被动接受客户额外的需求，并没有获得相应的时间、成本和资源的调整或补偿。

（14）针对范围蔓延,需要向变更控制委员会(CCB)提交变更请求,并更新项目基准。变更请求要正式(纸质)书面和及时更新变更日志等。

（15）在还有时间解决问题的时候,尽早发现和解决问题。识别问题和风险应该首先要记录,再进行问题的根本原因分析。

（16）有风险意识,不完成风险管理,就不能最后决定项目的成本和进度计划,因为风险的应对方案可能会增加新的工作和风险应对成本。

（17）预防胜于检查,质量源于设计。问题要解决,问题更需要预防,要内建质量(Build in Quality)。

（18）尽早尽全面识别全部利益相关方,并促进利益相关方的参与,使相关方合作共赢。

（19）项目章程可以变更,项目章程的变更是由项目发起人处理。项目章程是之前由项目团队外的高层,主要是由项目指导委员会审批,后期的项目章程的变更,也需要由项目指导委员会审批。

（20）遵循道德规范(责任、尊重、公平和诚实),不做违反职业道德的任何事情。

4.7　PMP考试答题解析

要想通过PMP认证考试,一般都要精通该考试指定的核心指导书籍之一的《PMBOK®指南》(第六版)的主要内容。只此一书就洋洋洒洒七八百页,要想深谙其道谈何容易。很多PMP学员都有一种学海无涯苦作舟的感觉。为了帮助中国PMP考生以更加简单易行的方式通过PMP考试,本书特汇总PMP备考关键字大全表格,帮助PMP考生快速定位考试标准答案。

PMP考试的基本做题套路是如下三步法：

第一步：明确题干中的关键字。
第二步：通过关键字确认本题是考《PMBOK®指南》第六版和第七版哪章和哪个工具方法的内容。
第三步：结合PMP法则去选正确答案。关于PMP法则详见本书第4章4.5节PMP考试答题技巧。

以下就是PMP关键字汇总大全和在PMP考试中涉及的敏捷关键知识点词汇的解析。

表 4.3　PMP 关键字汇总大全

关键词所属《PMBOK® 指南》(第六版)章节	题干中关键词	选项中对应的正确答案
第 1~3 章	开发生命周期	项目生命周期的阶段
	瀑布式,不可逆,反馈周长	预测型
	短迭代增量,迭代周期为 1~4 周。在范围管理中频繁重复开展确认范围和控制范围这两个过程,符合什么项目生命周期	适应型/敏捷型/变更驱动型
	公司有过类似项目经验	组织过程资产
	组织文化和组织结构、项目管理信息系统(PMIS)(包括工作授权系统、配置管理系统、变更管理系统)、员工能力、资源可用性、商业数据库、风险数据库	事业环境因素
	项目经理部分预算控制权,拥有很小的权力,是协调员的角色。项目经理的权限比职能经理低	弱矩阵
	矩阵型,且项目经理的岗位级别与职能经理一样	平衡矩阵
	项目经理是全职的,负主要管理责任。有专属的行政人员(即 PMO 派专门的人员全职为此项目服务),项目经理完全控制项目预算,拥有比较大的权力	强矩阵
	项目导向型,对项目拥有全部权力,即完全控制预算和资源	项目型
	驱动变革的项目	将来状态(To-be)
	具有相互依赖关系的项目	项目集管理
	项目优先级选择,价值最大化	项目组合管理
	业务可行性研究。项目是否值得投资(ROI)、项目发起人的预算要求/收益要求是否合理、投资大收益小	商业论证
	效益责任人和目标完成时限	效益管理计划
	制度框架、权责分配、问责机制建立	组织或项目治理

第4章 PMP项目管理备考指南

续表4.3

关键词所属《PMBOK® 指南》（第六版）章节	题干中关键词	选项中对应的正确答案
第1～3章	顾问角色	支持型 PMO
	要求服从	控制型 PMO
	PMO 直接管理和控制项目	指令型 PMO
	允许自主决策	放任型领导
	给予奖励、例外管理	交易型领导
	服务承诺、关注他人	服务型领导
	促进创新和创造	变革型领导
	激励他人、自信、说服力强	魅力型领导
	结合交易型、变革型和魅力型的特点	交互型领导
第4章 项目整合管理	项目整合管理中贯穿全过程的工具与技术	专家判断
	项目（或阶段）正常完成或异常终止。相关方（干系人）对项目总体成果进行概述、客户满意度、最终报告	发起收尾流程
	前一个项目……后一个项目的层第的问题描述	重点考前一个项目的收尾工作，即收尾流程
	项目提前终止	调查和记录提前终止的原因，并总结经验教训
	事情已经过去，问题已经解决、变更实施完成和风险应对执行之后。项目已经完成或终止，考虑对未来项目有好处，避免以后发生类似事件	总结经验教训
	向相关方（干系人）汇报绩效状态	工作绩效报告/项目绩效发布
	在收尾流程中，考组织过程资产更新和经验教训总结的优先顺序	优先选经验教训总结

续表 4.3

关键词所属《PMBOK®指南》(第六版)章节	题干中关键词	选项中对应的正确答案
第4章 项目整合管理	在收尾流程中,考组织过程资产更新和经验教训总结的包含关系	优先选组织过程资产更新
	项目整合工作的负责人	项目经理
	明确项目目标,为项目提供资金和支持的人、部门或组织。项目可能存在多个项目发起人的情况。发起人未必一定是独立的个人,也可以是部门或组织	项目发起人/出资人
	多项目选择,NPV 计算	首选 NPV > 0 的;如果 NPV = 0,首选内部报酬率,即 IRR 大的
	与同行业或类似项目比较,看盈利能力和抵抗风险能力的大小	首选内部报酬率,及 IRR 大的
	聚焦于理解商业问题和机会的角色,撰写需求管理计划和配合发起人撰写商业论证的人	商业分析师
	新任命项目经理,明确项目经理的职权和责任,体现项目经理权力	发布项目章程
	新项目,给项目经理授权,明确项目经理的权力责任。内容包括高层级的战略和运营假设条件与制约因素、概要性(项目启动时项目目标模糊,不是很具体)、总体、开始项目、项目相关成功标准	项目章程(项目章程的目标最好符合 SMART 原则)
	提前终止的条件,比如退出标准字样	关联项目章程,发起收尾流程
	一般会议有缺席	发送会议纪要
	启动会或开踢会有缺席	提前沟通获得承诺

续表4.3

关键词所属《PMBOK® 指南》(第六版)章节	题干中关键词	选项中对应的正确答案
第4章 项目整合管理	版本问题。由于变更导致产品参数或版本不一致。可交付成果或过程的技术规范、配置项的参数、产品属性和产品重量偏差。与变更管理流程相关的流程,或由于变更导致质量验收标准偏差等情况	配置管理流程或配置管理计划(变更管理关联配置管理)
	回归分析,主要分析两个变量间的相互关系,用于预测分析或对比分析	散点图、回归曲线
	一般的假设条件、制约因素记录存在	假设日志
	增值活动,过程改进的活动	增值变更
	签发变更请求,关联需求、技术和功能模块的变更情况的最新要求	参考变更管理计划/流程
	纠正措施、预防措施、缺陷补救、更新	变更请求
	实施变更请求后的更新顺序	更新变更日志;如果没有,更新问题日志;再考虑更新经验教训登记册
	计划制定完成或章程制定完成	批准
	某人很有经验;组织以前没有经验,找外部专家	专家判断
	考虑关键相关方(干系人)意见,确定高层级需求	引导技术
	评估现有文件有助于总结经验教训和分享知识,以改进未来项目和组织资产	文件分析
	分享知识的工具/分享显性知识	信息管理
	分享隐性知识	知识管理
	营造一种相互信息的氛围	知识管理、服务型领导

续表4.3

关键词所属《PMBOK®指南》(第六版)章节	题干中关键词	选项中对应的正确答案
第5章 项目范围管理	需求管理计划的别名	商业分析计划
	可交付产品必须具备特性(特征)或功能,属于什么类型的需求	功能性需求/解决方案需求
	安全性、便捷性、服务水平,属于什么类型的需求	非功能性需求/解决方案需求
	产品范围可视化,业务输入和输出的上下游关系	系统交互图/系统上下文图
	分析已有文件,识别需求	文件分析
	整合了"范围、进度、预算"的管理控制点	控制账户/挣值分析
	找客户和发起人正式验收已完成的项目可交付成果。最终验收出现问题,关键组件验收出现问题,问如何避免;或产生客户对验收的可交付成果不接受	确认范围/核实范围(强调过程验收)
	探讨范围边界、验收标准、除外责任	项目范围说明书
	项目总范围、WBS 分解结构的下层工作包汇总与其上层工作包完全一致	100% 原则
	可交付成果的详细描述,有利于避免工作细节纠纷和范围蔓延	WBS 词典
	WBS的分解需符合 SMART 原则,创建 WBS 和分解的最后一步	核实可交付成果分解的程度是否恰当
	管理产品范围变更的框架文件。产品从其来源连接到能满足需求的可交付成果的一种表格/工具。关联用户可接受测试(UAT)	需求跟踪矩阵或测试与评估文件
	业务主题专家和开发(研发)团队在一起	联合应用设计或开发(JAD)

续表4.3

关键词所属《PMBOK®指南》（第六版）章节	题干中关键词	选项中对应的正确答案
第5章 项目范围管理	收集客户声音（VOC）	质量功能展开（QFD）
	创意或创新想法的分组/分类	亲和图
	创意或创新想法的投票排序、优先排序	名义小组技术
	中心主题，画圈连线展开	思维导图
	采访有经验的人、一对一、过程慢	访谈
	在实际构建预期产品之前，提供模型以获得客户的早期反馈。多个迭代版本，通过探针的方式减轻风险	原型法
	榜样效应，最佳实践	标杆对照
	创意整合、反应共性和差异、激发新创意	头脑风暴
	受众多、位置分散、用于快速收集统计分析	问卷调查
	旁站、参与观察、工作跟随，发现隐藏需求。客户需求不确定或客户不清楚自己的需求	观察和交谈
	投票、独裁、多标准决策分析	决策
	用于获取资源，综合评估资源可用性的方法	多标准决策分析
	候选项通常是2个，获胜的候选项得票超过50%	大多数原则
	候选项往往大于等于3个，获胜的候选项得票未超过50%	相对多数原则
	大家都同意	一致同意（比如背靠背Delphi方法）
	改变项目管理计划的过程，如果从控制范围和确认范围两个过程选	选控制范围
	高层级的产品或服务描述转变为有意义的可交付成果，用什么工具	产品分析

续表 4.3

关键词所属《PMBOK®指南》（第六版）章节	题干中关键词	选项中对应的正确答案
第5章 项目范围管理	控制范围时和基准比	偏差分析
	控制范围时评估当下绩效，预测未来。理解目前的绩效，并与未来绩效进行对比	趋势分析
	跨职能研讨，达成一致或无法达成一致	引导/引导式研讨会
	强调相同部门深度挖掘需求。强调相关方（干系人）的期望和态度	焦点小组会议
第6章 项目进度管理	暂时无法分解，信息不完整	滚动式规划
	最乐观、最悲观、最可能	计划评审技术（PERT）、正态分布
	考虑到风险/不确定性的估算方法，或提到计划评审技术（PERT）	三点估算
	历史数据之间统计关系、算法、模型	参数估算
	只提及历史信息/类似项目/早期/启动/需要短时间内快速估算/粗略估算（专家判断）/成本较低/耗时较少/准确性较低	类比估算/自上而下估算
	没有合理可信度和没有经验，但需要提供准确估算	自下而上估算
	相关部门审批/相关方（干系人）听证会	属于外部依赖/确定和整合依赖关系
	模型化、计算整个项目可能的进度结果的概率分布，模拟项目在一定进度或成本区间内完成的概率	蒙特卡洛分析/模拟技术

第 4 章　PMP 项目管理备考指南

续表 4.3

关键词所属《PMBOK®指南》（第六版）章节	题干中关键词	选项中对应的正确答案
第 6 章 项目进度管理	识别进度延期/评估汇总进度储备的必要性/联合关键路径法、资源优化技术和建模技术	进度网络分析
	活动之间的依赖关系	进度网络图
	活动逻辑关系最长的路径，决定项目最短工期	关键路径
	不考虑资源约束的制定进度计划方法	关键路径法
	考虑资源约束的关键路径法	关键链法
	进度绩效已经发生延迟或预估有延迟的可能。考虑恢复进度	可以选赶工或快速跟进等进度压缩工具，属于主动项目管理的措施
	加班、增加额外资源、最小的成本增加。如果题干中说不能改变进度表，或改变路径会造成很大风险时	赶工
	并行开展/适合选择性依赖关系/当前项目风险低的情况/组织不考虑资源的可用时间段及可用性	快速跟进
	进度落后，增加资源	赶工，没有赶工选择快速跟进，实在没有更合适的选择缩减范围
	进度题目，考虑资源关系	资源优化
	资源有限、过度分配、关键路径改变。出现资源短缺，需要减少资源负荷的变化幅度，导致关键路径延长	资源平衡
	调整浮动时间、不改变关键路径。各时期资源需求起伏大或在不同时期都要固定数量的资源	资源平滑
	进度灵活性	浮动时间
	不同条件下的可行性	假设情景分析

续表 4.3

关键词所属《PMBOK® 指南》(第六版)章节	题干中关键词	选项中对应的正确答案
第 6 章 项目进度管理	属于项目的进度排期的项目文件,关联进度网络图和关键路径	项目进度计划
	属于项目管理计划的子计划,对进度管理提供指导方针和政策	进度管理计划
	向管理层汇报	横道图、甘特图
第 7 章 项目成本管理	依据以前项目历史数据,需要快速估算,目前详细信息不足	类比估算
	统计、估算模型或算法	参数估算
	分部门的估算已经产生	成本汇总
	已知-未知风险,是基准的一部分	应急储备
	未知-未知风险,不是基准的一部分,属于额外的部分。如果成功申请,会导致基准的增加	管理储备
	外部资金	融资
	偏差在 -5% ~ +10%(希望精准估算,近似估算,估算成本不发生变化等情况)	自下而上的估算
	付款和进度挂钩	挣值分析(业主按挣值完成情况给供应商付款)

续表 4.3

关键词所属《PMBOK®指南》(第六版)章节	题干中关键词	选项中对应的正确答案
第8章 项目质量管理	项目出现问题,并且不明原因,强调找到问题根本原因,并加以解决,防止问题再发生	进行根本原因分析(RCA)
	用于呈现问题的可能原因的工具,有助于识别问题的主要原因或根本原因	因果图、鱼骨图、石川图、Why-Why分析图、5 Why(层递式问五个Why)
	价值链、价值流、过程流,找流程中可能的缺陷。强调流程和过程	流程图
	上下控制界限,规格界限,上限、下限、限值,过程稳定性(判断过程是否失控的场景),具有可预测的绩效。具体可以是判断稳定系统中引入新变量后是否有影响,消除相关方(干系人)对质量的担心等情况	控制图
	主要问题、主要缺陷、多个质量问题或缺陷的优先级排序。从数量上发现主要矛盾,20/80原则(二八原则)	帕累托图
	质量工作中考虑成本和返工等问题	质量成本
	检查可交付成果,产生核实的可交付成果,发现缺陷、检查和修复可交付成果的缺陷	控制质量
	总体的质量、过程分析(发现增值活动、非增值活动、识别最佳实践和识别违规)、过程改进(Kaizen、流程改进)、确保、防止、避免和提升信心	管理质量、质量审计
	发现大量次品(质量过程的缺陷)	管理质量或实施质量保证
	未来项目做得更好,避免以后发生	如果题干属于质量场景,选管理质量
	发现大量返工,造成非常多的非一致性成本	首选质量管理计划,质量问题

续表 4.3

关键词所属《PMBOK® 指南》（第六版）章节	题干中关键词	选项中对应的正确答案
第 8 章 项目质量管理	发现非增值活动，识别过程改进机会	首选过程分析
	计数表、收集质量缺陷的数据、识别缺陷	核查表（Check-Sheet）
	确定文件内容或工作是否都已完成	核对单（Checklist）
	多个问题需要解决，时间紧迫	排列优先级
	两个变量/因素的关系	散点图、回归分析、回归曲线
	多变量之间的关系	试验设计
	质量管理过程的有效性	质量审计
	质量测量方法	质量测量指标
	帕累托图、控制图、散点图（回归曲线）、直方图、Why-Why 分析图、鱼骨图，选关联的过程	质量管理过程
	六西格玛、PDCA	质量改进方法
	纵坐标是频率（缺陷数量）、小时或分钟单位的图形，或出现缺陷的"频率"或"次数"的字样。能够告知资源在什么时候工作，什么时候从项目中释放的图形	直方图
	培训、测试、破坏性试验、检查	一致性成本
	返工、报废、保修	非一致性成本
	可视化、数据完整性	逻辑数据模型
	因素的数量、关系强弱	矩阵图
	提高产品特性	面向 X 的设计（X 表示相关方对产品设计的诸多关切，包括可用性、安全性和可维护性等）

续表 4.3

关键词所属《PMBOK® 指南》（第六版）章节	题干中关键词	选项中对应的正确答案
第 9 章 项目资源管理	人员离职,需要后续处理操作	①查看资源管理计划 ②查看风险登记册 ③发起变更请求
	项目经理向职能经理要资源,用哪一个工具	资源直方图
	开会拟定可接受行为/会议过程中出现问题	团队章程/基本规则
	冲突解决方式最常见方式/公开对话/达成共识	合作/面对/解决问题
	情况紧急需要立刻采取行动的冲突解决方式/解决紧急问题	强制/命令(强制会破坏团队的氛围)
	现在搁置,不解决冲突	回避/撤退
	团队成员角色职责不清,需要显示角色职责的文件	责任分配矩阵、RAM、RACI
	团队绩效差,需要寻找根本原因,强调解决方案	RCA(Root Cause Analysis)
	团队成员能力不足,新来的人不懂规矩/不会干活/有培训需求	培训/查看资源管理计划
	团队有共同的口号,T 恤衫着装一致	集中办公
	强调一致性	缓解/包容
	一定程度满意	妥协(妥协是双方都包容)
	搁置争议/暂时离场/退出/推迟到准备充分/推给其他人解决/问题再次发生	撤退、回避
	唯一产生最小积极持久结果的技术/时间紧张,需要马上做出决策的情况	强迫/强制

续表 4.3

关键词所属《PMBOK® 指南》(第六版)章节	题干中关键词	选项中对应的正确答案
第9章 项目资源管理	内部资源不足	招募
	资源详细描述、技能、等级、证书	资源分解结构
	虚拟团队	强调沟通和沟通管理计划
	早期、详细信息不足、粗略的	类比估算
	开始建立信任	规范阶段
	像一个组织有序的单位、平稳高效地解决问题、集体责任感/责任心	成熟阶段
	争吵、对立、斗争	震荡阶段
	成熟阶段的团队加入新成员,一般退回到哪个阶段	形成阶段
第10章 项目沟通管理	信息敏感、上下级沟通	过滤
	团队初次犯错,情节不严重	非正式口头
	团队再次犯错	正式口头,再次就非正式书面,直到正式书面
	团队初次犯错,情节严重	正式书面
	在沟通方法中有反馈的情况/开会讨论决策事宜/需要达成一致意见的沟通/强调相关方(干系人)之间互动/实时/面对面	交互沟通/互动沟通
	受众比较多、地理位置分散、信息量大	拉式沟通
	特定群体	推式沟通
	发送给相关方(干系人)的信息不理解/发送的手段不可以接受/信息传递问题/内容不明确产生抱怨/相关方(干系人)表示担心项目/信息传递偏差(多或少)/新的信息需求/沟通混乱/虚拟团队	沟通管理计划/规划沟通
	反馈	积极倾听

续表 4.3

关键词所属《PMBOK® 指南》(第六版)章节	题干中关键词	选项中对应的正确答案
第 11 章 项目风险管理	风险	假设/制约/不确定的事件,比如新法规、新一代技术
	风险/不确定性	三点估算
	优势/劣势/机会/威胁	SWOT 分析
	SWOT 分析	识别风险/记录或更新风险登记册
	协助形成想法	提示清单
	优先级排序	概率和影响矩阵
	对目标总体影响 5% 以下是低风险,6% ~ 14% 是中风险,大于 15% 是高风险	概率影响矩阵对应的风险级别
	风险对项目目标的最大潜在影响。一般进度和成本的绩效偏差大于 15%,视为重大风险或影响	敏感性分析/龙卷风图
	消除威胁的原因/延长进度计划/改变项目策略/缩小范围/加预算	规避
	使用全新技术或方法/分配最有能力的资源(比如总工或高级技术人员)/ 高优先级的机会	开拓
	为提高机会发生的概率或影响而增加资源	提高
	买保险/财务风险外包/签订协议	转移
	更多测试/找更靠谱的供应商/把工作从 A 供应商转给更加靠谱的 B 供应商/进度风险外包/加入冗余部件/备用	减轻
	建立应急储备/没有任何可行解决方案的风险,采取的风险应对措施/预留时间、资金、资源/定期审查	接受

续表 4.3

关键词所属《PMBOK® 指南》(第六版)章节	题干中关键词	选项中对应的正确答案
第 11 章 项目风险管理	风险出现了(题干中有将、可能、不确定性、担心等词汇)	更新风险登记册
	可以考虑取消项目的风险级别,应参照什么风险级别	整体风险级别
	给风险排序/识别主要风险	定性风险分析
	如何实施风险管理活动	风险管理计划
	层级图	两个以上参数分类
	三角分布、正态分布、贝塔分布、离散分布	不确定性表现方式
	整体风险超过商定的项目风险临界值	取消高风险工作/取消项目
	影响图、气泡图和龙卷风图属于什么工具	风险管理
	假设情景分析(如果××情况,则××)关联的风险工具	蒙特卡洛分析/预期货币价值(EMV)
	执行风险应对措施	变更请求
	有助于确定哪个单个风险对项目具有最大潜在影响	敏感性分析/龙卷风图
	最优路径/有路径净值的概念,选对应工具(路径净值就是毛利润,为销售收入 - 成本)	决策树分析(EMV)
	风险管理过程的有效性	风险审计
	风险应对的有效性	风险审查会
第 12 章 项目采购管理	复杂采购	建议书评估技术/建议书评价技术
	详细记录拟采购产品的信息/SOW(Statement of Work)	(采购)工作说明书
	无特别优待/采购流程或供应商的公平对待/一致的理解	投标人会议
	怀疑潜在卖方报价	独立成本估算
	与供应商有争议和分歧,或引起索赔	首选谈判,其次第三方仲裁(ADR),再次诉讼

续表 4.3

关键词所属《PMBOK®指南》(第六版)章节	题干中关键词	选项中对应的正确答案
第 12 章 项目采购管理	采购问题(争议、拒收等)	查看合同或合同条款
	比较靠谱或稳定的供应商	减轻
	识别采购管理过程的有效性	采购审计
	采购范围清晰/后续变更少/买方风险最小/卖方成本增加无影响	固定总价合同
	合同周期很长/跨越时间长/通货膨胀	总价加经济价格调整合同
	一定灵活性/绩效偏离/财务奖励/价格上限	总价加激励费用合同
	合同类型的题目出现利润字样	成本补偿合同
	激励费用/比例分担/调动卖方积极性/财务奖励	成本加激励合同
	主观判断/奖励费用	成本加奖励费用合同
	无法快速编制采购工作说明书(SOW)/无法快速定义 SOW,工期短、金额小,适用于雇人,以及无法快速定义工作范围、人工费率、材料费率,临时更换员工	工料合同
第 13 章 项目相关方(干系人)管理	相关方(干系人)参与程度有问题	在项目执行阶段选管理相关方(干系人)参与,在项目规划阶段选相关方(干系人)参与计划
	职权级别和关心程度	权力利益方格
	权力大、利益大的相关方(干系人)	重点管理
	权力大、利益小的相关方(干系人)	令其满意
	适用于大型复杂社区或社区内部复杂关系	凸显模型
	相关方(干系人)的立场判断,对相关方(干系人)的参与程度评级。相关方(干系人)参与程度不同	相关方(干系人)参与度评估矩阵

续表 4.3

关键词所属《PMBOK® 指南》（第六版）章节	题干中关键词	选项中对应的正确答案
第 13 章 项目相关方（干系人）管理	接洽和管理人员，促进相关方（干系人）积极参与	管理相关方（干系人）参与/改进相关方（干系人）参与计划
	调整相关方（干系人）参与策略	监督相关方（干系人）参与
	识别相关方（干系人）的需求与期望，或之前没有考虑的一个新相关方（干系人）的需求和期望。组织变更导致的人员调整，关联新的相关方（干系人）需求和期望的写入	相关方（干系人）登记册
	查阅/更新相关方（干系人）参与计划	相关方（干系人）担心被排除在重大决策之外/相关方（干系人）反对项目/抱怨、抵制、拒绝等场景
	利益相关方（干系人）期望管理的责任	项目经理
	管理相关方（干系人）期望	建立信任/积极倾听

表 4.4　敏捷关键知识点大全

PMP 考试中常见的敏捷关键知识点和解析（表格中的页码是《PMBOK® 指南》（第六版）的页码）	
Scrum	强调团队为了一个共同的目标而相互协作
史诗故事（P160）	横跨一个或多个迭代的大型故事，比产品预期发布功能还要大
特性（P131）	功能开发时间大于一个冲刺或迭代

续表4.4

PMP 考试中常见的敏捷关键知识点和解析（表格中的页码是《PMBOK®指南》（第六版）的页码）	
用户故事（P145）	对所需功能的简短文字描述，经常产生于需求研讨会
仆人式领导（P310）	向团队提供服务的领导。其实践重点是理解并解决团队成员的需求和发展，尽可能提高团队绩效。这时"项目经理"（可能不称为"项目经理"）的角色主要是为团队创造环境、提供支持并信任团队可以完成工作
自组织团队（P310）	成功的自组织团队通常由通用的专才而不是主题专家组成，他们能够不断适应变化的市场环境并采纳建设性反馈
通才型专家（T型人才）（P310）	自组织团队的成员，能够深入掌握单一专业技能，并广泛掌握团队所需其他技能的人员，参会跨职能工作
燃尽图（P226）	本次迭代剩余工作与剩余时间关系的一种图形化表示形式
燃起图	对已完成工作与产品发布关系的一种图形化表示形式
累积流量图	追踪和预测敏捷项目的重要工具，可以体现不同迭代的绩效情况，比如前置时间、周期时间和研发速率等，可以提供对于燃尽图、周期时间、在制品和可能瓶颈的洞察
验收标准（P154）	可交付成果通过验收前必须满足的一系列条件。关联敏捷的定义完成（DOD）的概念。在敏捷软件开发中，常用定义完成来表示工作是否已完成，不同岗位职责的活动有不同的完成定义。比如开发人员的定义完成应该是在产品增量代码编译完成后，开发人员做好充分的单元测试才可以把工作转交给测试人员进一步的测试和验证 所有的 DOD 都不是一成不变的，在随着时间的推移、经验的积累、人员的变更、项目的变更，DOD 也会有很大的不同，所以需要定期地检查和改进
用户画像	可快速识别干系人的兴趣点的工具，关联原型法，用细节描述详细阐释用户信息，包括人物名称、地址、年龄、背景、收入、喜好和厌恶等细节

PMP 项目管理方法论与敏捷实践

续表 4.4

PMP 考试中常见的敏捷关键知识点和解析（表格中的页码是《PMBOK®指南》（第六版）的页码）	
莫斯科理论（MoSCoW）	需求优先级排序工具，常用于敏捷中用户故事优先级排序。M—must have 必须有的；S—should have 应该有的；C—could have 可能有的；W—won't have this time 这次不会有
卡诺分析（KANO）	卡诺分析由狩野纪昭在 1980 年发明，用于需求优先级排序，该技术将需求按客户喜好分为四个类别：惊喜、满意、不满意和无关紧要
参与式决策（群体决策）（P144）	鼓励团队成员参与决策过程，决策的速度和团队对决策的认可程度直接影响项目的绩效和团队凝聚力
极限编程（XP）	一种敏捷软件开发方法，致力于改善软件针对不断变化的客户需求的响应能力，特点是极短的软件发布周期，增加发布频率
持续集成（CI）	一种软件开发实践，即团队开发成员经常集成他们的工作，每天可能会发生多次集成
代码重构（Code Refactor）	一种产品质量技术，其通过提高产品的可维护性和其他需要的属性来改善产品设计，同时并不改变产品的预期行为
自动化测试（Auto Test）	开发人员确保单元测试的自动化部分的覆盖比重，测试程序的正确运行。测试人员负责回归测试、组合测试、集成测试和可用性等非功能性需求的自动化测试。通常自动化测试占所有测试的比重为 80% 以上
测试驱动开发（TDD）	在工作开始前定义测试的一种技术，采用零缺陷的思维模式使工作进度能持续得到确认
结对编程（Pair Programming）	编程人员进行配对，配对中的一个人进行代码编写，另一个人针对新增代码进行不断审阅、反馈和前瞻展望。结对编程证明可以生成高质量的代码，但生产力几乎没有下降
远程结对	通过虚拟会议工具共享屏幕，包括语音和视频链接，建立远程结对。只要考虑了时区差异因素，几乎和面对面结对一样有效

续表4.4

PMP考试中常见的敏捷关键知识点和解析(表格中的页码是《PMBOK®指南》(第六版)的页码)	
看板(Kanban)	可视化的信息源,增进团队项目状态同步和彼此的协作。关联在制品(WIP)的内容
限制在制品(WIP)	符合精益零库存的理念,以及敏捷有节奏开发的原则。敏捷开发的相关岗位在看板上标注工作量上限,并发工作不可以超过允许的上限
最小化可用产品(MVP)	英文全称是 Minimum Viable Product,关联 Scrum 冲刺产生的产品增量
时间盒子(Timebox)	一段固定时间,例如站立会15分钟,迭代周长为一周、两周、三周或一个月
刺探/探针(Spike)	项目中短暂的时间间隔,通常长度固定。在此期间,团队开展研究或针对方案的某个方面进行原型研究验证其可行性
信息发射源	一种可见的实物展示,其向组织内其他成员提供信息,在不干扰团队的情况下即时实现知识共享
追逐太阳	追逐太阳的开发过程,是一种每天结束时将工作移交给下一工作地点(可能相差很多时区)的方法,旨在为加快产品的开发
鱼缸窗口	在各个地点建立长期视频会议链接,创建一个鱼缸窗口。每天工作开始时打开链接,工作结束时关闭链接。通过这样的方式,成员可以自然地看到彼此并进行互动,减少了身处不同地点工作所固有的协作滞后等问题
敏捷估算(轻量级估算)(P234)	通过斐波那契数列,同时用扑克牌的方式快速生成对项目人力成本和开发周期的高层级预测

4.8 全新 PMP 考试样题

2021年中国区会在12月以后的考试中启用全新考试大纲,新的题目类型不仅仅有四选一的单选题,还会有多选题。为了应对这个变化,本书特意列出可以参考的多选题样题,以便大家尽快适应这种转变。

1. 阶段关口又称为什么？（共选三个可选答案） （　　）

A. 阶段门

B. 关键决策点

C. 阶段审查

D. 阶段阈值

答案：A、B、C

此题在考阶段关口的别名，详见《PMBOK®指南》（第六版）第 21 页。阶段关口可能被称为阶段审查、阶段门、关键决策点和阶段入口或阶段出口。

2. 在项目章程中包括的标准有什么？（共选两个可选答案） （　　）

A. 验收标准

B. 成功标准

C. 失败标准

D. 退出标准

答案：B、D

此题在考项目章程的内容，详见《PMBOK®指南》（第六版）第 81 页。

3. 监控项目工作的输出工作绩效报告，作为哪些过程的输入？（共选三个可选答案）

（　　）

A. 指导与管理项目工作

B. 管理团队

C. 监督风险

D. 实施整体变更控制

答案：B、C、D

此题在考工作绩效报告的持续作用，报告作为管理团队、管理沟通、监督风险和实施整体变更控制等过程的输入，详见《PMBOK®指南》（第六版）第 106 页。

4. 以下哪些工具是识别相关方过程的技术或工具，你可以使用这些工具对相关方进行分类？（共选两个可选答案） （　　）

A. 凸显模型

B. 权力利益方格

C. 相关方登记册

D. 相关方参与度评估矩阵

答案：A、B

此题在考识别相关方过程的工具，A 和 B 都是识别相关方的工具，C 是识别相关方的输出，D 是规划相关方参与过程的工具，详见《PMBOK®指南》（第六版）第 520~521 页。

5. 敏捷方法可以缓解存在高度不确定性的项目场景所产生的问题。以下哪一项是敏捷在这些情况下解决的痛苦的例子？（共选三个可选答案）　　　　　　　（　　）

A. 项目目标不清晰

B. 低缺陷

C. 需求不明确

D. 技术债务

答案：A、C、D

此题在考敏捷项目管理所适用的场景，当一个项目包含高度的不确定性、变更和复杂性时，项目团队可能会经历许多痛点。敏捷方法通过执行诸如创建清晰的团队章程（即愿景和使命）等活动来直接解决这些难题。通常项目所面临的痛点包括目的目标不明确、需求不明确、技术债务和高缺陷。B 选项的低缺陷不属于项目所面临的痛点范畴。

6. 作为建立一个新的项目团队的一部分，项目经理选择创建一个正式的团队章程。项目经理可能会在文档中包括什么？（共选两个可选答案）　　　　　　　（　　）

A. 团队职责

B. 团队任务

C. 团队价值观

D. 决策标准

答案：C、D

此题在考团队章程与项目资源管理计划的区别。团队章程用于建立团队、明确期望和创建团队规范。它通常强调团队价值观、规范的认同以及团队在整个项目生命周期中如何共同协作。它还可以定义团队规则和其他预期行为决策标准。

7. 一个项目经理领导实施了一个刚刚完成的电子发票项目，财务经理告知项目团队他发现了三张发票有错误。项目经理应该尽快更新哪两个文件？（共选两个可选答案）（　　）

A. 问题日志

B. 风险登记册

C. 干系人(相关方)登记册

D. 变更日志

答案:A、B

此题在考项目文件的作用和更新频率。问题日志和风险登记册是用来随时记录问题和风险并更新任何可能的跟进情况的项目文件。

8. 以服务型领导方式,如何授权团队?(共选两个可选答案)　　　　　　　(　　)

A. 它提供了更大的团队责任感(自组织团队)

B. 它提供了一个独裁的决策方法

C. 通过一个明确的领导者来管理团队

D. 通过指导和鼓励来支持团队

答案:A、D

此题在考服务型领导的定义和授权方式。对于拥有自组织团队的项目,"项目经理"(可能不称为"项目经理")的角色主要是为团队创造环境、提供支持并信任团队可以完成工作。成功的自组织团队通常由通用的专才而不是主题专家组成,他们能够不断适应变化的环境并采纳建设性反馈。详见《PMBOK®指南》(第六版)第310页。

9. 你已经注意到你的 CIO 表现出了成为一个好领导的所有迹象。关于领导者,下列哪个陈述是正确的?(共选三个可选答案)　　　　　　　　　　　　　　(　　)

A. 领导者使用参照(参考/潜示)权力

B. 领导者传授愿景

C. 领导者关心战略计划

D. 领导者关心满足利益相关者的需求

答案:A、B、C

此题在考领导力的表现形式。A、B 和 C 是领导者需要关注的部分,而 D 则属于日常管理的范畴。

10. 你的虚拟项目团队由 12 人组成。4 人来自西海岸办公室,2 人来自堪萨斯城办公室,6 人来自伦敦办公室。你的办公室和其他办公室的工作时间不一样。12 名团队成员中

有3人在轮班工作。下列哪项是正确的？（共选三个可选答案） （　　）

A. 由于地点的不同，团队没有相同的项目目标，你的角色是让某些团队成员理解你的目标以及你将成为怎样的人来衡量他们的表现。

B. 团队成员应该理解你对他们在项目中的期望，你应该确保他们理解决策过程。

C. 你的角色是与所有的团队成员沟通，并确保他们理解用于与你和其他人通信的协议。

D. 你的角色是确保团队成员因他们在项目上的行动与表现得到表扬。

答案：B、C、D

此题在考虚拟团队，虚拟团队可定义为具有共同目标、在完成角色任务的过程中很少或没有时间面对面工作的一群人，详见《PMBOK®指南》（第六版）第333页。所以A的描述有误，B、C和D都是针对虚拟团队的正确阐述。

第 5 章 项目管理生命周期模板汇总

学习项目管理知识体系应该理论联系实际,知道如何把理论知识用来指导工作实践。从本章开始会介绍更多的项目管理的具体落地模板,以达到抛砖引玉的作用。

5.1 商务合同模板

×××× 公司 ×××× 合同

项目名称：____××××____

合同编号：____××××____

采购编号：____××××____

签约地点：____××××____

签订日期：____二〇××年××月××日____

×××有限公司(以下简称甲方)与×××科技有限公司(以下简称乙方)就乙方为甲方提供×××项目,经甲乙双方协商一致,签订本合同,共同遵守如下条款:

5.1.1 服务项目清单

序号	项目计费单元	数量	单价/元	总价/元
1	××××	××	×拾×万元整	×拾×万元整
费用合计:RMB:×××万			此价格已含营业税及增值税	

5.1.2 价格

1. 合同总价

(人民币)大写:×××万元整(RMB×××0000)。

2. 付款方式

合同付款分三次进行,付款进度及付款条件如下:
(1)签订合同并召开项目开踢会后××天内,支付合同总额的××%。
(2)完成××××工作并通过用户正式验收后3天内,支付合同总额的××%。
(3)余款××%在试运营30天内付清。

5.1.3 验收标准

本项目验收标准为××××。

5.1.4 服务时间

(1)服务时间:从签订合同之日起按照××××的服务范围由甲乙双方共同确定具体

服务时间,初步计划服务时间从××××年××月××日到××××年××月××日。当所有合同范围内的××××服务都已经完成则视为服务合同完全履行和项目结束。

（2）服务地点:具体省市名称包括××××××。

5.1.5　服务内容

项目服务内容包括××××××。

5.1.6　责任与义务

1. 乙方的责任与义务

（1）安全及保密要求:乙方同意在履约过程中履行保密义务,实施人员必须遵循甲方的各项规章制度,工作时间不得从事任何与工作无关的事情。

（2）服务方式:采取"现场实施+总部技术支持"的服务方式,乙方须根据现场服务工作量动态增减服务实施人员,服务人员须有1年以上相关实施经验。

（3）甲方有权要求撤换不合格的服务实施人员。

2. 甲方的责任与义务

甲方为乙方有效完成技术支持服务提供必要的支持,包括及时下达或完成相关工作任务,为乙方更好地完成工作任务而协调必要的场地、人员、业务和技术支持。

5.1.7　违约金和赔偿责任

1. 赔偿责任

（1）如由于乙方的过错或其他违约责任造成甲方损失,乙方应承担下列的赔偿责任:

①人身伤害(包括死亡)的损害赔偿及对有形动产和不动产的损害赔偿。

②任何其他实际直接损害赔偿额以受指控的服务的收费为限。

此限额也适用于乙方的任何承包商。该限额是乙方和乙方承包商须共同承担的最高责任限额。

(2)在任何情况下,乙方对下述事项不承担责任:

①甲方的记录或数据的丢失或损坏;尽管有前述规定,双方同意因乙方的过错而导致甲方的数据丢失或损坏时,乙方应基于甲方提供的备份数据,进行备份数据的加载。

②甲方的间接损失。

2. 如甲方逾期付款,则每日按本合同总价的3‰向乙方偿付违约金

5.1.8 不可抗力

(1)由于一般公认的人力不可抗拒的原因(不可抗力指不能预见、不能避免并不能克服的客观情况)造成不可意料的事故而不能按合同规定履约时,乙方应立即以书面形式通告甲方,并提供事故发生的有效证明。

(2)在不可抗力事件发生后,双方应努力寻求采取合理的方案履行不受不可抗力影响的其他事项。因不可抗力不能履行合同的,根据不可抗力的影响,部分或者全部免除责任,但法律另有规定的除外。当事人迟延履行后发生不可抗力的,不能免除责任。

5.1.9 争端的解决

(1)凡与本合同有关而引起的一切争议,甲乙双方应首先通过友好协商解决,如经协商后仍不能达成协议时,任何一方可以向法院提出诉讼。

(2)本合同的诉讼管辖地为××××有管辖权的法院。

(3)在进行法院审理期间,除提交法院审理的事项外,合同其他部分仍应继续履行。

(4)本合同按照中华人民共和国的法律进行解释。

5.1.10 通知

（1）本合同一方给对方的通知应用书面形式送达合同中规定的对方的地址，电传或传真要经对方的书面确认，以电报形式的通知从当地邮电局发出电报的第二天视为送达。

（2）通知以送到日期或通知书的生效日期为生效日期，二者中以晚的一个日期为准。

5.1.11 税和关税

（1）中国政府根据现行税法对甲方征收的与本合同有关的一切税费均应由甲方负担。

（2）中国政府根据现行的税法规定对乙方或其雇员征收的与本合同有关的一切税费均应由乙方负担。

5.1.12 合同生效

本合同在以下条件达成后生效：
合同经双方授权代表签字并加盖公章后生效，合同签字日期以最后一个签字日为准。

5.1.13 其他

（1）本合同的所有附件均为合同的有效组成部分，与本合同具有同样法律效力，如果构成合同的各个文件间存在冲突，则以下列排列顺序在前的文件的效力优先：

①在执行本合同的过程中，所有经甲乙双方授权代表签署并盖章确认的文件（包括会议纪要、补充协议、往来信函）即成为本合同的有效组成部分，其生效日期为双方签字盖章或确认之日期。

②本合同主体。

（2）除甲方事先书面同意外，乙方不得部分或全部转让其应履行的合同项下的义务。

(3)本合同一式四份,双方各执两份。
(4)本合同合计页 A4 纸××张,缺页的合同为无效合同。

甲方(盖章):　　　　　　　　　　　乙方(盖章):
甲方法定代表人或授权代表人(签字):　乙方法定代表人或授权代表人(签字):
地　　址:　　　　　　　　　　　　　地　　址:
邮政编号:　　　　　　　　　　　　　邮政编号:
电　　话:　　　　　　　　　　　　　电　　话:
传　　真:　　　　　　　　　　　　　传　　真:
开户名称:　　　　　　　　　　　　　开户名称:×××有限公司
开户银行:　　　　　　　　　　　　　开户银行:×××支行
开户账号:　　　　　　　　　　　　　开户账号:××××××××××

5.2　项目章程模板

项目标题			
授权日期			
项目计划开始日期		项目计划完成日期	
项目章程起草人		项目经理	
项目主要联系人			
职位	姓名及其所在部门	电话	电子邮件地址
项目发起人			
项目经理			
客户代表			
其他			
项目目标(目的)			

投资回报（ROI）	待项目解决的问题详细描述，及解决问题后的投资回报
项目假设条件	列出任何可能涉及的当下认为正确的前提
客户名称	
客户需求	列出客户需求的详细
项目成功标准	列出什么情况项目算成功
项目审批要求	具体签署项目结束的审批流程
项目退出标准	列出何种情况下能关闭或取消项目或阶段
项目风险	列出项目的潜在风险
项目里程碑	列出可能的里程碑，以及每个里程碑预计完成的日期
关键可交付成果	列出主要的关键可交付成果
授权组织	给项目授权的组织名称
项目经理职责	项目经理的职责描述
项目资源详细	
项目财务资源	预先批准的财务资源，以及预分派的人力资源
项目团队组成	列出所有项目成员信息，包括姓名、职务及联系方式
软件工具	需要的软件工具
硬件设备	需要的硬件设备
项目签名及授权	
职位	签名栏及日期
项目发起人	
项目经理	
其他相关方	
签名授权人员的具体承诺或意见	主要是发起人的承诺或意见，显示高层领导的支持

5.3 项目经理授权函模板

项目经理授权函

致××公司：

本授权书声明：

现授权委托_____（手机号码：_____；身份证号码：_____）为本公司项目经理，处理签署关于(××公司××项目)的项目管理及设备到货验收等工作。

本授权书有效期到_____（合同号：××××）合同履行完毕时止。

代表人签字：_____
（公司名称及公章）
20____年____月____日

5.4 相关方(干系人)登记册模板

相关方(干系人)登记册

姓名	职位	工作地点	项目角色	联系方式	来自内部/外部	主要需求/期望	对项目的潜在影响	相关方的个人特质	相关方当前参与程度	相关方所需参与程度	针对相关方可能的行动和沟通方案
				外部代表甲方，内部代表乙方	列出来自相关方的项目需求	列出来自相关方的影响力和对项目风险的容忍程度	个人特点和习惯的工作或沟通方式	不知晓/抵制/中立/支持/领导	不知晓/抵制/中立/支持/领导	如定期沟通和高层拜访等

注释：不知晓：对项目和潜在影响不知晓；抵制：知晓项目和潜在影响，抵制变更；中立：知晓项目，既不支持，也不反对；支持：知晓项目和潜在影响，支持变更；领导：知晓项目和潜在影响，积极致力于保证项目成功

5.5 项目开踢会模板

项目开踢会的展示一般是以 PPT 的形式在项目开踢会的重要时间节点上给客户做讲解,下面以一个 IT 驻场运维管理项目为例阐述项目启动会应该有的内容。

5.5.1 项目目标

(1)保障信息化日常管理任务顺利完成。
(2)强化内控机制,保障运维体系高效运作。
(3)进一步优化完善现有运维体系。

5.5.2 项目范围

负责对运维体系各要素(制度、流程、人员、工具等)的建设、管理和协调。

1. 制度

运维制度、文化和信息管理的建设和贯彻执行。
运维文化和服务管理理念的宣导。
通过具体的宣导手段提升运维人员的服务意识和管理水平。

2. 流程

有效协调资源参与流程的执行。
从技术和管理上协调处理重要或遗留的事件、问题、变更和发布。
推进项目运维等相关流程的建设和完善。
监控运维流程的执行,评估流程执行的效率和效果,定期组织编制和分析流程相关管理报告。

3. 人员

梳理和优化运维体系中各角色、团队的职责，促进人员的合理分工。
评估运维体系人力资源配置情况、人员技能水平和绩效表现。
协调落实人员职能的转变和知识的传递。

4. 工具

推进 IT 服务管理平台的建设和有效运行，充分利用信息化手段保障运维体系的落实。
推进 IT 服务管理平台的集成、二次开发、应用推广和培训工作。
完善和改进运维监控系统的功能和监控指标。

5.5.3 项目组织架构

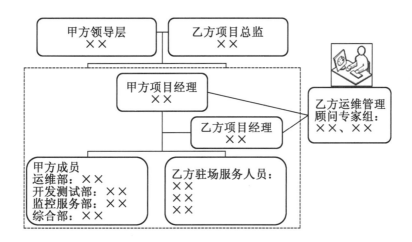

5.5.4　项目实施计划

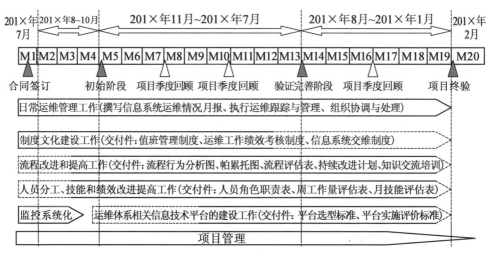

注释：实施计划中"M+数字"表示第几个月，M1 表示 1 月

5.5.5　项目风险计划

为保证项目的成功，项目风险需要被主动管理，这有赖于甲方与乙方的项目成员共同识别风险和参与风险的应对。风险的分类可以是组织的过程资产，建议的分类可以是项目人员、预算、需求、技术、外部依赖、时间进度和相关方参与等。风险的应对策略主要有规避、转移、降低和接受等。风险会在项目关键汇报会和周例会进行汇报。

风险管理的流程如下所示：

第 5 章　项目管理生命周期模板汇总

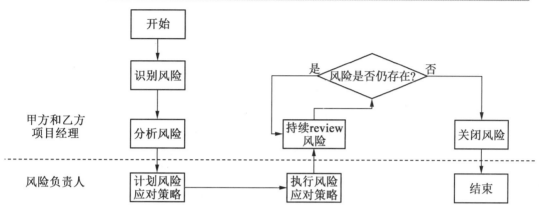

5.5.6　项目问题计划

问题管理主要目的是用于甲方和乙方在项目管理生命周期中共同管理所发现的问题。问题管理计划会在项目关键汇报会和周例会进行汇报。

问题管理的流程如下所示：

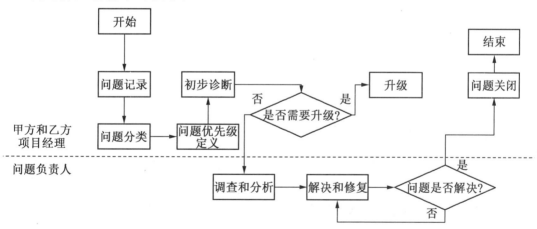

5.5.7 项目沟通计划

1. 沟通方式

现场面对面沟通——适用于访谈、培训、周例会等工作内容。
远程电话——项目资源安排、进度计划调整、项目问题讨论和跟踪等。
电子邮件——项目周报、运维情况月报、项目交付件、会议通知等。
书面正式文档——变更请求、完工报告、产品交付清单等。

2. 周例会机制

时间：每周或者双周例会。
地点：××××信息中心现场。
参与人员：××项目成员，乙方项目组驻场人员。
双方协调人员：管理层领导。
会议主持：乙方 PM。
议题：运维情况回顾、项目计划与进度回顾、项目风险、问题和需要协调事宜讨论。

3. 项目需要支持和配合的方面

驻场人员正式授权，得到高层领导的支持和各部经理的配合。
沟通和确认驻场人员的职责和分工。
提供项目组开展工作所需要的相关账号及权限，包括办公自动化软件和内线电话等。
提供当前制度、流程、运维手册(应用和 IT 基础架构)和岗位描述文档。
提供 IT 服务管理所涉及的应用功能描述文档和架构设计文档。
项目验收阶段，安排运维办相关领导配合验收评估和验收文件的最终签署。

5.5.8 项目前期工作(一周内)

1. 资源到位,职责明确

尽快使项目的所有资源全部到位,尽快磨合,驻场服务人员迅速进入角色。

2. 传帮带,快速独立工作

利用之前积累的经验,以及以前项目服务人员的经验,总结出快速进入工作角色的方法。

3. 建立沟通渠道

根据各个驻场服务角色职责、周边相关资源快速建立有效沟通渠道。

4. 细化和明确项目工作的组织架构

明确组织相关方的角色、职责、对应关系和具体沟通方式,以便迅速开展日常管理工作。

5. 明确项目启动后第一个月的任务计划

制订第一个月的任务计划,汇总到项目经理,由项目经理督促完成。

5.6 项目会议纪要模板

会议纪要

	议题			
	会议时间		地点	
	参会人			
	会议主持人			
		会议摘要		
		后续重点任务		
序号	任务项	甲方负责人	乙方负责人	完成日期
1				
2				
3				
	纪要撰写人		审核人	
	分发人		抄送人	

5.7 项目周报模板

项目进展状况周报内容包含对项目启动以来进展情况的总结和汇报，对本周及上周工作的总结及当前项目状态的更新，对工作中存在的问题及改进办法的总结，对下一周工作的计划等。

项目总体规划

项目任务编号	项目任务描述	计划完成时间	当前完成情况
1			
2			
3			

上周完成的任务

项目任务编号	项目任务描述	完成的子任务	完成时间
1			
2			

正在进行的任务

项目任务编号	项目任务描述	完成的子任务	完成时间
1			
2			

1. 原项目计划的执行情况

可用微软的 Project 绘制的甘特图或 PPT 的项目计划将项目时间情况和计划做比较。

交付件状况跟踪

交付件的类别	交付件的名称	交付件的存档路径	客户审核意见

2. 上周问题回顾

针对上周已发现的项目问题的解决情况进行回顾。

3. 本周工作中存在的问题

记录本周新发现的项目问题。

本周工作计划

项目任务编号	项目任务描述	完成的子任务	计划完成时间
1			
2			

4. 希望客户配合的工作

列举需要客户和其他供应商完成的工作内容,和需要客户和其他供应商配合的工作事项。

5.8 项目管理计划模板

样例 1：

一、内容介绍

1. 项目管理计划的目的

项目管理计划的目的在于描述项目合同工作范围、要求、依赖条件和项目风险等,运用项目管理方法对项目进行充分的计划,制订项目的工作分解结构(WBS),分析工作任务预期耗时和相互的顺序及依赖关系,进而制订出项目的进度计划。同时,项目管理计划将对如下项目管理内容进行规划:项目组织结构、项目质量管理、项目风险管理、项目分包商管理、项目沟通管理、项目合同及财务管理、项目问题处理机制等。项目管理者通过项目管理计划对项目进行管理,以完成项目的实施。

在整个项目期间,项目管理计划将作为新加入项目组成员针对此项目的工作指南,并且作为整个项目团队成员对项目目前状况进行了解的信息来源。本计划的使用将贯穿项目的始终,并将在合同变化、进度和依赖条件变化、风险评估变化等情况下进行更新。

2. 内容纲要

第一部分为概述,描述项目管理计划的目的和主要内容。

第二部分对整个项目进行概述,对项目目标及项目所要完成的系统进行描述,并记录相关合同信息。

第三部分描述项目合同约定的实施范围,列出要执行的任务和需提交的产品、服务和必要的验收条件等。

第四部分描述项目的进度计划。

第五部分描述项目组织、职责分配,同时描述客户、集成商、分包商的职责以及和项目团队的关系以及沟通计划。

第六部分列出项目的依赖条件,包括客户和分包商所应提供的工具设备、产品和服务等。为了满足合同承诺和协议,项目团队必须及时接收到依据上述前提条件所交付的产品和服务。

第七部分对已识别的项目风险进行评估。在项目期间对风险进行监控的计划,以减少它们对项目产生不良影响的可能。

第八部分描述所采纳的管理控制方法维护项目进度情况和项目财务状况,并对潜在的问题提供预警。

第九部分描述项目质量管理方法,包括衡量系统满足要求的方法、标准以及在控制质量中使用的技术等。

二、项目概要

提供此项目的总体概要,使不太了解项目的背景知识的阅读者在阅读后也能理解本计划书的必要性、系统的总体情况以及如何使用它。同时还提供有关合同的主要信息等内容。

1. 项目目标

首先描述项目要完成的目标。如果此项目是一个大项目的一部分,还涉及其他的项目,或者涉及其他承包商或客户,则应明确陈述。应写明主承包商或转包商的任务角色,并列出可能的其他转包商。

2. 系统描述

应用足够的细节描述,达到对待开发或更改的系统的全面了解。作为总体概述的一部分,在这里通常适合用一个或多个图表达到这个目的。描述应以最终系统实现的目标、给客户带来什么好处及为什么需要这个系统的陈述开始。如果适当,也应提供对现有系统的描述。对开发或改造后的系统描述应包括主要硬件、软件、系统上下文、系统架构、流程和数据流等要素,还包括对系统的使用方法(即操作概念)的陈述,诸如代码行数、用户数量、交易量或其他描述项目特征和规模的指标等量化数据也应进行描述。另外,还需指出其他转包商提供的系统及功能组件等。

3. 合同

给出目前合同中的相关信息,如标题、日期、类型、价格和持续时间,并对重要的方面做说明。

三、合同约定

定义合同义务,对起始点、工作内容、最终产品和验收或完工条件进行描述。其中需要重点强调的一点,即合同文件中包含的每一项条款都应该是经过谈判,与客户达成一致并取得正式的合同共识的,否则合同条款将没有任何意义。

1. 需求基准

确定项目必须实现的需求内容。理想情况下,可以是对需求规格说明书或需求文件的引用,包括功能性需求和非功能性需求等。任何重要的但并没有得到解决的问题应进行陈述,并列出相关计划和时间表。值得注意的是,这里并不需要对功能性需求做彻底详细的描述。

2. 工作任务

对合同约定的需要完成的工作做出陈述。应引用合同工作说明书或项目工作说明书的相关内容，另外，需要列出主要的项目工作任务。工作任务包括开发系统活动、维护和培训等支持任务，以及控制和管理项目必需的任务等。视情况可以对设计报告、周期性客户状态报告或其他与客户相关的事件进行描述。

3. 项目各阶段主要交付物

交付物可能包括硬件、软件、数据和文档。这里不必进行非常细致的描述，如硬件特性等。针对每一项交付成果需定义以下内容：

（1）数量或其他一些在合同中规定的交付成果的信息。
（2）交付物的名称。
（3）交付日期，可从合同开始的日期起以项目日历的形式给出，或参考一些里程碑给出。
（4）验收条件，包括所有应满足和客户达成一致的合同约定条款中所规定要求的标准。

4. 验收测试

如果所有交付成果都满足上述的验收条件，并正式验收，则应记录其验收测试情况。记录应包括如下方面：

（1）测试方法。如谁指导测试（客户或项目发起人），如何建立测试完成准则，结果不满足条件如何处理（验收条件、重测次数）。
（2）鉴定测试文档。如测试计划文档、过程记录和测试缺陷报告等。
（3）测试环境。如数据生存的操作环境和测试数据的测试环境等。

5. 项目付款条件

对合同中定义的付款条件进行说明。如在合同中的条款不够清晰，可在此澄清。

6. 其他条款与条件

列出所有可能受到经济损失，影响项目的执行能力或在其他方面影响合同约定的其他条款与条件，如担保、罚款条款或产品责任条款。

四、进度计划

本章列出的进度计划信息包括总体合同进度计划和里程碑进度计划,以及项目内部建立的内部任务进度计划。最后应包含的一项内容是与内部任务进度计划相对应的资源调配信息,即资源分解结构。

1. 总体进度计划

本计划应描述合同需要的里程碑,是与客户进行进度计划讨论的主要参照,应包括如下方面:

(1)合同开始和结束日期;
(2)客户将参与的中间里程碑,如设计评审和验收测试等;
(3)决策点,如客户决定执行一个合同特权;
(4)日期上的重要客户依赖关系,如测试数据的提供;
(5)项目阶段描述;
(6)影响项目计划的所有外部事件。

2. 工作分解结构

项目工作分解结构(WBS)将任务和交付成果分解定义为内部进度计划需要的层次,用于追踪项目进程。这是一个分级结构,可以从进度计划活动的最低级追踪进行到任务层次的最高级。同时它也是分配责任和后面将要描述的财务跟踪的参照对象。在此处最好把工作任务所对应的资源也一并列出,即列出工作分解结构后需列出相应的资源分解结构。

3. 进度关键路径

通过跟踪甘特图分析得出项目关键路径,将关键路径上的工作项摘录制成列表。此列表应包括工作项内容、计划开始和完成时间、前提条件和外部依赖等。

五、组织沟通

描述组织结构、人员需求,以及组织人员的安排方法。表明组织和管理责任是合同执行责任的基础。

1. 项目组织

利用标准的分级组织图描述项目组织结构,展示对所有参与组织适用的管理层次。如果问题不能解决,则依此层次关系逐层向上报告。另外,展示项目经理的控制下所有的直接元素,表明他们是否是项目组织中的一部分。列出关键的个人,如项目经理、职能经理、架构师和技术人员,同时列出支持组织、转包商组织等。如果项目的大小和复杂度允许,所有的组织元素、项目组织、支持组织、转包商组织等可以以一个附加分级图的形式给出。

2. 客户组织

客户组织图描述对项目比较重要的客户组织部门及他们之间的关系。客户的变更信息也需要在此及时记录。如果客户在项目中有开发、测试或安装责任,则应写明其组织及与项目组织之间的关系,并列出主要的客户人员名单。

3. 组织责任

建立项目组人员与项目进度计划中所有的任务和交付成果之间清晰、完全的对应关系。可以利用 MS Projecter 将工作分解结构(WBS)与组织单元、每个个人或职位联系起来,使他们对自己的工作负责;也可以用权责矩阵 RACI 将主要的工作内容与负责人员(包括转包商)建立对应关系。

4. 沟通计划

定期的、清晰的项目沟通是项目成功的关键。通过定义一个明确的日常项目沟通计划,以保证及时地将项目的相关信息提供给需要知道这些信息的项目相关方。

六、依赖关系

项目的成功执行往往依赖一些不由项目执行组织直接控制的外部条件,此处描述所有依赖因素。通常依赖是指受客户提供、供应商和转包商提供的制约。

七、风险管理

说明如何鉴别影响项目成功执行的风险以及制订风险应对计划。从项目管理的角度,风险通常意味着由于超出计划的工作导致的成本增加而引起的利润或利益的减少、时间延后或是受到处罚的机会。也可以表示让某些方面直接受到损害的机会。例如,降低客户满意度。风险管理的目的是确保始终关注潜在问题,在潜在问题严重影响到项目之前确保有效监控潜在问题,并根据原则采取持续的行动转移或减轻其影响。

风险将会在制定项目管理计划过程中,以及执行签约条件或条款、具体时间管控和人员配置等方面暴露出来。风险管理文档应早于项目管理计划更新。风险等级评定一般从发生风险的必要条件产生的概率和风险产生后对项目的影响来考虑。需要记录每一个已识别的风险条目,具体的条目格式如下:

(1) 对风险进行描述,如达不到性能要求、关键位置人员缺失等。
(2) 风险发生的后果,如承担更多费用、项目交付时间延迟。
(3) 定性的风险评估,通常包括高风险、中等风险和低风险等风险级别。
(4) 风险产生的原因和事实依据。
(5) 对于当前已识别风险的应对方案。
(6) 预防风险发生的措施。
(7) 残余风险和次生风险。

八、管理控制

说明项目如何被监管与控制。控制是指项目的内部控制,提供客户对项目过程的可见性，即达到可视化的项目管控。

1. 变更控制

变更是指由项目相关方提出的，对项目合同中规定的产品配置、服务内容和范围的变更。任何项目的变更需由变更申请人填写变更申请表单，经甲乙双方项目经理评估该变更对项目造成的潜在影响的大小和所需的费用，经批准后方可执行。

2. 数据管理

本项目中的工作交付物由项目任务负责人负责准备。但在交付项目产出物之前，必须经项目经理批准后方可正式提交给客户。所有在项目实施过程中形成的文档，包括工作交付物、会议纪要、阶段性完工报告和设计实施方案等，都应复制一份提交双方项目经理备案。所有项目文档应采用统一的文档编号规则，以便于管理。

3. 转包合约管理

转包合约管理的目的是体现如何使对客户的合约职责延续到转包合约中，如何保证转包者完成各项职责。因此，在转包合约中需规定转包方的产品与服务的完工日期和监控办法。

九、质量管理

记述如何控制质量基准和发展过程。

1. 质量计划

列出应该遵守的质量方针和标准，需要遵照的程序以及交付物的评判标准等。

2. 执行管理

根据项目范围的要求，描述项目任务是如何被分配、跟踪和报告的。例如，在项目的执行过程中，考虑使用什么测算方法，通过什么来对项目进行评估。制订方法来测试估计项目绩效何时没有达到要求，并采取相应的纠正措施。

样例2：

一、角色及职责

1. 项目指导委员会

（1）信息系统建设项目须考虑公司的整体运营管理，联合各个职能模块开展综合合作。
（2）负责总体指导项目开展，对全局进行协调项目资源，确保项目整体达成目标。

2. 项目最高负责人

由业务资深管理岗位出任项目总负责人，对项目的总体目标、费用、时间节点、质量的达成与否负责。负责项目各事务的最终决策。

（1）项目总监。
①负责组织提供项目范围内的业务需求。
②负责领导业务管理方案的总体设计和评审。
③负责领导信息化系统的功能验证和验收。
④负责业务部门及分公司业务条线的项目资源的提供和调度。
⑤负责本业务部门信息化项目成员的考核。
（2）项目经理。
①负责信息化项目的项目管理执行工作。
②负责项目计划的制定、执行项目进度跟踪、执行项目风险的管控。
③负责项目各项活动的组织，推动各类项目中的问题的解决。
④负责提供信息化项目组成员的考核标准及有关规定。

二、项目管理方法论

1. 项目阶段说明（表5.1）

表5.1 项目阶段说明表

节点序号	项目阶段	工作说明		
1	需求提出	了解业务的基本需求，作为立项的必要性依据	提出业务目标；提出需求内容	协助分析现有系统是否可以达成
2	初步调研	初步方案为立项评审提供可行性分析依据	调研比对现有产品，形成初步解决方案	协助分析解决方案技术上是否可行
3	立项评审	确保项目的必要性、可行性、目标价值，投资预算的合理性，风险是否可控等	编制立项报告 提出立项申请 参与评审	组织立项评审
4	招标	供应商及产品选型评审 系统架构的方案评审 设备品牌型号的评审	招标文件审核 对供应商及产品选型进行评审	组织招标文件编制 组织招标评审 编制技术标部分文档 系统方案评审 参与价格谈判
5	合同签订	项目商务合约签订 工作说明确定 项目基准计划确定 合约各方责任确认	参与合同审核，确认合同有关内容	提供合同模板 组织合同审核 完善合同中的技术有关内容
6	项目开踢	确定项目组织架构 确定项目组成 确定项目管理的制度 项目组各方的职责 正式开始项目管理执行工作，开展项目风险管控	确认项目计划及有关任务 确认项目组织架构及团队章程 参与项目开踢会	组织各业务部门确认项目计划、项目章程、组织架构 主持项目开踢会，执行项目章程的责任定位 执行项目管理工作，确保风险管理执行到位，组织解决风险问题

第 5 章　项目管理生命周期模板汇总

续表 5.1

节点序号	项目阶段		工作说明	
7	需求分析	详细的需求调研,输出需求调研文件 产品功能培训 明确业务目标,现有问题等	提供完整的业务需求,包括:业务目标、业务规划、业务执行办法、业务流程、业务操作步骤等有关资料 确认需求调研输出文档 参与产品功能基本培训	协助业务部门确认需求内容
8	解决方案/蓝图	业务解决方的设计 系统架构设计 设备清单	确认蓝图内容 确认整体业务解决方案	协助业务部门确认蓝图内容 确认技术解决方案 确认基础系统架构设计
9	系统设计/开发	系统架构设计 架构质量控制 系统编码 开发质量控制	业务支持 项目管理	负责合约规定部分的内容的管理 在必要时进行的前置管理 开发进度质量管理
10	系统实施	对生产系统生产环境进行搭建	实施测试确认	执行系统搭建,验证系统的基本可用性 确保系统的安全性 管理有关材料
11	用户测试	对整体系统的性能测试 对业务系统的功能测试	根据业务需求设计测试用例 执行测试用例验证业务功能是否实现	协助评估测试设计的完整性 协助测试结果技术分析 执行测试项目管理确保测试

续表 5.1

节点序号	项目阶段	工作说明		
12	上线	提供对各业务部门用户培训及考核 提供对各级系统管理员的培训	组织关键用户提供或参与培训及考核 提供业务级管理员参与培训 协调各业务部门处理由于业务逻辑变动带来的问题	组织系统级管理员参与技术培训 协助业务部门诊断分析各类上线问题,并提供技术解决办法 负责上线系统的技术保障
13	验收	根据需求、蓝图或总体方案,验证确认项目成果已达成目标	确认项目范围内的业务整体运行达到预期的效果 确认有关的项目资料交割完整 确认合同有关事项是否达成	协助跟踪验收清单内容是否落实 与项目组沟通,组织有关验收工作 收集业务部门提出的问题,管控有关问题/风险事项的解决

2. 项目招标采购流程说明

为优化信息化招标管理工作,维护公司的合法权益,控制项目成本,保证项目质量,根据国家的有关法规,本着公平、公正、诚信的原则,执行信息化项目招标采购工作。

采购部门应负责组织信息化系统项目的招标及采购组织工作。

信息化项目招标的过程应至少包括技术方案评审、业务方案评审、商务评审及价格谈判四个部分。

技术方案评审主要目的是对整体技术方案及技术产品的选型进行技术评估,确认软硬件设施的技术特性及供应商的技术服务能力对公司的应用需要及管理运维效率需要的符合程度。

业务方案的评审主要目的是对业务解决方案及系统产品的评估,确认业务解决方案及系统产品对业务目标支持程度。

商务评审主要目的是在技术与业务解决方案满足需要的前提下,考虑供应商的行业背景、持续服务能力、项目范围、成本最优、供应商项目团队评估、项目时间节点等情况。

价格谈判的主要目的是代表公司沟通协调各个供应商提供最优成本方案及最优价格。

3. 项目沟通管理说明（表5.2）

表5.2 项目沟通管理计划表

名称	工作内容	周期	组织者	参与人员	交付品
项目指导委员会会议	1. 项目工作进展与下一步工作计划汇报 2. 待决策事项的决策 3. 项目下一步部署的建议	月	项目总监	融合领导小组、IP项目部署委员会以及项目经理	会议纪要、会议决议、会议任务跟进清单
项目管理例会	1. 项目双周工作总结 2. 项目下双周工作安排 3. 项目质量分析 4. 项目中问题、风险发现及解决方案讨论 5. 项目下一步部署的建议	双周	PMO	部署总监、项目经理、项目小组组长	会议纪要、会议任务跟进清单、双周滚动计划
部门总经理决策会	1. 待决策事项清单上会讨论并给出决策见 2. 相关业务部门待决策事项沟通	双周	PMO	部署总监、相关业务部门总经理、项目经理、PMO	会议纪要、会议任务跟进清单
项目周例会	1. 跨职能、跨组别事项、问题及风险沟通 2. 周报，双周滚动计划内容沟通	周	项目经理	项目各小组组长及组员 PMO可列席参加	会议纪要、会议任务跟进清单、各组周报
小组内部沟通会	1. 项目组成员工作沟通 2. 项目组成员未来发展指导、思想沟通	不定期	项目小组长	各小组组长及组员项目经理可列席参加	会议纪要、会议任务跟进清单

4. 项目风险管理说明

项目风险管理的目标是控制和处理项目风险,防止和减少损失,减轻或消除风险的不利影响,以最低成本取得对项目安全保障的满意结果,保障项目的顺利进行。

项目经理须组织执行项目风险管控工作,从项目启动开始须运用统一的风险管控表对各类风险进行登记、跟踪、组织严重等级识别、组织处理排序、组织落实责任等工作。

定期在项目例会回顾、更新、汇报风险状态。

执行项目状态可视化管理,运用标准颜色标识项目状态。颜色状态定义如下:

(1) 绿色表示工作正常可控。

(2) 黄色表示出现了风险,经过努力处理仍在可控范围之内。

(3) 红色表示项目出现重大风险,与计划差距较大或须追加大量投入。

5. 项目变更管理说明

项目变更管理的目的是达成项目的初始目标,控制项目风险、时间及费用,对项目中有关事项的变更申请、审核、评估、评审等过程进行管理。

项目变更管理的适用范围包括:项目目标及范围变更、计划变更、需求变更、项目组织及人员变更、项目合同变更等。

6. 项目文档管理说明

项目经理应提供统一的文档协同管理办法,确保针对各阶段项目文档和记录进行及时和准确的更新、分发、审核和归档。项目的供应商需要输出相关过程稿文档,此要求应明确写入合同,并作为验收条件。项目相关文档应包括:各阶段的成果输出文档,各类项目会议纪要,各类评审记录,各期项目风险管控记录,各期项目进度报告。更加详尽的文档清单见表5.3。

第5章 项目管理生命周期模板汇总

表5.3 项目阶段文档汇总表

序号	项目阶段	文档/记录	序号	项目阶段	文档/记录
1	需求提出	初步需求说明	8	解决方案/蓝图	蓝图文档 系统架构设计 配置清单
2	初步调研	供应商提供初步需求分析 初步方案	9	系统设计开发	系统概要设计 系统详细设计 代码/注释说明 开发测试计划 测试分析报告
3	立项评审	立项申请文档 评审结果文档	10	测试	测试用例设计 UAT测试计划 测试报告
4	招标	招标书 应标书 方案/选型/供应商评审记录 定标通知	11	系统实施	实施手册等 系统实施记录 测试记录 介质/许可
5	合同签订	产品/实施合同文档 工作说明	12	上线	用户手册 培训资料 维护手册 产品说明
6	项目开踢	项目计划书 项目组织架构 项目章程 风险/项目问题管控表/变更管理表	13	验收	变更管理文档 各阶段项目执行报告 项目问题管控表 验收报告
7	需求分析	业务模型设计 需求文档	14	后评估	总结报告 规范制度改进

7. 项目上线管理说明

系统上线管理包括对系统上线切换的方案进行设计，对实施步骤进行计划，控制业务风险，并确保用户的良好体验。上线前的准备包括如下内容：

（1）编写系统切换的方案，描述系统切换的整体步骤和范围。
（2）切换上线的风险预案，包括回切的办法或规避风险的途径。
（3）系统切换具体工作计划及任务分配表，如结账、数据初始化。
（4）提供各阶段上线的区域公司及业务部门列表及有关负责人及关键用户。
（5）系统切换方案完成必要的审批流程。
（6）未经过测试确认的功能不得发布到生产环境中应用，应用发布须遵循有关的生产环境的变更管理流程。
（7）确认对业务部门用户的培训考核结果。
（8）确保所有相关人员已经明确切换的时间、业务范围和各自责任。
（9）确认生产系统已经部署完成，并通过测试，网络等基础系统就位。

8. 项目考核管理说明

信息化项目的考核包括如下基本原则：
（1）业务部门人员的项目考核纳入业务部门日常工作考核，技术人员的考核纳入科技信息部的日常考核。
（2）信息化项目成员的考核的具体标准由项目经理提供，符合公司信息化发展及项目目标达成的需要。
（3）信息化项目的考核结果应该由考核负责人提供明确的评价描述和依据。

三、项目后评估办法

1. 后评估主要目的

后评估的主要目的包括如下方面：

(1)评估项目立项时的预设目标是否达成。
(2)分析原因,总结经验教训,提出改进措施。
(3)确保项目执行过程中的投入符合立项的要求,避免各方面的持续损失。
(4)确保项目执行过程中各个参与方的职责履行到位。
(5)为项目管理水平的持续改进创造条件和机遇。

2. 后评估的原则

(1)应依据项目管理规范的过程中的责任定义进行评估。
(2)应围绕项目的总体目标达成情况,对项目绩效进行客观评估。
(3)评估结果须提供必要定性评估描述。
(4)评估执行方法应避免偏离评估的主要目的。
(5)评估各方应具备评估的专业经验和能力。
(6)信息化项目的成果和成效的评估应纳入各部门各期绩效考核中。

3. 后评估的基本内容

建议后评估包括但不限于如下内容:
(1)评估目标的正确性、准确性、完备性。
(2)评估项目立项、招标、执行等各环节的成败得失,总结经验教训。
(3)评估人员信息化水平及业务部门管理水平提高的情况。
(4)信息化项目管理的改进意见。

5.9 项目问题记录单模板

项目问题(Issue)记录单

问题基本信息						
问题编号	I××××		说明			
优先级	高/中/低		发生日期	YYYY年MM月DD日	状态	未行动/处理中/已解决/已拒绝
问题说明						
问题分类			根本原因		发现人	
问题导致的结果						
问题的解决方法						
期望的解决日期					负责人	
相关任务活动						
任务编号		负责人		期望完成日期		说明
问题历史						
日期				说明		

5.10 项目风险记录单模板

项目风险（Risk）记录单样例1

风险基本信息						
风险编号	R××××	影响类别		范围/进度/成本/质量/人力资源/下包		
优先级	高/中/低	发现日期	YYYY 年 MM 月 DD 日	状态		新建/已规避/已转移/已关闭
风险描述						
风险规避计划						
期望的解决日期				风险负责人		
最终关闭日期				关闭确认人		
相关任务记录						
任务编号		负责人		期望完成日期		完成情况说明

项目风险（Risk）记录单样例 2

风险基本信息				
风险编号	R××××	简要说明	××××××	
优先级	高/中/低	识别日期	YYYY 年 MM 月 DD 日	状态	未行动/处理中/已解决
风险负责人		最终关闭日期		关闭确认人	
风险描述				
造成风险因素		可能造成结果		来源	
风险类别		作用时间窗口		发生频率	
可能造成损失		风险识别人		相关问题单号	
风险分析/更新				
更新时间		风险可能性	高/中/低	影响类别	范围/进度/成本/质量/人力资源/下包
风险总体影响	高/中/低	风险重要度	高/中/低	引用行动计划	引用相应的应对风险的行动计划
风险评估历史				
评估日期		说明		

5.11 项目变更申请单模板

项目变更申请单

项目基本信息			
合同号		项目名称	
变更请求标识			
变更编号		简要说明	
优先级	高/中/低	提出日期	
		状态	未进行/已批准/已拒绝批准/已实施/结束
提出者			
变更请求分析			
影响分析			
考虑的解决方案			
工作量估算			
可能的开始实施日期		可能的期望完成日期	
影响程度		资源	
分析人			
变更请求实施			
实施决策情况说明		批准/拒绝/延期	
批准的开始执行日期		期望的执行完成日期	
批准日期		批准人	
实际的执行日期		实际的完成日期	
补充说明			

5.12 相关方管理检查对照表模板

相关方管理检查对照表

项目经理应如何管理相关方的参与？	你是否做到了？
1. 确定相关方的名称、职位和联系方式，建立相关方登记册文档	是/否
2. 按照相关方对项目的影响力和支持程度，将相关方放入"双重指标评估模型"中进行影响分析和管理（注释：本书图1.3具体介绍了双重指标评估模型）	
3. 确定相关方的所有需求，并及时记录和跟踪管理	
4. 确定相关方的期望，并权衡是否转化为需求	
5. 基于相关方特质分析的结论采取切实可行的方法，适时管理并影响相关方的参与	
6. 相关方需求最终确定后，让相关方签字确认并有效归档	
7. 在相关方发生调整或变化时，及时评估相关方的知识和技能	
8. 定期分析项目对相关方需求的满足情况	
9. 及时告知相关方哪些需求可以满足，哪些不能满足以及原因	
10. 通过分配一些项目工作，比如让相关方担当某些风险应对工作的负责人，使相关方参与项目	
11. 合理利用不同相关方的专长	
12. 在项目的实行过程中了解相关方的需要并使沟通常态化	
13. 在项目变更以及批准流程的运作方面让相关方参与	
14. 让相关方参与项目阶段的经验教训总结会	
15. 在项目阶段收尾时，获得相关方的签字和正式验收	

5.13 项目绩效报告模板

项目经理每月提交项目绩效报告（状态报告/进展报告）内容给项目总监，并对每个检查项的检查结果栏位标成不同的颜色，比如 G 表示 Green 绿色（绿灯），Y 表示 Yellow 黄色（黄灯），R 表示 Red 红色（红灯）。由于本书非彩色印刷，目前在表格中通过 G、Y 和 R 来标注检查结果和总分。一旦检查项的总分是 Y 或 R，就需要有建议行动，具体行动负责人和目标完成时限。项目经理或项目经理指派人对待完成事宜进行全程跟进。

项目绩效报告模板

绩效控制点	检查项	描述	颜色定义	检查结果	总分	建议行动	负责人	完成时间
项目沟通管理	客户对项目现状是否满意	满意（有客户方或业务代表方正面反馈）	G	G	Y			
		无法判断	Y					
		显著不满意（投诉等）	R					
	是否与客户项目经理定期沟通汇报项目状况	有沟通计划并按期执行	G	Y				
		不定期沟通	Y					
		很少沟通	R					
	是否定期与客户管理层就本项目进行沟通	定期拜访	G	G				
		很少	Y					
		没有	R					
项目进度管理	是否制订项目进度计划	具备详细项目进度计划,并与客户充分沟通,得到客户认可	G	G	R			
		有项目进度计划,未和客户充分沟通	Y					
		无项目进度计划	R					
	是否严格控制项目进度	定期审查项目进度,分析汇报差距并执行改善行动	G	Y				
		非定期审查项目进度或无后续行动计划	Y					
		不审查项目进度	R					
	项目进度是否延迟	按进度计划执行	G	R				
		与进度计划相比能有延迟	Y					
		与进度计划相比有延迟	R					

绩效控制点	检查项	描述	颜色定义	检查结果	总分	建议行动	负责人	完成时间
项目成本管理	是否存在成本超支的风险	项目成本控制在成本管理基准内	G	G	G			
		预计项目成本有超出成本管理基准的可能	Y					
		项目成本已经超出项目管理基准	R					
	是否存在其他财务问题	项目不存在其他财务问题	G	G				
		项目存在较少的财务问题	Y					
		项目存在较多的财务问题	R					
项目资源管理	是否制订项目人力资源管理计划	有完整的组织架构、人员职责定义、人员时间安排，并得到人力资源经理批准	G					
		有组织架构，但人员职责定义不够清晰或人员时间安排不够详细或没有得到人力资源经理批准	Y					
		没有人力资源管理计划	R					
	是否存在人力资源调配问题	项目所需的人力资源能得到很好保证	G					
		项目能够得到所需的人力资源，但在支持时间及力度上不能得到很好保证	Y					
		项目无法及时得到所需的人力资源，已严重影响项目进展	R					
	是否存在团队合作问题	不存在项目团队合作问题	G					
		项目组成员在合作、沟通、士气等方面存在一些问题	Y					
		项目组成员在合作、沟通、士气等方面存在严重问题，如人员矛盾等	R					

第5章　项目管理生命周期模板汇总

绩效控制点	检查项	描述	颜色定义	检查结果	总分	建议行动	负责人	完成时间
项目质量管理	是否制订质量管理计划	制订包含质量标准、质量保证流程等在内的完整质量管理计划	G					
		质量管理计划不完整,只包含部分内容	Y					
		无质量管理计划	R					
	是否执行质量管理流程	定期审查质量保证流程并完善,按照质量标准检验交付件质量,分析差距并制订改进计划	G					
		严格遵从质量管理计划,完成部分质量管理内容	Y					
		没有遵从质量管理计划制定的流程	R					
	是否存在质量问题	完全符合质量管理计划制订的质量标准	G					
		基本符合质量标准但需改进	Y					
		存在比较严重的质量问题	R					
项目范围管理	是否定义明确范围	制订并签订项目范围说明书,需求分析设计文档	G					
		只有口头传输的范围文件	Y					
		没有明确制订范围	R					
	是否与项目团队沟通范围	定期召开会议沟通范围	G					
		偶尔召开会议沟通范围	Y					
		几乎没有沟通过范围	R					
	是否严格审批变更记录	严格按照标准变更审批和发布流程:评估—审核—开发—发布—实施	G					
		部分依照标准不变更审批流程,依靠项目管理的习惯	Y					
		几乎没有变更审批的评估和审核,直接开发实施	R					

·259·

绩效控制点	检查项	描述	颜色定义	检查结果	总分	建议行动	负责人	完成时间
项目风险管理	是否规划风险管理	建立严格的风险管理计划	G					
		遇到风险后,才开始规划	Y					
		基本没有风险管理	R					
	是否定性、定量分析风险	针对识别的风险,进行对应的定性和定量分析,并制订应对计划	G					
		风险发生后才进行分析	Y					
		几乎没有风险分析	R					
	风险发生后,是否启动应对计划	启动应对计划,并监控结果,进行评估后跟进总结	G					
		风险发生后才分析应对计划	Y					
		几乎没有应对计划	R					

5.14 项目验收报告模板

客户名称：××××××

合同号：××××××

合同中的本项付款条款：

　　交付件验收后×××天内,支付合同总额的××%

本项完成的服务内容：

　　×××交付件

我同意上述完工情况。

客户签字：_____　　　　签字人职务：_____

签字日期：_____　　客户电话：_____　　客户传真：_____

客户留言：
_____
_____

服务提供方项目经理签字：_____

5.15　项目实施的客户满意度调查模板

客户满意度调查报告

注：非实名制向全部项目相关客户调研的满意度调查统计（便于对当前问题进行分析统计）。

调查日期	YYYY - MM - DD		
客户名称			
项目名称或编号			
客户所在部门	客户当前岗位	客户工龄	是否直接参与并使用此项目交付的产品
			是/否
您的宝贵意见有助于我们不断提高项目实施服务质量！ 请选择合适的选项（分值为 1~10 分，10 分为非常满意）			
1. 本项目实施是否达到您的预期目标？			×分
2. 您对本项目实施的进度管理是否满意？			×分
3. 您对本项目实施中资源调度是否满意？			×分

PMP 项目管理方法论与敏捷实践

4. 您对本项目实施中××项目经理专业水平是否满意？	×分
5. 您对本项目组其他人员总体专业水平是否满意？	×分
6. 您对本项目实施中的项目质量管理是否满意？	×分
7. 您对本项目实施中项目经理与您的沟通是否满意？	×分
8. 您对本项目实施中的文档管理是否满意？	×分
9. 您对本项目实施的总体满意度如何？	×分

如果有机会，您还愿意跟××公司合作吗？　　　　　　是　　否

您是否愿意购买××公司的后期维护合同？　　　　　是　　否

请列出您认为需要的具体改进或提升的意见

_____

非常感谢您能从百忙中抽空给××公司××部提出宝贵意见！

谢谢您的合作！
××公司项目管理部

5.16　项目转运维检查 Checklist 模板

文档名称	内容要求	针对全新产品或服务	针对功能完善的产品或服务	交付时间
需求规格说明书文档	详细说明本项目的业务需求范围、业务流程要求、应用界面、安全、性能等规范	必须	—	不晚于项目转维评审时间
概要设计说明文档	详细说明系统设计思路，包括组织架构、模块划分、功能分配、系统如何实现业务等	必须	—	不晚于项目转维评审时间

第 5 章 项目管理生命周期模板汇总

文档名称	内容要求	针对全新产品或服务	针对功能完善的产品或服务	交付时间
详细设计文档	详细说明系统架构、设计方式及接口设计	必须	—	不晚于项目转维评审时间
数据库设计文档	要求提供基于系统功能和性能要求的数据库设计说明文档，并提供数据库设计实体文件，如 PDM 文件	必须	—	不晚于项目转维评审时间
用户手册	详细说明用户如何安装部署配置和使用该应用，常见问题处理，包括终端用户及系统管理员指南	必须	—	不晚于项目转维评审时间
需求设计文档（功能增强）	功能增强开发，详细说明业务需求及详细设计方案	—	必须	不晚于项目转维评审时间
上线操作指引	详细说明功能变更的业务场景，界面显示变化及操作描述	—	必须	不晚于项目转维评审时间
数据脚本执行文档	提供数据初始化脚本及数据生成脚本	—	必须	不晚于项目转维评审时间
系统测试报告	包括系统功能、性能、安全性等内容完整的测试方案、测试结果和测试结论	必须	必须	不晚于项目转维评审时间
维护计划	详细说明转维培训方案及后续维护更新计划，开发建设方需要对运维人员提供培训，需要制订和执行后续维护计划以保证运维人员及时准确掌握后续系统更新	必须	必须	不晚于项目转维评审时间

第6章 IT 项目的产品管理生命周期模板汇总

6.1 需求规格说明书模板

××××项目

需求规格说明书

××××公司

YYYY 年 MM 月

一、简介

简介部分应包括如下方面。

1. 编写目的

编写目的主要说明本文档的作用。例如,作为需求分析文档来收集业务和技术的需求,提供后续设计和测试工作的依据。如果此文档作为项目验收的依据或有其他特别作用,应特别注明。

2. 文档的控制

以列表的形式,列出文档的版本信息、变更历史、变更内容和具体作者。

3. 文档的审批

以列表的形式，列出所有文档的审阅人、审批人和他们的职务。

4. 项目相关方

以列表的形式，列出所有直接参与或受项目实施后期运营影响的相关方及其组织和职务。

5. 项目变更管理

此处列出如果涉及项目需求范围的变更、需要遵守的审批流程和具体处理步骤。

二、业务需求

业务需求主要说明需求的来源、意义和总体目标。

1. 当前业务环境

针对客户当前业务环境的概述，包括当前系统覆盖的业务范围、实现的主要功能、业务流程及流程之间的关系，以及业务环境目前存在的问题等。

2. 业务环境的变更建议

列出此项目对客户业务环境的变更明细，包括新系统应该满足的功能性需求和非功能性需求的具体论述。

3. 业务价值

列出针对此客户业务环境的变更所带来的商业价值。

三、技术需求

1. 当前 IT 技术环境

说明当前 IT 的技术部件,并对当前 IT 技术架构信息进行详细阐述。

2. IT 技术环境的变更建议

说明目标 IT 环境的变更明细,包括软件、服务器、存储和网络等具体部件的变更详细。此处会对变更前后 IT 系统架构的比较来具体论述项目交付所带来的价值。

四、项目交付需求

1. 项目目标

列出项目的具体目标和子目标。

2. 项目验收条件

列出项目的具体验收条件和标准。

3. 项目初步计划

列出项目初步的工作分解结构和时限性要求。

4. 项目例外责任

列出不包括在项目实施范围内的应用和 IT 基础设施交付的内容。

5. 项目依赖

列出项目可能有的依赖条件,例如此项目的交付依赖于一些待开发的软件产品或服务等。

6. 风险和规避

以列表的形式，列出项目可能的风险和规避方案，这里的风险包括业务资源短缺所带来的风险和技术使用的风险。

7. 问题

以列表的形式，列出项目当前的问题、问题的优先级和可能的解决方案等。

8. 约束和假设条件

列出项目的强制合同约束，以及可能的假设前提条件。

五、运营支撑需求

列出项目所交付的系统在系统上线后需要遵守的服务标准，也就是通常所说的服务级别协议。服务级别协议一般包括系统的故障按时解决率、系统可用性、系统正常维护时间、系统平均故障宕机时长和全年最大非计划宕机的时长要求等，还可以列出支持此系统运维的团队名称和系统应遵循的当前 IT 安全策略等相关内容。

六、主要业务名词和术语定义

对本文档中所使用的专业或行业术语所指对象进行解释性说明，特别是对在本文档中为方便描述需求而自行定义的一些专有名词进行说明。

七、参考文献

列明制订本文档所参考的资料清单，说明其作者和出版日期等。

6.2 需求跟踪矩阵模板

记录需求跟踪矩阵主要有两个目的：

（1）在项目管理生命周期内提供对需求的完整追踪。

（2）确保需求跟踪矩阵中的每一个需求项或条目会根据验收标准验证所需要通过的测试内容需求跟踪见表6.1。

表6.1 需求跟踪表

需求编号	优先级	需求状态	设计状态	构建状态	既定的验收标准	单元测试	系统集成测试	用户验收测试
R×××	高/中/低	完成/未完成	完成/未完成	完成/未完成		完成/未完成	完成/未完成	完成/未完成

6.3 概要设计说明书模板

×××× 项目
概要设计说明书
×××× 公司
YYYY 年 MM 月

一、简介

简介部分应包括如下内容。

1. 编写目的

编写目的主要说明本文档的作用。例如,提供架构决策和具体设计依据,把增加的服务或功能引入生产环境提供指导。如果此文档作为项目验收的依据或有其他特别作用,应特别注明。

2. 文档的控制

以列表(表6.2)的形式,列出文档的版本信息、变更历史、变更内容和具体作者。

表6.2 文档的控制记录

日期	版本信息	作者	变更历史
20××-××-××	V 1.0	刘通	新建

3. 文档的审批

以列表(表6.3)的形式,列出所有的文档的审阅人、审批人和他们的职务。

此文档已经被如下人员审批。

表6.3 文档的审批记录

姓名	文档角色	职务
××××	审阅人/审批人	××××

4. 项目相关方

以列表(表6.4)的形式,列出所有直接参与或受项目实施后期运营影响的相关方及其组织和职务,包括客户技术联系人、业务联系人和第三方公司的代表等。

表6.4 文档的分发记录

姓名	所在组织	职务
××××	××××	××××

二、业务和需要的理解

业务和需要的理解主要说明对业务需求的理解、项目背景和企业规范信息的介绍。此模板以电子商务项目为例进行介绍。

1. 业务发展方向

发展电子商务网络零售,实施"科技转型、智慧电商"战略。网络零售已成为与实体店面并驾齐驱、相互协同的渠道。销售的品类包括家电零售、快速消费品、百货产品、家居产品、娱乐产品和图书等。利用网络和云计算平台便捷的优势,提供一站式的购物体验。结合电视、电话等购物、咨询平台,实现技术创新、数据研究、仓储配送能力位居世界前列,满足上亿人的在线物质和精神的生活需求。

2. 当前组织结构

组织包括总经理办公室、采购管理中心、市场管理中心、信息技术管理中心、金融产品中心、物流产品中心、财务管理中心和人力资源管理中心等。

3. 当前IT环境

当前IT环境包括商品仓储管理库存系统、订单系统、促销系统、支付系统、BI系统和价格系统等。这些系统之间是通过Web Service方式实现彼此之间的接口调用的。

4. 标准约定

当前的标准预订文档包括需求规格说明书模板、概要设计说明书模板、程序编码规范、系统集成原则和规范、系统测试用例模板和测试报告模板等。

三、探索方案和方法

1. 项目定义

设计并实现基于多供应商的电子商务系统解决方案,确保顾客在网上的商品浏览、咨询、购物、支付、退换货过程中有良好的购买体验。建立网上销售系统,为合作伙伴提供商品销售平台。分析并解决建立网店所涉及的商品、店铺、价格、库存、订单和促销等多个功能模块的技术问题。

2. 系统上下文

电子商务系统上下文图如图 6.1 所示。

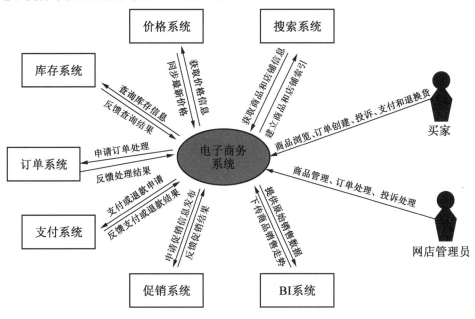

图 6.1　电子商务系统上下文图

3. 主题模型

主题模型是指系统中所涉及的表单实体，也就是通常所说的 Entity。该系统主要所涉及的 Entity 见表 6.5。

表 6.5 Entity 表单实体信息表

店铺	商品	库存	订单	会员	支付
店铺编码	商品编码	仓库信息	订单信息	基本信息	支付账号
店铺名称	商品目录	库位信息	店铺编码	社交关系	用户信息
供应商编码	商品状态	商品编码	销售渠道	配送方式	证件信息
供应商名称	内容信息	供应商编码	收货方	联系地址	邮箱信息
店铺服务区域	关联的店铺	商品入库批次	收货地址	支付账号	手机绑定
店铺售后服务	促销买点	可卖库存	订单发票信息	优惠券账号	安全保护问题
店铺信用等级	售后服务	锁定库存	商品编码	积分账户会员等级信息	登录密码
		库存更新流水			支付流水

4. 功能性需求列表

功能性需求列表见表 6.6。

表 6.6 功能性需求列表

序号	功能性需求名称	功能需求描述	备注说明
FR001	店铺展示	提供标准店铺和装修店铺两种模式。标准店铺展示新品、热销、推荐商品，以及店铺名称、介绍、信用、促销活动信息。装修店铺由商家自行排版	需要排版的定制开发

第 6 章　IT 项目的产品管理生命周期模板汇总

续表 6.6

序号	功能性需求名称	功能性需求描述	备注说明
FR002	商品浏览	商品浏览及搜索页面应显示最低价格的商品 商品明细页应给出销售此商品的其他商家列表,列表中包括价格和配送费用信息 客户可以由单个商品切换到此商品的所有商家列表,查看在售商家商品价格、库存、促销、时效,商家服务信息,商家信用信息,允许顾客自主排序和筛选	需要商家信息排序规则的自由化定制
FR003	商品评价、咨询和投诉	客户可以在商品页面向商家提出咨询问题 已购买商品的客户可以对购买商品的体验进行评分,评分的范围包括商品与描述是否相符、送货速度、卖家服务态度、配送服务态度、安装服务态度和商品包装等 客户还可以发起投诉,专业客服介入投诉过程,督促商家进行投诉的有效处理和回复	需要流程的定制开发
FR004	商品价格	商家可自行配置商品的销售价、促销价和生效/失效时间	
FR005	购物车	需要在购物车中按照店铺对商品进行分组展示,展示的内容包括各商家的运费、促销价格和配送方式等	
FR006	订单支付	到货确认后,商家在客户确认后才收到货款。后台需在客户确认后触发分账过程	
FR007	客服服务	客服人员应可以查询店铺信息和订单状态,处理店铺投诉和退换货请求	

注释:FR 是 Functional Requirement 的缩写,表示功能性需求。

5. 非功能性需求列表

非功能性需求列表见表 6.7。

表 6.7 非功能性需求列表

序号	需求名称	需求详细
NFR001	安全性	网络的不同区域之间必须使用防火墙进行隔离 从网络、操作系统和应用软件层面实现用户认证管理;阻止 SQL 注入、跨站脚本攻击等常见的网站攻击行为;通过专业安全软件如 APPSCAN 的白盒和黑盒测试;保存应用核心操作如登录、取消订单的审计日志
NFR002	易用性	应保证前台用户和业务用户的操作简单且界面易学习
NFR003	高可靠性	要保证订单和支付等数据准确无误地被转换和保存 在和其他系统交互时,要保证数据不丢失、不重复、完整无误地进行交换
NFR004	响应时间	商品浏览等基础页面的响应时间不超过 1 秒 订单操作等非浏览类页面的响应时间不超过 3 秒
NFR005	业务容量	系统应当可以支持用户每小时访问 1 亿页面 同时可以支持 10 万条订单的创建
NFR006	高可用性	系统的网络架构、中间件服务器、数据库服务器和存储设备都应当实现高可用性方案,消除单点故障
NFR007	可扩展性	通过简单地增加物理或虚拟处理节点来支持更高的业务容量要求,类似 Google 的 Hadoop 架构
NFR008	数据存储量	预分配 5 TB 存储空间支持未来 3 年的数据存储需求
NFR009	在线用户数	500 万人
NFR010	开发用户数	25 万人
NFR011	数据库备份	数据库每日必须执行一次全备 由于数据库备份时对网站的性能影响较大,必须在凌晨 1 时以后执行,3 小时之内完成备份

注释:NFR 是 Non-Functional Requirement 的缩写,表示非功能性需求。

6. 用例图

电子商务系统如图 6.2 所示。

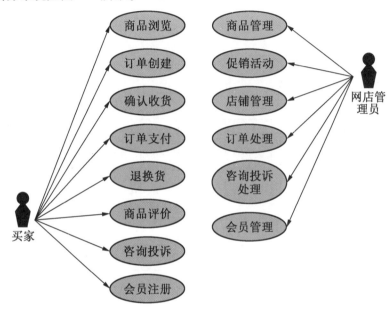

图 6.2　电子商务系统

四、项目交付架构

1. 应用架构概况图

应用架构概况图如图 6.3 所示。

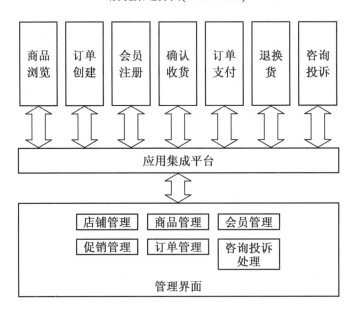

图 6.3　应用架构概况图

2. 架构决策

表6.8 架构决策分析表

决策主题	商品价格信息获取方式	编号：AD01
问题描述	与电子商务系统有接口的价格系统尚不具备完整的价格缓存管理、价格图片生成等高级功能，只有价格查询功能。电子商务系统的商品价格可以采取调用价格系统API接口的方式，实时查询并获得商品的价格信息，也可以采取由价格系统批量推送的方式	
前提与假设	价格系统的价格管理功能按时开发完成 价格系统无法在电子商务系统上线时间节点前完成缓存、图片功能 年商品销售额达到1 000万元以上	
决策考虑因素	最小化系统总体压力和确保价格显示的准确性	
可选方案	方案1：电子商务系统实时查询商品价格，不在电子商务系统本地保存价格数据。价格的缓存更新、图片生成由价格系统触发推送到电子商务系统的价格缓存和价格图片服务器 方案2：价格系统批量推送价格，电子商务系统本地保存价格数据，价格的缓存更新、图片生成由电子商务系统获得更新的价格数据后批量执行	
决策分析	方案1： 优点：数据没有冗余，全部价格数据以价格系统为准 缺点：实时查询价格对价格系统的压力较大。尤其大促销时段，可能造成缓存频繁更新，系统总体压力上升 方案2： 优点：电子商务系统本地也有价格数据，不需要实时查询价格系统，系统总体压力较小 缺点：数据冗余，价格数据在两个系统中都存在。由于价格系统批量推送数据给电子商务系统，商品供应商更新的价格不能实时立即生效	
选择方案	结论：与客户一致认为确保电子商务系统的总体压力较低更为重要，尤其大促销时性能压力大，应采取较为安全稳妥的方案，所以选择方案2。对于商品供应商的价格更新不能实时生效的问题，可以通过与供应商沟通，要求供应商提前输入价格数据的方式解决	

3. 架构部件(组件)模型图

这里主要对组件模型图的一种表现形式——时序图(图6.4)进行举例。

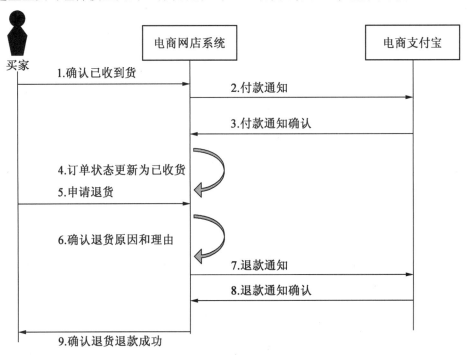

图 6.4　时序图

4. 系统运行部署图

系统运行部署图如图 6.5 所示。

图 6.5　系统运行部署图

系统运行部署图所涉及的软硬件列表见表 6.9。

表 6.9　系统运行部署图所涉及的软硬件列表

需求内容	单位	软件产品名称	产品描述
基础应用平台	1 套	DB2	IBM 数据库产品
	4 套	HTTP Server	IBM Web 服务器产品
	2 套	WebSphere	IBM WebSphere Application 中间件产品
企业服务总线	1 套	WebSphere Message Broker	IBM 支持 ESB 的企业服务总线产品
电子商务系统	1 套	WebSphere Commerce	IBM 电子商务产品
缓存数据存取	1 套	IBM WebSphere eXtreme Scale	IBM 高速数据缓存服务产品
访问负载均衡	2 套	F5	F5 负载均衡设备
安全接入和管控	1 套	WebSeal	IBM 单点登录 SSO 服务的认证网关产品
	1 套	TAM	IBM Tivoli Access Manager 统一接入认证产品
	1 套	页面防护软件	提供网页防篡改服务的产品
	1 套	IPS	提供入侵防护的网络产品

5. 项目验收条件

列出项目的具体验收条件和标准。

6. 项目计划

列出项目的工作分解结构和时限性要求。

7. 项目例外责任

列出不包括在项目实施范围内的应用和 IT 基础设施交付的内容。

8. 项目依赖

列出项目可能有的依赖条件,例如此项目的交付依赖于一些待开发的软件产品或下包商服务等。

9. 风险和规避

以列表的形式,列出项目可能的风险和规避方案,这里的风险包括业务资源短缺所带来的风险和技术使用的风险。

10. 问题

以列表的形式,列出项目当前的问题、问题的优先级和可能的解决方案等。

11. 约束和假设条件

列出项目的强制合同约束,以及可能的假设前提条件。

五、运营支撑标准

1. 服务级别标准

列出项目所交付的系统在系统上线后需要遵守的服务标准,也就是通常所说的服务级别协议。服务级别协议一般包括系统的故障按时解决率、系统可用性、系统正常维护时间、系统平均故障宕机时长和全年非计划宕机的时长要求等。

2. 服务资源及规范

列出支持此系统运维的团队名称和系统应遵循的当前 IT 安全策略等相关内容。

六、主要业务名词和术语定义

对本文档中所使用的专业或行业术语所指对象进行解释性说明,特别是对在本文档中为方便描述架构而自行定义的一些专有名词进行说明。

七、参考文献

列明制订本文档所参考的资料清单,说明其作者和出版日期等。

6.4 成本分析模型模板

IT 系统或软件架构师在提交其概要设计说明书的同时也需要提交针对此设计方案一共会投入多少钱,以及具体成本组成。一般成本分为一次性成本和持续性成本。一次性成本包括为了交付项目产品所购买的软件、硬件和一次性人力投入。持续性成本包括产品后期运维所需要的所有花费,一般会分摊到项目实施完成并成功转运维后的 5 年时间里。

成本组成分析模型及成本合计表格见表 6.10。

表 6.10　成本组成及成本合计

项目投资(人民币计算)		按自然年分解				
成本分类		2015 年	2016 年	2017 年	2018 年	2019 年
一次性成本	××元	××元				
持续性成本	××元	××元	××元	××元	××元	××元
整体项目成本	××元					

注释:整体项目成本 = 一次性成本 + 持续性成本(累计值)。

1. 一次性硬件投入

通过表 6.11 汇总所有的硬件投入。

表 6.11　所有的硬件投入

硬件名称及描述	硬件类型	数量	是否是现有IDC 硬件	成本/元	采购日期	维保期/月	维保期之后的维保费/元	硬件的最长使用周期/月	备注
X3850			是/否			36		60	

注释:硬件类型包括 Block、Rack、X86 Server、Blade Server、pSeries Server、MainFrame Server、EMC、SAN Storage、EMC NAS Storage、IBM DS Storage、IBM XIV Storage、NetApp NAS、SAN Switch、Load Balance、Router、Switch、Firewall、IPS、IDS、Fibre、Network Line 等。

2. 一次性软件投入

通过表 6.12 汇总所有的软件投入。

第6章 IT项目的产品管理生命周期模板汇总

表6.12 所有的软件投入

软件名称及描述	软件类型	是否是自主开发的软件	数量	支持物理CPU及Core个数	成本/元	采购日期	维保期/月	维保期之后的维保费/元	软件的最长使用周期/月	备注
X3850		是/否		40 CPU/120 cores			12		60	

注释：软件类型包括 VMware ESXi、vCenter、vCenter Heartbeat、Windows、Redhat Linux、AIX、Sun Solaris、HP Unix、Load Balance、Backup、Single Sign On(SSO)、Anivirus、Monitor、Security Health Check、ERP、CRM、BI、Application System 等。

3. 一次性执行成本投入

通过表6.13汇总所有的执行成本投入。

表6.13 汇总所有的执行成本

任务项	员工级别	工作小时	每小时单价/元	成本/元
1 需求分析和架构设计				
1.1 开发应用/IDC基础设施的需求	级别8	80	250	20 000
1.2 开发应用/应用迁移架构设计文档	级别7	100	200	20 000
1.3 开发IDC基础设施架构设计文档	级别7	60	200	12 000
1.4 开发应用/应用迁移的详细设计文档	级别7	80	200	16 000
1.5 开发IDC基础设施集成/扩容的详细设计文档	级别7	50	200	10 000
2 项目管理				
2.1 项目管理——项目初始	级别7	20	200	4 000
2.2 项目管理——项目计划	级别7	30	200	6 000
2.3 项目管理——项目执行	级别7	100	200	20 000
2.4 项目管理——项目控制	级别7	60	200	12 000

续表 6.13

任务项	员工级别	工作小时	每小时单价/元	成本/元
2.5 项目管理——项目测试	级别 7	10	200	2 000
2.6 项目管理——项目上线	级别 7	20	200	4 000
2.7 项目管理——项目转维	级别 7	50	200	10 000
2.8 项目管理——项目关闭	级别 7	20	200	4 000
3　IDC 集成服务				
3.1 产品询价和下单	级别 6	20	150	3 000
3.2 硬件到货和签收	级别 6	10	150	1 500
3.3 硬件上架和加电	级别 6	100	150	15 000
3.4 提供硬件连线和连通性测试	级别 6	100	150	15 000
3.5 提供 VMware ESXi 初始化安装和配置	级别 6	100	150	15 000
3.6 提供 Windows 初始化安装和配置	级别 6	100	150	15 000
3.7 提供 Linux 初始化安装和配置	级别 6	100	150	15 000
3.8 提供路由器初始化安装和配置	级别 6	50	150	7 500
3.9 提供交换机初始化安装和配置	级别 6	50	150	7 500
3.10 提供防火墙初始化安装和配置	级别 6	50	150	7 500
3.11 分配 IP 地址	级别 6	10	150	1500
3.12 安装和配置数据库	级别 6	50	150	7 500
3.13 安装和配置中间件	级别 6	20	150	3 000
3.14 安装和配置应用	级别 6	100	150	15 000
3.15 执行应用和数据迁移	级别 6	100	150	15 000
3.16 修改集成文档	级别 6	30	150	4 500
4　应用开发服务				
4.1 代码开发——××系统 ××部件	级别 6	20	150	3 000
4.2 代码开发——××系统××部件	级别 6	20	150	3 000

续表6.13

任务项	员工级别	工作小时	每小时单价/元	成本/元
5 应用测试服务				
5.1 制订测试计划	级别6	40	150	6 000
5.2 书写测试用例	级别6	20	150	3 000
5.3 单元测试——××系统××部件	级别6	20	150	3 000
5.4 集成测试	级别6	10	150	1 500
5.5 UAT 测试	级别6	20	150	3 000
6 应用转维服务				
6.1 撰写用户操作手册	级别6	100	150	15 000
6.2 撰写系统操作手册	级别6	100	150	15 000
6.3 项目转运维培训	级别6	20	150	3 000
6.4 修改运营操作文档	级别6	80	150	12 000
6.5 执行正式项目转运维	级别6	10	150	1 500
6.6 项目转运维后的支持	级别6	20	150	3 000

4. 持续性运维投入

以 Call Center 运维团队一线运维团队为例，通过表6.14 汇总运维的成本投入。

表6.14 汇总运维的成本投入

运营人力成本	员工级别	每小时单价/元	预计员工人数	可计算的年工作天数	每年的总运维成本/元
1 服务台一线支持（Level 1）	级别5	125 元	400/200 = 2	250	125 × 8 × 250 × 2 = 500 000 元

注释：

①服务台一线座席人员一个月内平均处理工单 200 个，项目推出的产品一个月可能会产生 400 个工单，那就需要 2 个工人。如果是应用或基础设施 2 线可以通过平均处理的应用 BUG、需求单或设备个数来统计。

②关于可计算的年工作天数，全年大概 365 天，减去 52 周的周六和周日，以及法定节假日，大概可以计算的年工作天数为 250 天左右。

③软件开发的人天工作量的估算一直以来都是评估的难点，目前有两种评估方式：一种是通过代码行（Lines of code，LOC），另一种是通过功能点（Function Point，FP）。它们都是分解方法，可以采用自顶向下估算或自底向上估算等多种形式。具体估算的算术模型有很多，现介绍两个比较流行的估算方法如下：

a. COCOMO 方法：也称构造性成本模型（Constructive Cost Model），它是一种精确、易于使用的基于模型的成本估算方法，把影响软件的因素作为乘法因子来准确和合理地估算软件的工作量。

b. IBM RMC 方法：也称 Rational Method Composer，它采用的是定量影响因子（Quantitative Influencing Factor，QIF）估算方法和自底向上估算模式，影响因子可以是用例、平台或类等。

以上方法的具体公式和影响因子参照表不是本书的重点内容，有兴趣的读者可以参考相关书籍或著作，或应用本节比较详尽的成本分析模型，在真正做项目成本估算过程中可以参考使用。

6.5 开发管理计划模板

系统基本信息						
系统名称		功能模块简称				
负责人		优先级		高/中/低	计划开发时间	
计划开发工作量		实际开发时间			实际开发工作量	
功能模块描述						
是否延期			延期原因			
最终完成日期			完成审核人			

6.6 发布申请单模板

基本信息 （发布申请人填写）	申请人		手机	
	申请时间			
	申请人部门、公司			
	归属系统			
	项目经理		手机	
	发布类型	软件 BUG 修复、新增业务需求、功能完善、性能优化		
评审内容 （发布申请人填写）	发布简介	发布简要说明		
	发布计划	计划开始时间	年月日+时分	
		计划完成时间	年月日+时分	
	发布执行说明	介绍本次发布如何执行以及注意事项等		
	发布验证计划	人员安排及验证时间安排，如下格式： ××模块+××负责人+××时间段+验证内容		
	关联变更申请单	触发本次发布的变更申请单		
	公告内容	如需发公告通知则填写内容，如不需发公告则填写无		
	发布包	本次发布包内容的详细说明和文档路径，可附文档实体		
	测试报告	本次发布包所有补丁的测试方案及测试结果文档路径，可附文档实体		
	回退计划	假如发布失败的回退方案及计划，包括回退步骤、相关人员联系方式以及升级机制等		
	操作手册	本次发布的操作手册文档及路径，如不需提交则填写无		
评审记录 （评审人员填写）	乙方项目经理评审意见	评审意见需尽量填写详细，比如发现了什么问题，不要只填写"通过"字样		
	甲方项目经理评审意见	同上		
	甲方高层领导评审意见	同上		

发布及验证 (发布和验证 人员填写)	实际发布时间	开始时间	年月日 + 时分		
		结束时间	年月日 + 时分		
	发布人		手机		
	发布日志	可附文档实体,由发布人员填写			
	验证人员		手机		
	验证结果	由验证人员填写			
	验证时间	年月日 + 时分			
发布评分(变 更经理填写)	评分人		评分时间	年月日 + 时分	
	评分结果	评分结果,理由及评价			

6.7 测试管理计划模板

一、简介

简介部分应包括如下内容。

1. 测试背景

测试背景说明本项目测试的背景。

2. 测试范围与目标

测试范围与目标说明本项目测试范围、目的和预期达到的目标。

3. 项目组织

(1)组织结构。

说明项目团队内部(包括管理人员)的组织结构(如命令链或管理报告结构)。使用图表矩阵图或其他适当的符号来描述职权、职责和项目内部的沟通。

(2)角色与职责(表6.15)。

表6.15 角色与职责

名称/姓名	角色	职责	联系方式	备注

二、测试要点

测试要点应对软件测试的以下信息进行具体描述:

1. 测试方法

本软件产品测试采用的测试方法(黑盒或白盒测试)及测试类型(功能测试、系统测试、集成测试、压力测试和 UAT 测试等),测评标准描述。根据软件项目的实际特点确定测试类型。对部分软件项目除基本的功能测试外,可能还包括性能测试、安全性测试、极限测试和并发操作测试等。

2. 测试工具或设备需求

如手工测试、自动测试或手工与自动测试相结合。如果采用手工与自动测试相结合的方式,还应列出手工及自动测试在整个测试工作中所占的比例。如果是压力测试应该提供权威的压力测试工具,包括压力模拟工具(IBM Rational Performance Tester 或 IBM LoadRunner)和性能监控工具(IBM Tivoli Monitor)等。

三、测试环境

列出本项目结果运行所需的硬件环境和软件环境,最好描述本测试项目环境的拓扑结构。

1. 硬件环境(表 6.16)

表 6.16　硬件环境

硬件类型	具体型号	处理器	内存	IP 地址
数据库服务器				
应用服务器				
客户端				

2. 软件环境(表 6.17)

表 6.17　软件环境

软件类型	所在操作系统	版本	软件描述
数据库			
应用系统			
客户端软件			
测试工具软件			

四、产品及技术形态

列出本系统的产品及使用的关键技术、相应的运行平台及工具。

五、测试进度计划

1. 测试周期计划

项目的启动和结束时间(或迭代周期计划),以及本项目测试工作的开始和结束时间。

2. 测试工作任务分解和人员安排

测试工作应包括对系统功能及专业知识的学习、编写测试用例、设计测试报告等工作。

六、测试用例描述

1. 功能性测试

测试用例一(表6.18)。

表6.18 测试用例一

测试用例目的	
软硬件环境配置	
测试执行步骤	
测试结果标准	
耗用时间估算	

2. 非功能性测试

测试用例二（表6.19）。

表6.19　测试用例二

测试用例目的							
软硬件环境配置							
测试执行步骤							
耗用时间估算							
测试数据结构							
压力方法	并发用户数： 交易循环次数： 交易间隔时间：						
执行条件和执行后的预计结果	前置条件： 后置结果：						
暂停和重新启动测试的要求标准							
数据项		数据采集值和采集时间					
实测每秒交易量	100万 (9:10 采集)						
中央处理器							
内存							
I/O							
磁盘							
网络流量							

续表 6.19

服务器配置	结果输出							
	Users	Times	C/cpu	S/cpu	S/io(Mb/s)	S/mem	S/net(Mb/s)	Tps
4CPU ×8 GB	5(U)×1 000	3 000	10%	95%	8.1	85%	9.5	404
8CPU ×16 GB								
16CPU ×32 GB								
32CPU ×64 GB								

注释：Users：每个客户端模拟并发用户数 × 客户端数

Times：每个模拟并发用户循环次数（没有间隔时间）

C/cpu：客户端 cpu 使用率

S/cpu：服务器 cpu 使用率

S/io：服务器的 I/O 吞吐量，单位是 Mb/s

S/mem：服务器内存使用率

S/net：服务器网络吞吐量，单位是 Mb/s

Tps：平均每秒处理的交易数量

6.8　测试用例模板

以 IT 服务管理工具中的知识管理模块测试为例。

1. 目的

概述此次测试的目的，例如，此场景测试用例的撰写目的是用于知识管理系统功能和非功能的测试。功能测试主要查看 IT 服务管理工具的知识管理模块在知识管理的整个生命周期的应用情况，其中包括知识条目的创建与审核、发布与传递、维护与审计等。非功能测试更多的是考察知识管理模块在使用过程中的易用性、可用性、性能和安全性是否符合产品交付的要求。

2. 测试场景一:知识条目的创建与审核

知识条目的创建是知识管理流程的起点。该步骤是依据其他工单处理流程处理的结果,如故障(事件)管理或问题管理产生的最终处理意见来触发。在知识管理系统中创建知识条目,并根据知识条目所属系统模块进行分类、记录、提交、查重、审核和作废的全过程。

(1)测试账号(表6.20)。

表6.20 测试场景一:测试账号

IT服务管理工具登录名	用户全名	密码(可为空)	部门名称	系统中的角色
××××	××××	××××	××××	知识提交人
××××	××××	××××	××××	知识审核员

(2)测试步骤。

①知识提交人打开IE或Firefox浏览器,输入IT服务管理工具系统登录链接,输入账号和密码登录IT服务管理工具系统;通过身份验证后,顺利登录系统。

②知识提交人点击【××菜单】,在展开的菜单中点击【××管理】→【××模块】,进入知识条目创建页面。

③知识提交人通过点击【××框】选择知识条目的分类和属性。

④知识提交人通过点击【××框】填写要提交的知识条目内容,点击【××按钮】提交知识条目到知识审核员进行知识审核;知识管理系统根据填写的正文内容自动判断当前提交的知识条目是否在系统中已经有类似的知识条目。

⑤以知识审核员身份进入IT服务管理工具系统进行登录链接,输入账号和密码,登录IT服务管理工具系统;通过身份验证后,顺利登录系统。

⑥知识审核员对所提交的知识点条目进行验证和审核,确保经验知识的有效性。具体的检测办法如下。

a.检查是否是重复的知识条目。如果重复,需建立知识条目的关联机制。

b.确定知识的分类是否正确,描述是否恰当,条理是否清晰,语言是否简洁。

c. 知识内容包含不安全因素,比如涉及组织的绝密信息。

d. 如果需要,可由两名以上知识审核员进行验证和审核。

⑦如果知识条目通过审核,知识审核员按【××按钮】,系统将通过审核的知识条目提请给知识管理员进行发布操作。

⑧如果知识条目没有通过审核,知识审核员按【××按钮】,将知识条目作废,系统以邮件或短信的方式通知知识提交人。

(3)测试反馈(表6.21)。

表6.21　测试场景一:测试反馈

测试人:××××			测试日期:YYYY/MM/DD	
编号	功能点	功能点描述	通过(Y/N)	测试人
1				
2				
3				

3. 测试场景二:知识条目的发布与传递

知识条目的发布与传递是知识管理流程的核心处理活动。该步骤是通过必要的流程控制来对知识条目进行有效的发布和知识传递。

(1)测试账号(表6.22)。

表6.22　测试场景二:测试账号

IT服务管理工具登录名	用户全名	密码(可为空)	部门名称	系统中的角色
××××	××××	××××	××××	知识提交人
××××	××××	××××	××××	知识审核员

第6章 IT项目的产品管理生命周期模板汇总

（2）测试步骤。

①知识管理员打开 IE 或 Firefox 浏览器,输入 IT 服务管理工具系统登录链接,输入账号和密码登录 IT 服务管理工具系统;通过身份验证后,顺利登录系统。

②知识管理点击【××按钮】,接受知识审核员提交的发布请求。系统通知知识经理制订知识发布和传递计划。

（3）测试反馈(表 6.23)。

表 6.23 测试场景二:测试反馈

测试人:××××			测试日期:YYYY/MM/DD	
编号	功能点	功能点描述	通过(Y/N)	测试人
1				
2				
3				

6.9 测试报告模板

请测试经理在表 6.24 中列出所有系统功能模块的测试结果(重点检查客户化功能或客户目前未启用功能)。

表 6.24 所有系统功能模块的测试结果

编号	模块名称	功能或界面	功能或界面详细描述	功能是否启用	是否是客户化功能	测试人	测试日期	测试结果	备注
1				是/否	是/否			通过/不通过	
2									
3									

请测试人员在表 6.25 中列出所有缺陷和问题记录。

表 6.25 所有缺陷和问题记录

编号	模块名称	功能或界面	功能引发的故障描述	测试人	测试时间	解决措施	解决状态	问题原因	处理人
1							已解决/待解决/暂不处理/已关闭		
2									
3									

6.10 上线培训计划模板

一、培训背景

××系统即将上线投入生产试运行。投入使用的主要功能模块包括：××、××、××和××。先期由××市投入试运行，然后再推广到全省使用。为了做好上线前的培训工作，现制订此培训方案。

二、培训计划

表6.26 培训计划

培训课程	培训内容	培训对象	培训材料	培训方式	考核方式	计划时间	场地安排	讲师	备注

第7章 制造业项目的产品管理生命周期模板汇总

7.1 制造业产品研发管理概述

近几年随着新技术的不断涌现和逐步融合,以新材料技术、新能源技术、数字化技术和智能化技术等为代表的先进制造技术,正在深刻改变着制造业的生产组织模式和产业发展形态,并有望实现制造业的革命性变革。随着纳米材料、碳纤维在工业设计上的广泛应用,3D打印技术、自动控制技术和环保技术的产生和逐步成熟,产品设计和生产的理念也已发生重大变革。

3D打印的逐步成熟大幅降低了制造业的技术门槛,个性化客户需求直接对接制造工厂(C2F)的快递交付的模式也不再只是一个梦想。现代传感技术、拟人化智能技术使人机交互成为人类生活中不可缺少的一部分。智能水杯、智能手环正大量涌入人们的生活,设计过程智能化、制造过程智能化和制造装备智能化也不再遥不可及。未来先进制造技术的发展趋势将更多体现在精密化、轻量化、数字化、智能化和绿色化等方面。制造业也将从基于资源向基于知识转变。之前流行的工业4.0和企业互联网等新概念和技术的落地就可见一斑。未来制造业必会实现从低附加值、劳动密集型模式向追求高附加值和智能人机互联模式的转变。

为了能在未来竞争中获胜,不断加大产品研发投入、提高核心竞争力成为我国制造企业的共识。但制造业产品研发往往具有失败率高和成本高等特点。为了减少产品研发风险,提高收益,必须加强研发项目的管理,高效并保质保量地完成新产品研发工作。

制造业产品研发项目管理是一种企业组织、管理和运行的先进设计与制造模式,它从新产品研发项目的整体任务进行分解,控制产品研发全生命周期,在整个产品研发生命周期内监控项目的状态信息以便优化项目的执行路径,找到影响项目的障碍环节,进行相应的调整,以保证项目的进度,缩短产品研发周期,并提高产品质量和降低产品成本。基本产品研发的项目管理流程如下:

第7章 制造业项目的产品管理生命周期模板汇总

公司最高决策层根据客户的要求和市场预测确定新产品的发展方向。由市场或策划部门收集资料，编制新产品研发规划书。经决策层讨论通过后向产品研发部门下达产品设计任务书。任务书的下达，标志着产品研发项目正式进入立项阶段。项目经理正式组建产品研发项目团队，制订详细的项目管理计划并发起项目开踢会，项目经理全面负责新产品的研发直至产品批量正式给客户供货。表7.1是制造业产品研发的主要阶段、主要活动、部分可能的输出文件和责任人信息。

表7.1 制造业产品研发的主要阶段、主要活动、部分可能的输出文件和责任人信息

主要阶段	主要活动	部分可能的输出资料	责任人(角色)
产品规划	收集项目信息，进行市场信息和用户研究	产品规划书(初稿)	产品策划
	外观设计	外观设计方案	工业设计
	外观专利评估	外观专利检索评估报告	专利管理
	技术可行性评估	技术可行性分析报告	项目经理
	综合成本评估	综合成本评估报告	项目经理
	产品策划决策	产品策划决策评审表 产品规划书(终稿) 产品策划决策会议纪要	项目经理
项目开踢	组建产品研发团队	各部门职责矩阵图	项目经理
	制订项目管理计划	项目管理计划	项目经理
	项目开踢会	项目开踢会会议纪要	项目经理
方案设计	详细方案设计	详细设计方案	开发工程师
	材料成本测算	材料成本测算表	项目经理
	专利评估	专利评估表	专利工程师
	故障模式影响分析	故障模式影响分析报告	工业设计
	制订项目测试计划	制订项目测试计划	测试工程师
	方案设计评审	方案设计评审报告 投模决策	项目经理

续表 7.1

主要阶段	主要活动	部分可能的输出资料	责任人(角色)
产品试制	模具制作		模具工程师
	试制测试与整改	不符合项分类汇总跟进表	测试工程师
	试制总结		项目经理
产品试产	投产鉴定	投产鉴定报告	工艺工程师
	产品上市决策	上市决策报告	产品策划
	项目结项	项目结项报告	项目经理
产品量产到退市管理	跟进量产	不符合项汇总跟进表	工艺工程师
	分析产品表现	产品品质信息 产品上市表现	产品策划
	整改与总结	产品整改方案	开发工程师
	产品生命周期决策	生命周期决策报告	策划主管
	管理产品退市	产品退市通知	策划主管

以下是部分主要输出资料的模板。

7.2 产品规划书模板

基础信息	规划书名称		品牌	
	产品品类	产品所属品类	产品定位	
	产品开发目的		规划书版本	
	变更历史记录			
市场需求	需求来源			
	目标市场分析	目标客户	客户和市场定位	
		目标客户需求	客户具体的需求内容	

第7章　制造业项目的产品管理生命周期模板汇总

产品信息	产品执行标准		行业执行标准	主要卖点	
	产品分类信息	产品型号		功能类型	
	财务信息	目标材料成本		目标项目费用预算	
		目标毛利率		目标零售价	
	销售信息	目标销售区域		目标销量	××万元
	全生命周期时间信息	项目开始时间		计划批产时间	
		计算认证完成时间		计划上市时间	
		计划退市时间			
	认证信息	安全认证	××认证		
		能效认证	××认证		
	品质信息	测试要求	测试验收的标准		
		上市第一年维修率		上市第二年维修率	
		同类机型市场品质问题	列出同类产品常见问题		
	目标竞品信息	目标竞品品牌		目标竞品产品型号	
		目标竞品主要卖点		目标竞品零售价（第三方数据）	
产品技术要求	外观				
	功能				
	技术参数				
	技术要求	产品所在行业对此类产品的技术要求			
	其他要求				

PMP 项目管理方法论与敏捷实践

项目信息	项目编号		项目名称	
备注				
编制人:产品企划/项目经理				
审核人:××				
会签人:××(或同级评审人)				
批准人:××				
批准日期:××				

7.3 技术可行性分析报告模板

项目名称				产品型号			
材料成本估算		成本要素	外观分项	结构分项	性能分项	××分项	总计
		方案 A 成本					
		方案 B 成本					
分析类别	分析项目	分析子项概述		详细分析说明		备注	
外观可行性分析	①技术说明	描述该外观制作在业界的成熟度					
		描述执行组织对该技术的应用情况,是否为执行组织首次使用					
		描述第三方供应商的技术支持情况					
	②技术难点及风险	列出关键技术的难点及风险(包括实施方案简述)					
	③性能指标分析						
	④解决方案	对本技术提供具体的解决方案					
	⑤涉及新物料及风险						

· 304 ·

结构可行性分析	①技术说明	对该结构技术实现的功能描述		
		描述该结构技术在业界的成熟度		
		描述执行组织对该技术的应用情况,是否为执行组织首次使用		
		描述第三方供应商的技术支持情况		
	②技术难点及风险	列出关键技术的难点及风险(包括实施方案简述)		
	③性能指标分析			
	④解决方案	对本技术提供具体的解决方案		
	⑤涉及新物料及风险			
性能可行性分析	①性能要求说明	对该性能指标实现的功能描述		
	②技术难点及风险	列出关键技术的难点及风险(包括实施方案简述)		
		专利分析		
	③性能指标分析	例如能力能效指标		
	④解决方案	对本技术提供具体的解决方案		
	⑤涉及新物料及风险			

可制造性分析	①技术说明	对新技术、新材料、新工艺的描述		
		新技术、新材料、新工艺在业界的成熟度		
		描述执行组织对新技术、新材料、新工艺的应用情况		
		评估批量生产的供货能力		
	②工装设备的适应性	现有设备工装能否满足产品实现		
	③检验措施的适应性	现有检验手段、检验标准能否满足品质控制要求		
	④工艺路线评估	从物流、包装、效率、品质角度保证评估		

7.4 专利评估模板

专利对于制造型企业来说无疑是无形资产的核心,而且是极具经济价值的部分,体现了企业技术发展及核心竞争力,是当今反映技术领域发展最迅速、最全面和最系统的信息资源之一,也是企业了解竞争对手技术发展动向的主要途径。通过专利分析可以了解和剖析竞争对手及其策略、保护知识产权和制定产品发展目标等。尤其是在产品研发过程中,恰当地应用专利分析手段及其工具能帮助研发人员理清技术发展动向、规避竞争对手的保护壁垒,甚至有些专利分析的结果还决定了研发的成功与否。

第7章 制造业项目的产品管理生命周期模板汇总

产品研发不仅要选择适合的研发方向,积极保护其知识产权也尤为重要。企业在经营过程中多注重于提高运营绩效与竞争优势,难以摆脱竞争对手的纠缠,或苦苦追赶、受制于人。一般而言,申请专利除了寻求法律保障以避免他人侵害仿冒,同时也有技术授权、转让等诸多商品化的价值,更涉及复杂的市场利益以及行业内或行业间的竞争与合作。研发单位开发出一项新产品或新工艺时,是否要申请专利?是否可以申请专利?取得专利的可能性多大?可以继续开发哪方面的技术?哪些技术应一并申请保护?应于何时、何处提出专利申请?申请专利能带来什么好处?这些都是研发制造企业应该积极思考的问题。

就知识产权管理而言,需要考量与规划执行的事项还很多,大型产品研发制造企业都有自己的专利部门。下面针对产品规划阶段专利检索排查与产品专利的申请,提供一些基本表格作为参考。

一、专利检索评估报告

项目编号				项目名称			
产品型号							
项目经理				项目组成员			
产品外观		针对产品的具体外观进行说明					
设计要点		设计的要点及产品的特性说明					
参考、借鉴竞品信息 (品牌型号、上市时间等)		列出同类产品的品牌型号、上市时间等信息					
以下由专利人员填写							
检索策略		列出权威的专利检索原则和策略					
项目相关专利清单	序号	专利名称	专利号		申请日	法律状态	评审结论
	1						
	2						
	3						
	4						

二、申请专利技术方案汇总表

（本表格由项目小组编写）						
项目编号			项目名称			
产品型号			项目经理			
新增/改进类型	主要技术特征	技术来源	初步专利检索	是否申请专利	负责人	提交时间
结构类						
外观类						
性能类						
其他类						
注：对于所有的新增/改进类型都不能申请专利的情况，请说明原因						

7.5 产品策划决策报告模板

分析类别	分析子项	说　　明
产品概要	产品名称	
	产品开发目的	
	目标市场	目标市场分析结果
	产品特点	
	预计销量	列出 3 年的每年预计销量
	预计毛利润	列出 3 年的每年预计毛利润
	材料成本	列出第一次投产时的材料成本，以及未来 3 年的每年材料成本

第 7 章　制造业项目的产品管理生命周期模板汇总

分析类别	分析子项		说　明
市场分析	目标市场消费群体	群体特征	
		主要需求点	
		可接受价格区间	
	目标销售渠道		
	与竞品分析	基本功能	
		创新功能	列出所有创新功能
		性能参数	列出包括有竞争优势的性能参数
		价格	可能的价格优势
财务分析	项目开发费用估算	项目人员总投入	××人月的工时
		模具费用	××万元
		材料费用	××万元
	目标成本	方案设计阶段	××万元
		投产鉴定完成后	××万元
		上市一年后	××万元
		上市两年后	××万元
外观评测	调研对象		调研对象采取抽样
	调研时间		
	总体评价		
	评测后建议		
技术可行性评估	产品技术要求		产品具体的技术要求
	技术难点		可能的技术难点
风险评估	主要风险描述		列出主要风险
	风险应对措施		列出如何进行风险应对
	负责人		

分析类别	分析子项	说　明
申请批准	项目团队成员	
	项目计划	
	推广计划	
附件：产品规划书、项目人力资源计划、项目成本预算和项目测试计划等		

7.6　产品策划决策会议纪要模板

部门名称		项目名称	
会议时间		会议地点	
参加人员			
纪要整理人		纪要审核人	
会议内容			
会议决策		通过/取消/再修改	
备注			

7.7　项目开踢会会议纪要模板

部门名称		项目名称	
会议时间		会议地点	
会议主持		纪要整理人	
参加人员			

第7章 制造业项目的产品管理生命周期模板汇总

	产品设计要求与初步设计方案					
	项目组成员及工作任务分配	项目组成员		工作任务分配		
		项目类型		项目优先级		
		投产研发项目		高/中/低		
会议内容	产品研发项目开发关键节点选择	序号	开发阶段	评审节点	Y/N	备注
		1	产品策划	整体方案测评		根据实际项目填写
				技术可行性评估		
				产品策划决策		
		2	分项方案设计	××分项方案评审		
				××分项方案评审		
				技术设计评审		
		3	技术设计	试制测试方案评审		
				试制装配小结		
				试制测试小结		
		4	试制	试制总结		
				试产测试方案评审		
				试产工艺小结		
		5	试产	试产测试小结		
				试产总结		
				上市决策		

注释:请根据实际裁剪标准选择(①需要的则填Y,不需要的填N;②表格内容不允许删除)

7.8　责任分配矩阵模板

主要活动	主要输出	产品策划	架构设计	专利管理	项目经理	财务部	产品研发	高层领导	PMO
项目信息、用户研究和市场信息	产品规划书（初稿）	RA	—	—	I	—	CI	CI	CI
外观设计	外观设计图纸	I	RA	—	C	—	CI	CI	—
外观专利评估	外观专利检索报告	I	I	RA	C	—	I	I	I
技术可行性评估	技术可行性分析报告	RA	—	I	C	—	R	I	I
综合成本评估	综合成本评估报告	R	—	—	C	RA	R	I	I
产品策划决策	产品策划决策评审表 产品规划书（终稿） 产品策划决策会议纪要	CI	I	I	R	I	I	A	R

注释：R—执行负责人，A—批准人，C—咨询到的人，I—知会或通知到的人

7.9　质量管理计划书模板

项目编号				项目名称		
①项目结果控制目标	序号	指标		基准控制目标	预期控制目标	实际控制目标
	1	上市延迟天数				
	2	目标成本达成率偏差				
	3	测试结果不符合项数量				
	4	上市1年内批量质量事故次数				

第7章 制造业项目的产品管理生命周期模板汇总

项目编号				项目名称			
②项目过程控制目标	序号	度量指标		基准控制目标	预期控制目标		实际控制目标
	1	样品试制次数					
	2	过程操作违规次数					
	3	过程关键节点变更次数					
	4	交付件按时完成比率					
③评审控制计划	序号	活动	是否审查	时间点	责任人	说明	
	1	整体方案设计评审	Y/N		项目经理	按照评审流程对产品方案及成本等进行评估	
	2	技术设计评审			项目经理	按照技术评审流程进行评审,并详细记录存在问题和潜在风险,质量控制人员需要全程跟进问题的解决	
	3	投产鉴定评审			项目经理	按照评审流程对产品是否达到投产标准进行评估	
	4	过程符合度审查			质量管理部	依据质量管理计划,结合项目任务书、项目管理计划和产品开发流程,在项目实施过程中,由质量管理部进行专项审查	

7.10 故障模式影响分析报告模板

故障模式影响分析报告(FMEA)是设计和制造产品时一种可靠性设计的重要方法。产品在设计阶段,在总结类似产品开发的经验基础之上,最大限度保证产品的功能和寿命,达到安全使用要求,这就需要执行 FMEA。FMEA 实际上是故障模式分析(FMA)和故障影响分析(FEA)的组合。对各种可能的风险进行评价、分析,以便在现有技术的基础上消除这些风险或将这些风险减小到可接受的水平。FMEA 的实施强调"事前的行为",而不是"事后的行为"。表 7.2 是简易的 FEMA 表格式样。

表 7.2 简易的 FEMA 表格式样

产品组件	潜在的失效模式	潜在的失效后果	潜在的失效原因	严重级别	发生失效的可能性	可探测度	风险优先顺序
填写可能失效的产品组件或部件	可能发生的失效模式,例如宕机或短路等	失效发生的后果分析	分析潜在的失效根本原因	定义严重程度并进行打分,如高、中和低	对发生概率进行评级,详见注释	针对设计控制中能找出潜在起因、机理及后续的失效模式的可能性	根据严重度、发生度、可探测度定义风险优先级

注释:表 7.3 是失效可能性定义样例。

表 7.3 失效可能性定义样例

失效发生可能性	失效概率:每 1 000 件中的失效件数	评级
非常高	≥100/1 000	10—R
非常高	50/1 000	9—R
高	20/1 000	8—R
高	10/1 000	7—R
一般	5/1 000	6—Y
一般	2/1 000	5—Y
一般	1/1 000	4—Y

续表 7.3

失效发生可能性	失效概率:每 1 000 件中的失效件数	评级
低	0.5/1 000	3—G
	0.2/1 000	2—G
非常低	≤ 0.1/1 000	1—G

根据不同评级可用不同颜色标识,R——红、Y——黄、G——绿。

7.11 项目测试计划模板

在制造行业从样件的技术设计、试制、试产到改进设计,再到试制、试产,这些流程活动是一个周而复始的过程。如某个关键活动的评审不能通过,则需要反复进行测试直到产品鉴定确定可以批量试生产为止,以下是制造行业的项目测试计划模板:

项目编号					项目经理					
项目名称					产品型号					
项目阶段	测试内容	计划送测数量	样品来源	计划开始时间	实际开始时间	计划完成时间	实际完成时间	责任人	备注
技术设计阶段	安全测试								
	功能及操作测试								
	可靠性测试								
	性能测试								
	××								

项目阶段	测试内容	计划送测数量	样品来源	计划开始时间	实际开始时间	计划完成时间	实际完成时间	责任人	备注
试制阶段	安全测试								
	功能及操作测试								
	可靠性测试								
	性能测试								
	××								
试产阶段	安全测试								
	功能及操作测试								
	可靠性测试								
	性能测试								
	××								

7.12 不符合项分类汇总跟进表模板

序号	不符合项类别	不符合项描述	问题来源	产生阶段	原因分析	整改措施	整改责任人	计划完成时间	实际完成时间	完成情况及整改效果	确认人签名	备注信息
1												
2												

注释：一般由质量管理部门或测试工程师提出，提出者作为问题跟进人直至问题关闭确认。整改责任人为负责解决问题的人，确认人为问题提出人。

7.13 项目结项报告模板

各业务单位(单元)：

＿＿＿××××＿＿＿项目已全部完成开发及批产验证,可正式进入工厂批量接单生产阶段。请各销售区域根据市场情况进行推广和接单。项目信息具体说明如下：

项目经理		产品规划书编号	
项目开始时间		项目开发周期	列出起止时间和时长
项目简介		项目开发特点或突出卖点概述	
基本信息	产品编码		
	计划投产时间		
设计方案说明	结构设计方案简述		
	性能设计方案简述		
	××设计方案简述		
	××设计方案简述		
	整体投入的成本		

一、科研成果

类别	计划/目标	达成情况
专利		
证书		
科技奖励		
技术合作		

二、经验总结(所有项目根据开发情况选择填写)

专业/维度	关键技术	可推广技术	设计雷区
结 构			
性 能			
××			
××			

三、其他

(如有其他特殊内容请补充说明)

参考文献

[1] 刘通,王姗姗.ITIL 4 与 DevOps 服务管理与认证考试详解[M].哈尔滨:哈尔滨工业大学出版社,2020.

[2] 刘通,周志权,刘秦豫,等.ITIL 与 DevOps 服务管理与案例资产详解[M].哈尔滨:哈尔滨工业大学出版社,2019.

[3] 刘通.IT 系统架构师的十项修炼[M].北京:机械工业出版社,2012.

[4] 项目管理协会.项目管理知识体系指南(PMBOK®指南)[M].4 版.北京:电子工业出版社,2009.

[5] 强茂山,王佳宁.项目管理案例[M].北京:清华大学出版社,2011.

[6] 迪奥尼西奥.活用 PMBOK®指南项目管理实战工具[M].赵弘,刘露明,译.3 版.北京:电子工业出版社,2018.

[7] 杨玉柱.华为时间管理法[M].修订版.北京:电子工业出版社,2011.

[8] 明托.金字塔原理[M].汪洱,高愉,译.海口:南海出版社,2010.

[9] 汪小金.汪博士解读 PMP®考试[M].6 版.北京:电子工业出版社,2020.

[10] 汪小金.汪博士析辨 PMP®易混术语[M].2 版.北京:中国电力出版社,2019.

[11] 汪小金.项目管理方法论[M].3 版.北京:中国电力出版社,2020.

[12] 李中莹.简快身心积极疗法[M].北京:民主与建设出版社,2019.

[13] 明茨伯格.管理进行时[M].何峻,吴进操,译.北京:机械工业出版社,2019.

[14] 明茨伯格.管理至简[M].冯云霞,范锐,译.北京:机械工业出版社,2019.

[15] 张志,萧秋水,宋利.超越对手——大项目售前售后的 30 种实战技巧[M].北京:机械工业出版社,2010.

[16] 蒋昕炜.漫画中国式项目管理[M].北京:东方出版社,2013.

[17] 孙科炎.华为项目管理法[M].北京:机械工业出版社,2014.

参考文献

[18] 英格伦,布丝洛. 全能项目经理的12堂必修课[M]. 北京:中国电力出版社,2015.

[19] 德鲁克. 管理的实践[M]. 齐若兰,译. 北京:机械工业出版社,2018.

[20] 德鲁克. 卓有成效的管理者[M]. 许是祥,译. 北京:机械工业出版社,2019.

[21] 田俊国. ERP项目管理散记[M]. 北京:清华大学出版社,2009.

[22] 朱少民. 全程软件测试[M]. 3版. 北京:人民邮电出版社,2019.

[23] 朱少民,韩莹. 软件项目管理[M]. 2版. 北京:人民邮电出版社,2015.

[24] 朱少民,张玲玲,潘娅. 软件质量保证和管理[M]. 2版. 北京:清华大学出版社,2019.

[25] 朱少民,左智. 软件过程管理[M]. 北京:清华大学出版社,2007.

[26] 李文,苗青. 触变:混序管理再造组织和人才[M]. 北京:中信出版社,2015.

[27] 扎瓦尔,瓦格纳. 从PMP到卓越项目经理[M]. 郑佃锋,李利玲,李小玲,译. 2版. 修订版. 北京:电子工业出版社,2019.

[28] 克劳福德,卡巴尼斯-布鲁因. 战略执行七步决胜法[M]. 张斌,译. 北京:中国电力出版社,2015.

[29] 金,贝尔,斯帕德福. 凤凰项目:一个IT运维的传奇故事[M]. 成小留,刘征,译. 修订版. 北京:人民邮电出版社,2019.

[30] 哈马伯格,森顿. 看板实战[M]. 霍金健,白勉,程鸣萱,译. 北京:人民邮电出版社,2016.

[31] 中国国际人才交流基金会. 中国项目管理最佳实践[M]. 北京:电子工业出版社,2020.

[32] HELDMAN K. PMP project management professional exam study guide[M]. Indiana:SYBEX,2021.

[33] PMI. A guide to the project management body of knowledge[J]. 7th ed. Pennsylvania:Project Management Institute,Inc. ,2021.